# MARIE-AMÉLIE

ET LA

DUCHESSE D'ORLÉANS

# LIBRAIRIE DE E. DENTU, ÉDITEUR

## OUVRAGES DU MÊME AUTEUR

### LES FEMMES DE VERSAILLES

| | | |
|---|---|---|
| I. | La Cour de Louis XIV................................ | 3 50 |
| II. | La Cour de Louis XV................................. | 3 50 |
| III. | Les dernières années de Louis XV.................... | 3 50 |
| IV. | Les beaux jours de Marie-Antoinette................. | 3 50 |
| V. | La fin de l'Ancien Régime........................... | 3 50 |

### LES FEMMES DES TUILERIES

| | | |
|---|---|---|
| . | Histoire du Château des Tuileries.................. | 3 50 |
| II. | Marie-Antoinette aux Tuileries..................... | 3 50 |
| III. | Marie-Antoinette et l'Agonie de la Royauté......... | 3 50 |
| IV. | La dernière année de Marie-Antoinette.............. | 3 50 |
| V. | La jeunesse de l'Impératrice Joséphine............. | 3 50 |
| VI. | La Citoyenne Bonaparte............................. | 3 50 |
| VII. | La Femme du premier Consul......................... | 3 50 |
| VIII. | La Cour de l'Impératrice Joséphine................. | 3 50 |
| IX. | Les dernières années de l'Impératrice Joséphine.... | 3 50 |
| X. | Les beaux jours de l'Impératrice Marie-Louise...... | 3 50 |
| XI. | Marie-Louise et la décadence de l'Empire........... | 3 50 |
| XII. | Marie-Louise et l'invasion de 1814................. | 3 50 |
| XIII. | Marie-Louise, l'Ile d'Elbe et les Cent Jours....... | 3 50 |
| XIV. | Marie-Louise et le duc de Reichstadt............... | 3 50 |
| XV. | La jeunesse de la Duchesse d'Angoulême............. | 3 50 |
| XVI. | La Duchesse d'Angoulême et les deux Restaurations.. | 3 50 |
| XVII. | La Duchesse de Berry et la Cour de Louis XVIII..... | 3 50 |
| XVIII. | La Duchesse de Berry et la Cour de Charles X....... | 3 50 |
| XIX. | La Duchesse de Berry et la Révolution de 1830...... | 3 50 |
| XX. | La Duchesse de Berry et la Vendée.................. | 3 50 |
| XXI. | La Captivité de la Duchesse de Berry............... | 3 50 |
| XXII. | Les dernières années de la Duchesse de Berry....... | 3 50 |
| XXIII. | La jeunesse de la Reine Marie-Amélie............... | 3 50 |
| XXIV. | Marie-Amélie et la Cour de Palerme................. | 3 50 |
| XXV. | Marie-Amélie au Palais-Royal....................... | 3 50 |
| XXVI. | Marie-Amélie et la Cour des Tuileries.............. | 3 50 |
| XXVII. | Marie-Amélie et la Duchesse d'Orléans.............. | 3 50 |
| | Les Femmes de la Cour des derniers Valois.......... | 3 50 |
| | Deux victimes de la Commune........................ | 2 50 |
| | Souvenirs (poésies)................................ | 2 50 |
| | Portraits des grandes dames........................ | 3 50 |
| | Madame de Girardin................................. | 3 50 |

### En préparation : LES FEMMES DES TUILERIES

| | | |
|---|---|---|
| XXVIII. | Marie-Amélie et la fin du Règne de Louis-Philippe | 3 50 |

LES FEMMES DES TUILERIES

# MARIE-AMÉLIE

ET LA

DUCHESSE D'ORLÉANS

PAR

IMBERT DE SAINT-AMAND

PARIS

E. DENTU, ÉDITEUR

LIBRAIRE DE LA SOCIÉTÉ DES GENS DE LETTRES

PLACE DE VALOIS, 3, PALAIS-ROYAL

1893

(Tous droits réservés)

# MARIE-AMÉLIE

ET

# LA DUCHESSE D'ORLÉANS

I

LE PALAIS DE FONTAINEBLEAU.

Le fastueux monarque de 1837 ne ressemblait plus au roi-citoyen de 1830. On était loin des familiarités démocratiques qui avaient marqué le commencement du règne. La monarchie de Juillet n'aspirait plus à passer pour la meilleure des républiques, et la cour du roi Louis-Philippe avait un éclat que presque tous les souverains auraient pu lui envier. Le roi des Français voulut que le mariage de son fils aîné, le prince royal, fût l'occasion d'un déploiement de magnificences monarchiques qui éblouiraient non seulement la France, mais le monde entier. Il choisit ce moment pour mettre en pleine lumière les deux palais les plus illustres de France : Fontainebleau et Versailles. A l'exception des fêtes du sacre, il n'y avait jamais eu, sous la Restauration, de solennités aussi brillantes que celles qu'il prépara. Il pensait que toute cette pompe pouvait consolider sa dynastie et améliorer sa place dans la famille des empereurs et des rois.

Passionné pour les bâtiments comme son ancêtre Louis XIV, Louis-Philippe avait fait restaurer avec beaucoup de soin et d'intelligence une grande partie du palais de Fontainebleau. En 1830, la galerie Henri II, cette incomparable salle de bal, présentait tous les signes de la vétusté et de l'abandon. La charpente des combles, exposée à l'intempérie des saisons, menaçait ruine ; le plafond en marqueterie, les lambris, le parquet étaient dégradés et disjoints ; c'est à peine si l'on distinguait quelques vestiges des fresques, naguère si éblouissantes. Louis-Philippe songea tout d'abord à consolider la galerie. On y réussit en soutenant le plancher au moyen de vingt-quatre colonnes qui décorèrent une nouvelle salle d'égale longueur, créée au rez-de-chaussée, sur l'emplacement des anciens bureaux de la régie. Cette salle prit le nom de galerie Louis-Philippe. La galerie Henri II, qui la surmonte, fut rétablie dans son ancienne splendeur. La restauration des fresques exécutées sur les dessins du Primatice par son élève Nicolo dell'Abbate avait été longtemps considérée comme impossible. Elle fut merveilleusement accomplie par le peintre Alaux, après un travail de trois ans, commencé en 1834, terminé en 1837. Cet habile artiste reconstitua, à l'aide de vieilles gravures, les figures qui avaient entièrement disparu, et prit les fragments subsistants du coloris ancien comme modèles pour ce qu'il avait à reproduire. Le plafond retrouva toute sa splendeur, les nouveaux lambris, le nouveau parquet furent supérieurs aux anciens, et la salle apparut aussi éblouissante qu'à l'époque de sa création. Le roi décida que le mariage civil de son fils y serait célébré.

M. Guizot a écrit : « Je ne connais point de palais comparable à celui de Fontainebleau pour les grandes solennités; il leur impose, dès le premier moment, un grand caractère; tant de rois et tant de siècles y ont mis la main et laissé leur trace que lorsqu'il se fait encore là de l'histoire, c'est en présence de toute l'histoire passée, et que les événements nouveaux s'y lient aux événements anciens comme à leurs ancêtres. Depuis le petit escalier tournant qui, dans les plus anciennes constructions, mène à la petite chambre de Louis le Jeune jusqu'aux grands appartements construits ou restaurés de nos jours, on traverse le séjour de François I$^{er}$, Henri II, Henri IV, Louis XIII, Louis XIV, Louis XV, Napoléon, Louis XVIII, Louis-Philippe; on assiste à leurs travaux, on contemple leurs magnificences. » Le roi savait que sa belle-fille avait le culte de la poésie et la passion de l'histoire. Une femme si intelligente, si bien douée, si artiste, devait apprécier la beauté du plus pittoresque et du plus intéressant des châteaux, et Louis-Philippe se réjouissait de montrer à la jeune princesse des merveilles dont la restauration était son œuvre.

Le roi et la famille royale arrivèrent à Fontainebleau le 27 mai 1837, à huit heures du soir. Les fenêtres des maisons de la ville étaient pavoisées de drapeaux tricolores. Le lendemain le roi passa en revue la garde nationale et les troupes de ligne. Le soir, il y eut au château, dans la galerie de Diane, un dîner de cent cinquante couverts. Après le dîner, le souverain conduisit ses invités dans la galerie Henri II, pour y assister à l'essai d'un nouveau système d'éclairage. Les lustres étaient disposés de telle façon que la lumière semblait jaillir des dix énormes fenêtres dont cinq donnent sur le parterre, cinq sur la cour ovale.

A dix heures du soir, le comte d'Haussonville, qui faisait partie de l'ambassade extraordinaire envoyée sous les ordres du duc de Broglie, pour amener d'Allemagne en France la fiancée du duc d'Orléans, arrivait à Fontainebleau, et il était immédiatement reçu par le roi. Il apportait des nouvelles d'un voyage qui avait réussi à souhait. Sur toute sa route, la jeune princesse avait été accueillie avec enthousiasme. Son esprit, sa grâce, son amabilité, la distinction et le charme de sa personne avaient produit le meilleur effet. Les récits de M. d'Haussonville intéressaient au plus haut degré la famille royale, et augmentaient encore l'impatience que chacun éprouvait de voir une princesse dont on disait tant de bien.

Le lundi 29 mai 1837 était le jour fixé pour l'entrée solennelle à Fontainebleau. Le duc d'Orléans qui, la veille déjà, avait vu pendant quelques instants sa fiancée à Châlons-sur-Marne et en avait été tout de suite épris, la revit une seconde fois, dans la matinée du lundi, à Melun, où il lui présenta les personnes devant composer la maison de la princesse :

*Dame d'honneur :* la comtesse de Lobau, femme du maréchal.

*Dames pour accompagner :* la comtesse de Montesquiou (née de Montesquiou, la comtesse était mariée à son cousin-germain, le général comte Anatole de Montesquiou, fils de la gouvernante du roi de Rome, ancien officier d'ordonnance de l'empereur, chevalier d'honneur de la reine Marie-Amélie) ;

La comtesse de Chanaleilles ;

La comtesse d'Hautpoul, fille du maréchal Berthier, prince de Wagram.

*Dame lectrice :* la marquise de Vins de Peysac.

*Chevalier d'honneur :* le duc de Coigny, pair de France.

*Chevaliers d'honneur adjoints* : le marquis (plus tard duc) de Praslin, et le duc de Trévise, fils du maréchal tué lors de l'attentat de Fieschi.

*Secrétaire des commandements* : M. Asseline.

*Médecin ordinaire* : M. Chomel.

Quant à la maison du duc d'Orléans elle était ainsi constituée :

## Maison militaire.

*Premier aide de camp* : le chevalier Baudrand, pair de France, lieutenant général.

*Aide de camp* : le baron de Marbot, maréchal de camp de cavalerie (l'auteur des célèbres Mémoires); Louis Gérard, lieutenant-colonel d'état-major;

*Officiers d'ordonnance* : comte de Montguyon, chef d'escadron, d'état-major; de Chabaud-Latour, capitaine de génie; Bertin de Vaux, capitaine de cavalerie; duc d'Elchingen, capitaine de cavalerie (fils du maréchal Ney);

## Maison civile.

*Premier écuyer* : le comte de Flahault, pair de France, lieutenant général.

*Écuyer* : le comte de Cambis.

*Secrétaire des commandements* : M. de Boismilon (ancien professeur de philosophie et ancien précepteur du prince).

*Chirurgien ordinaire* : M. Pasquier fils.

Accompagné du duc de Nemours, le duc d'Orléans ne resta que très peu de temps à Melun. Après avoir présenté à sa fiancée les personnes formant sa maison et celle de la princesse, il retourna à Fontainebleau, où il allait la retrouver quelques heures plus tard, lorsqu'elle ferait son entrée solennelle dans cette ville.

La princesse reçut à Melun, dans l'hôtel de la Préfecture, les autorités de la ville ainsi que les officiers de la garde nationale et du 1$^{er}$ régiment de dragons. Puis elle monta, avec sa belle-mère la duchesse douairière de Mecklenbourg-Schwérin, dans un carrosse du roi, attelé de huit chevaux, et traversant la ville au pas, à travers les flots de population qui l'entouraient, elle prit la route de Fontainebleau.

En attendant l'arrivée de sa belle-fille, Louis-Philippe, très versé dans les choses de l'histoire, se remémorait les événements principaux dont la cour du Cheval-Blanc, où la princesse allait faire son apparition, avait été le théâtre. Créée par François I$^{er}$ sur les terrains qu'il acquit des religieux de l'ordre des Mathurins, cette cour avait pris le nom de cour du Cheval-Blanc, sous le règne de Charles IX, lorsque Catherine de Médicis y fit placer sous un dôme la reproduction en plâtre de la statue équestre de Marc-Aurèle, reproduction que le Primatice avait fait mouler à Rome devant la porte du Capitole. Le cheval fut brisé en 1626, mais la cour en garda le nom. Louis-Philippe pensait aux tournois magnifiques, qui y eurent lieu sous les Valois. En contemplant le célèbre escalier du Fer-à-Cheval, construit en 1634, sous Louis XIII, par l'architecte Lemercier, il songeait à la réception de la duchesse de Bourgogne par Louis XIV. Le 4 novembre 1696, le grand roi alla à la rencontre de la jeune princesse jusqu'à Montargis, et le lendemain, vers cinq heures du soir, il fit son entrée avec elle et le duc de Bourgogne, dans la cour du Cheval-Blanc. Les plus grands seigneurs et les plus grandes dames de France se tenaient sur les gradins de l'escalier du Fer-à-Cheval, qui, au dire de Saint-Simon « faisait un très beau spectacle avec la foule qui était en bas; le roi menait la princesse qui semblait sortir de sa poche ». Au sommet de l'escalier, dans le vestibule, se trouvent six grandes portes en bois de chêne sculpté; l'une donne sur la tribune de la chapelle de la Sainte-Trinité, l'autre sur les appartements dits des reines-mères, parce qu'ils furent occupés par Catherine de Médicis, sous les règnes de ses trois fils, et par Anne d'Autriche sous celui de Louis XIV. Le grand roi conduisit lentement la duchesse de Bourgogne d'abord à la tribune de la chapelle, puis dans les appartements des reines-mères, qui lui étaient destinés. (Louis-Philippe venait d'assigner ces mêmes appartements comme résidence au duc et à la duchesse d'Orléans.)

La cour du Cheval-Blanc évoquait bien d'autres souvenirs encore. Le 25 novembre 1804, Napoléon était allé dans la forêt, au devant du pape Pie VII, qui venait de Rome pour le sacrer. Il l'avait rencontré à la croix de Saint-Hérem, et là, montant dans la voiture du Saint-Père, il s'était dirigé avec lui vers la cour du Cheval-Blanc, où il était entré au milieu d'une double haie de troupes et au bruit des salves d'artillerie.

Moins de huit ans plus tard, Pie VII était rentré dans cette même cour, mais cette fois comme prisonnier. C'était le 20 juin 1812. La captivité du souverain pontife dans le palais de Fontainebleau, où il occupait les appartements des reines-mères, et où il vivait comme un anachorète, dura jusqu'au 23 janvier 1814. Ce jour-là, il fit une prière dans la chapelle du château, bénit le peuple rassemblé, descendit dans la cour du Cheval-Blanc, monta en voiture, et repartit pour Rome, où son retour fut triomphal.

Trois mois après, — le 20 avril 1814, — une scène plus mémorable encore se passait dans la même cour. Napoléon, qui venait d'abdiquer, y faisait ses adieux à sa garde, serrait dans ses bras le général Petit, embrassait trois fois l'aigle du drapeau, en disant : « Chère aigle, que ces baisers retentissent dans le cœur de tous les braves », puis partait pour l'île d'Elbe.

Onze mois plus tard, jour pour jour, — le 20 avril 1815, — Napoléon revoyait la cour du

Cheval-Blanc, et y passait en revue les vieux grenadiers qui l'avaient accompagné à l'île d'Elbe, et qui le ramenaient aux Tuileries.

L'année suivante, — le 15 juin, — la même cour était le théâtre d'une fête toute royaliste : l'entrée solennelle de la duchesse de Berry, qui venait de voir pour la première fois son mari et la famille royale, à la croix de Saint-Hérem, l'endroit même de la forêt où Napoléon et Pie VII s'étaient rencontrés en 1804. Louis-Philippe et Marie-Amélie n'avaient pas assisté à l'entrée de la duchesse de Berry (ils étaient alors à Twickenham). Mais le prince de Talleyrand, qui allait assister à celle de la duchesse d'Orléans, se souvenait d'avoir vu celle du pape, comme grand chambellan de l'empereur et celle de la duchesse de Berry, comme grand chambellan de Louis XVIII. Louis-Philippe, se rappelant les débuts si laborieux et si pénibles de sa carrière, féconde en dangers, en péripéties, en contrastes de toutes sorte, se complaisait dans les pompes qui allaient se déployer, et se félicitait de l'habileté dont il avait fait preuve, lui, l'émigré, le proscrit, le professeur de Reichenau, pour régner en maître dans le palais de François I$^{er}$, de Louis XIV et de Napoléon.

## II

LA PRINCESSE HÉLÈNE.

Le lundi 29 mai 1837, toute la population de Fontainebleau est en fête. La petite ville, ordinairement si calme, est d'une extrême animation. Beaucoup d'habitants se souviennent d'avoir vu les adieux de Napoléon à sa garde et l'entrée solennelle de la duchesse de Berry. Ils se réjouissent à la pensée qu'ils vont être les témoins d'une nouvelle scène, destinée, elle aussi, à figurer dans les annales de l'histoire. La garde nationale de Fontainebleau, deux bataillons de 6º léger, le 4º régiment de hussards et une demi-batterie d'artillerie sont rangés en bataille dans la cour du Cheval Blanc, qui en mémoire de l'empereur et de la journée du 20 avril 1814, s'appelle aussi cour des Adieux. Cette cour immense, qui a cent cinquante mètres de largeur sur cent douze de largeur, n'est pas, au point de vue architectural, un chef-d'œuvre. Le bâtiment du fond se compose de cinq pavillons à toits aigus et à trois étages. Le premier, — celui qui est à votre gauche quand vous regardez le château, — s'appelle le pavillon des Aumôniers ou de l'Horloge; le second — le pavillon des Armes, parce que François I$^{er}$ y avait rassemblé une collection d'armes précieuses; le troisième, — celui auquel est adossé l'escalier du Fer-à-Cheval, — le pavillon des peintures, parce que Charles IX y avait réuni des tableaux de Michel-Ange, des Titien et d'autres maîtres de la Renaissance. Le quatrième n'a pas de nom spécial. Le cinquième s'est appelé d'abord le pavillon des Poêles, parce que François I$^{er}$ y avait fait placer des poêles venus d'Allemagne, puis le pavillon des Reines-Mères, parce qu'il fut successivement habité par Catherine de Médicis et par Anne d'Autriche. Ces cinq pavillons disparates n'ont rien de grandiose. Le grand escalier de pierre, désigné, à cause de sa forme, sous le nom de l'escalier du Fer-à-Cheval est une masse trop lourde pour le maigre pavillon sur lequel il s'appuie. Les deux ailes, dont l'une n'a qu'un étage, et dont l'autre en a quatre, ne se ressemblent point, et celle de droite, construite par les architectes de Louis XV, sans aucun sentiment de l'art, a plutôt la physionomie d'une caserne que celle d'un palais. Cependant, malgré tant de défauts, l'ensemble est majestueux, il saisit l'imagination, et, par les souvenirs qu'il évoque, peut-être plus encore que par sa beauté intrinsèque, il produit non seulement sur les artistes, les poètes et les historiens, mais sur les gens du peuple, sur la foule, une impression saisissante. Louis-Philippe avait été bien inspiré en choisissant l'endroit où il devait voir pour la première fois sa future belle-fille.

On avait d'abord espéré que la princesse arriverait à cinq heures du soir. Mais elle était arrêtée sur sa route, depuis Melun, par les populations qui accouraient pour lui présenter leurs hommages. De quart d'heure en quart d'heure, accouraient, de toute la vitesse de leur chevaux, des courriers apportant des nouvelles. Ils annonçaient que le voyage de la princesse n'était qu'une série d'ovations.

Dans la journée, le temps avait paru menaçant. Un orage s'était formé, et l'on avait pu craindre qu'il n'éclatât au moment même où arriverait l'auguste fiancée, ce qui eût été regardé par les personnes superstitieuses comme un présage funeste. Mais les nuages viennent de se dissiper comme par enchantement. L'air est pur. Le soleil couchant verse des flots d'or. C'est la fin radieuse d'une journée de printemps. La forêt et le palais, ces deux manifestations incomparables de la nature et de l'art, sont illuminés comme par les lueurs d'une apothéose.

Il est sept heures du soir.

Des salves d'artillerie retentissent. C'est la

princesse qui pénètre dans la ville. A son entrée, les autorités la félicitent. Des jeune filles, vêtues de blanc, lui offrent des fleurs et lui souhaitent la bienvenue. L'une d'entre elles, Mˡˡᵉ de Solère, adresse à Son Altesse Royale ce compliment :

> Aux pieds de la vertu, de splendeurs couronnée,
> Nous venons, en tremblant, poser ces humbles fleurs.
> Deux peuples ont béni votre auguste hyménée,
> Mais l'un d'eux à sa joie a pu mêler des pleurs.
> Il vous perd, il vous cède au bonheur de la France.
> Pour lui sont les regrets, pour nous est l'espérance.
> Vous quittez un berceau que vous n'oublierez pas.
> Mais la France vous offre une douce patrie.
> Prenez le rang, le nom de sa fille chérie
> La France vous adopte en vous ouvrant les bras.
> Dieu vous donne à la reine, et pour seconde mère
> Il vous gardait de loin cet ange de bonté.
> Ses lèvres ont touché plus d'une coupe amère
> Au festin que la terre offre à la royauté.
> De tant de mauvais jours ce beau jour la console.
> A son front le bonheur rend sa douce auréole.
> Il efface un passé disparu sans retour.
> Ah! chérissez la reine; entourez-la, Madame,
> De tout l'amour pieux que Dieu mit en votre âme,
> Et le cœur des Français vous rendra cet amour.

Après avoir remercié la jeune fille la princesse se dirige vers le château dans un carrosse doré que traînent huit chevaux richement harnachés. A côté d'elle est sa belle-mère, la duchesse douairière de Mecklembourg-Schwerin, et sur le devant sont le duc de Broglie, ambassadeur extraordinaire du roi, et un Mecklembourgeois, le baron de Rantzau. Voici la voiture qui, au milieu des acclamations, franchit la grille de la cour du Cheval-Blanc. Les tambours battent aux champs; les trompettes et les clairons sonnent; les gardes nationaux et les troupes de ligne présentent les armes. La voiture arrive devant l'escalier du Fer-à-Cheval. La princesse Hélène et les trois personnes qui l'accompagnent mettent pied à terre. Le duc d'Orléans et le duc de Nemours sont déjà au bas de l'escalier. L'un donne le bras à la princesse, l'autre à la grande-duchesse douairière de Mecklembourg-Schwerin. Ils remontent ainsi l'escalier, suivis des aides de camp, des officiers d'ordonnance, et des dames attachées à la reine et aux princesses. Louis-Philippe et Marie-Amélie sont restés sur le perron de l'escalier. Quand la fiancée, charmante avec sa robe de moire rose et son chapeau orné de plumes blanches, a franchi les degrés, elle s'incline profondément devant le roi qui lui tend la main; elle saisit cette main qu'elle veut porter à ses lèvres; mais le roi l'en empêche; il lui ouvre ses bras, et elle s'y précipite. Il la conduit à la reine qui est à quelques pas en arrière. La jeune princesse veut se jeter à genoux. Mais Marie-Amélie, qui dans son émotion ne peut que lui dire : « Mon enfant, ma chère enfant », la soutient, et la reçoit dans ses bras.

Le prince de Talleyrand dit à son voisin : « Si vous décrivez un jour cette scène, demandez au roi son silence, à la reine ses larmes, à la princesse son cœur; ce n'est qu'avec tout cela que vous pourrez la peindre. » Madame Adélaïde, la reine des Belges, la princesse Marie, la princesse Clémentine embrassent avec effusion la fiancée; elle serre la main des princes qui vont être ses beaux-frères et du roi Léopold. Le roi, le duc d'Orléans et le duc de Nemours portent l'uniforme de général, le prince de Joinville celui de lieutenant de vaisseau, le duc d'Aumale celui de sous-lieutenant d'infanterie légère, le duc de Montpensier celui de chasseur de la garde nationale. Après avoir quitté le perron de l'escalier, la famille royale se retire dans ses appartements. Le roi en sort bientôt avec la princesse et lui fait présenter successivement les dames invitées, au nombre desquelles se trouvent la duchesse de Broglie, la comtesse de Flahault, la duchesse de Trévise, la comtesse de Laborde, la duchesse de Coigny, la comtesse Durosnel, la baronne de Berthois, la comtesse de Colbert, la baronne Delort, la marquise de Praslin, la baronne de Marbot, M$^{lles}$ de Flahault, de Chanterac, de Laborde, de Lobau, de Sainte-Aldegonde.

Cependant le palais s'était illuminé de toutes parts; chaque fenêtre de ce que Napoléon appelait le rendez-vous de châteaux, resplendissait d'une clarté inaccoutumée. Ecoutons Jules Janin : « A voir ainsi s'illuminer peu à peu ces vastes galeries, on eût dit que tous les siècles qui avaient aimé, qui avaient prié, qui avaient souffert, qui étaient morts dans ces murs sortaient l'un après l'autre de leur oubli, et revenaient dans leurs plus beaux atours, dans leur glorieux appareil, y passer encore une nuit de fête... Certes, ce soir-là; il ne fallait pas être un grand poète pour ranimer toute cette histoire éteinte. »

On dîne à huit heures et demie dans la galerie de Diane. Située au-dessus de la galerie des Cerfs où le marquis Monaldeschi fut assassiné par ordre de la reine Christine de Suède, cette vaste pièce, longue de quatre-vingts mètres, et dont les fenêtres donnent sur le jardin de Diane, fut construite par Henri IV et restaurée par Louis XVIII. La princesse Hélène prit place entre le roi et le duc d'Orléans qui avait à sa gauche la duchesse douairière de Mecklembourg-Schwérin, belle-mère de sa fiancée. La table était de deux cent-quarante couverts.

Après le dîner, on se rendit dans la galerie Henri II, et, des fenêtres on regarda le feu d'artifice qui, à dix heures du soir fut tiré sur le parterre, près du bassin. Le parterre, qui forme un carré de trois hectares, est le jardin borné au nord par une des façades du château : celle qui s'étend depuis la Porte Dorée jusqu'à l'extrémité des bâtiments des offices; à l'ouest par l'allée de Maintenon, qui longe l'étang; à l'est par les grilles et la terrasse qui séparent le jardin du parc; au sud par une pièce d'eau en fer à cheval qu'entoure un bassin, appelé le bassin du Tibre. Le feu d'artifice offert par la ville fut très beau. Les chiffres du duc d'Orléans et de sa fiancée F. H. (Ferdinand, Hélène) étincelaient dans les airs. Une foule compacte remplissait le parterre et saluait la famille royale de ses acclamations.

Lecteur, si vous visitez le palais de Fontainebleau, nous vous engageons à vous arrêter à l'extrémité de la galerie François Ier devant un cabinet en porcelaine de Sèvres, qui a la forme d'un tryptique et dont les peintures, œuvre du peintre Develli, représentent les principaux épisodes des cérémonies du mariage du duc d'Orléans et de la princesse Hélène. Vous voyez sur le côté gauche le château de Ludwigslust, où naquit la princesse, et d'où elle partit pour la France, et la route de Melun à Fontainebleau dans la forêt; sur le côté droit le mariage civil dans la galerie Henri II, et l'Hôtel de Ville de Paris; sur le devant, la réception de la princesse par le roi au sommet de l'escalier du Fer-à-Cheval, le mariage catholique dans la Chapelle de la Sainte-Trinité, et le mariage protestant dans la galerie Louis-Philippe, l'hôtel de la préfecture de Metz, et le camp de Fontainebleau. Ces peintures, très fines, qui donnent très bien les modes et les costumes du temps, reproduisent de la manière la plus exacte les scènes que nous avons déjà décrites et celles que nous allons décrire encore.

## III

LE MARIAGE DU DUC D'ORLÉANS.

Le mariage civil, le mariage catholique et le mariage protestant du duc d'Orléans et de la princesse Hélène de Mecklembourg-Schwérin furent célébrés dans la soirée du mardi 30 mai 1837.

Le mariage civil eut lieu, à neuf heures dans la galerie Henri II. Cette salle superbe, qui ne peut être comparée qu'à la galerie des glaces de Versailles, était le cadre le plus éblouissant pour une solennité royale. La lumière étincelant sur les fresques du Primatice auxquelles on eût dit qu'elle communiquait le mouvement, la chaleur et la vie, les fenêtres avec leurs énormes embrasures, le plafond, divisé en caissons octogones, richement profilés à fond d'or et d'argent, le riche parquet en boiserie dont les dessins correspondent aux divisions du plafond, la cheminée monumentale qui occupe toute la hauteur de la salle, la tribune des musiciens si finement ornée, les dorures, les chiffres, les emblèmes, cet ensemble radieux était comme une évocation magique des anciens règnes.

Une table ronde avait été placée en face de la grande cheminée. Sur cette table étaient déposés les registres de l'état civil de la famille royale. Les fiancés, l'un à côté de l'autre, se tenaient debout en face du baron Pasquier, chancelier de France, qui, revêtu de la simarre, remplissait les fonctions d'officier de l'état civil. A côté du duc d'Orléans étaient Louis-Philippe et Marie-Amélie, à côté de la princesse Hélène la grande-duchesse douairière de Mecklembourg-Schwérin. Autour de la table se tenaient en cercle le roi et la reine des Belges, les princes et les princesses de la famille royale et les témoins, au nombre de seize. Le comte Molé, président du conseil des ministres, M. Barthe, ministre de la justice, le duc Decazes, grand référendaire de la Chambre des pairs, et M. Cauchy, gardien des registres, étaient auprès du chancelier. Celui-ci reçut du duc d'Orléans et de la princesse la déclaration exigée par l'article 75 du Code civil, et prononça, au nom de la loi, leur union en mariage. On procéda ensuite à la signature de l'acte. Le baron Séguier, le comte Portalis, le duc de Broglie, le comte de Bastard, tous quatre vice-présidents de la

Chambre des pairs, M. Dupin, président de la Chambre des députés et ses cinq vice-présidents; MM. Calmon, Benjamin Delessert, Cunin-Gridaine et le général Jacqueminot, le maréchal Soult, duc de Dalmatie, doyen des maréchaux de France, le maréchal comte Gérard, grand chancelier de la Légion d'honneur, le maréchal Mouton, comte de Lobau, commandant la garde nationale du département de la Seine, et le prince-duc de Talleyrand signèrent comme témoins désignés par le duc d'Orléans. Le duc de Choiseul, M. Bresson, ministre plénipotentiaire de France près du roi de Prusse, et le baron de Rantzau, maréchal de cour auprès de Son Altesse Royale M$^{me}$ la grande-duchesse douairière de Mecklembourg-Schwérin signèrent comme témoin de la princesse Hélène. L'acte reçut également la signature de Louis-Philippe, de Marie-Amélie, de la grande-duchesse douairière, du roi et de la reine des Belges, des princes et princesses de la famille royale.

Un cortège se reforma ensuite. On traversa plusieurs pièces, notamment la salle des Gardes, terminée en 1554 par Charles IX, restaurée en 1834 par Louis-Philippe, et la merveilleuse galerie François I$^{er}$; puis arrivé au vestibule de l'escalier du Fer-à-Cheval, on franchit la porte qui donne sur l'escalier conduisant à la chapelle de la Sainte-Trinité. On descendit par cet escalier, et l'on entra dans la chapelle éblouissante de lumières, par la porte du rez-de-chaussée à gauche sous le Fer-à-Cheval.

Bâtie en 1529 par François Ier sur l'emplacement de l'ancien oratoire de Saint-Louis, la chapelle de la Sainte-Trinité, qui a quarante mètres de long sur huit mètres de large sans compter les chapelles latérales, était, dans le principe, très peu ornée. Mais, en 1608 Don Pèdre, ambassadeur d'Espagne ayant dit à Henri IV qu'à Fontainebleau le roi était mieux logé que Dieu, ce prince ordonna sur-le-champ les travaux nécessaires à l'embellissement de ce saint édifice. Chargé d'exécuter les peintures de la voûte, le peintre Fréminet commença tout de suite son ouvrage et le termina sous la régence de Marie de Médicis. L'autel, œuvre de l'italien Bordogni, date du règne de Louis XIII. Entre les colonnes de brèche violette sont, dans deux niches, les statues en marbre de Charlemagne et de saint Louis par Germain Pilon, et au-dessus quatre anges en bronze du même sculpteur. Jean Dubois est l'auteur du tableau qui est placé sur l'autel et qui représente la Descente de Croix. Au sommet apparaissent, soutenus par deux anges aux proportions colossales, des écussons aux armes de France et de Navarre. A l'autre extrémité, de niveau avec les appartements du premier étage, est la tribune royale; au fond de cette tribune il y a deux écussons, l'un aux armes de France, l'autre aux armes des

Médicis. Le pavé de la chapelle est une mosaïque de marbres précieux, aux différentes couleurs. Les chiffres d'Henri IV, de Marie de Médicis, de Louis XIII et d'Anne d'Autriche font partie des encadrements en stuc, couverts d'ornements dorés, qui entourent les peintures. Le pourtour de la nef est garni d'un lambris orné de pilastres corinthiens. Des grilles en bois doré ferment les chapelles latérales. Bien des souvenirs historiques se rattachent à ce sanctuaire. Marie-Louise d'Orléans, nièce de Louis XIV, y épousa par procuration le roi d'Espagne Charles II. C'est là que furent célébrés le mariage de Louis XV et de Marie Leczinska, celui de Jérôme Bonaparte et de la princesse Catherine, fille du roi de Wurtemberg, et le baptême de l'enfant qui un jour devait s'appeler Napoléon III.

La bénédiction nuptiale fut donnée au duc d'Orléans et à la princesse Hélène par M<sup>gr</sup> Gallard, évêque de Meaux. Ce prélat, dans une allocution touchante, retraça le tableau des vertus de famille dont le roi et la reine fournissaient un si noble exemple.

On se rendit ensuite dans la galerie Lous-Philippe, vaste salle à colonnes. Le mariage protestant y fut célébré par M. Cuvier, pasteur, président de l'Église réformée. La simplicité de la cérémonie protestante contrastait avec la magnificence de la cérémonie catholique. Point d'autres ornements qu'une table, un tapis rouge, un crucifix entre deux flambeaux. A onze heures et demie du soir les deux solennités étaient terminées et la famille royale rentrait dans ses appartements.

Le roi occupait les appartements de Napoléon Ier qui donnent sur le jardin de Diane. La chambre à coucher de la reine était la pièce appelée la chambre des cinq Marie, parce qu'elle fut habitée par cinq souveraines ayant ce prénom : Marie-Thérèse, femme de Louis XIV, Marie Leczinska, femme de Louis XV, Marie-Antoinette, femme de Louis XVI, Marie-Louise, femme de Napoléon Ier, et enfin Marie-Amélie, femme de Louis-Philippe. (Depuis, cette chambre a été celle de l'impératrice Eugénie.)

Les nouveaux mariés s'installèrent, le soir de leur mariage, dans les appartements qui furent ceux de Catherine de Médicis, d'Anne d'Autriche, de Pie VII, et qui après avoir été appelés appartements des reines-mères sont actuellement désignés sous le nom d'appartements du pape. Prenant vue sur la cour de la Fontaine et formant une enfilade qui commence à la terrasse de la galerie François Ier, ils se composent des pièces suivantes :

*Antichambre.* — On y remarque des tentures en cuir et un bahut du temps de Louis XIII, acheté par le duc d'Orléans en 1837.

*Salle des officiers* (restaurée en 1836). — Elle est ornée de six grandes tapisseries du XVIIIe siècle, tissées d'après les tableaux faits à Rome par de Troy, de 1737 à 1742. Ces tapisseries, connues sous le nom de tentures d'Esther, représentent : Mardochée refusant de s'incliner devant Aman ; le couronnement d'Esther; le triomphe de Mardochée ; la toilette d'Esther ; son évanouissement ; la condamnation d'Aman.

*Salon.* — Le plafond à compartiments est orné des chiffres d'Anne d'Autriche et de Louis XIII. Les meubles anciens sont recouverts de tapisseries de Beauvais. On y a placé une superbe tapisserie exécutée d'après les dessins de Jules Romain.

*Ancienne chambre des reines-mères* (Catherine de Médicis et Anne d'Autriche). — Au-dessus des portes sont les portraits de la mère et de la femme de Louis XIV. C'est dans cette pièce que, pendant sa captivité, Pie VII disait tous les jours la messe sur un autel transporté depuis dans la chapelle Saint-Saturnin.

*Cabinet de travail du pape.* — On y a placé son portrait d'après David.

*Cabinet de toilette.* — On y remarque une commode en marqueterie de l'ébéniste Riésener, avec bronzes de Goutière.

*Chambre à coucher du pape.* — Ce fut celle que le duc et la duchesse d'Orléans occupèrent. Les tentures rouges sont rehaussées d'or. Le lit, du temps de Louis XIV, a été élargi et restauré en 1837. Parmi ses ornements on a ajouté deux coqs au soleil du grand roi.

*Grand salon de réception.* — Il contient des tapisseries de la fin du xviie siècle, d'après les tableau de Mignard : le Printemps ; l'Hymen de Flore et de Zéphir ; l'Été ; Sacrifice à Cérès ; l'Automne ; Bacchus et Ariane. Deux dessus de porte en tapisseries de Beauvais représentant la Musique et la Poésie. Les meubles style Louis XIV sont couverts de lampas rouge à fleurs blanches.

*Salon d'attente.* — Les dessus de portes sont attribués à Mignard.

*Antichambre.* — Cette pièce a vue sur l'étang des carpes et sur l'allée du jardin anglais qui la borde.

Désormais réservés au duc et à la duchesse d'Orléans, les appartements du pape seront habités par les nouveaux mariés jusqu'au 4 juin. Les fêtes furent animées. Il y eut des représentations théâtrales dans la salle de spectale du château, qui n'était pas la salle actuelle. Située dans l'aile Louis XV, et présentant une grande analogie avec celle du Petit Trianon, la salle actuelle a été construite par l'architecte Lefuel sous le règne de Napoléon III. L'autre salle, celle qui existait sous le règne de Louis-Philippe, était située entre la cour de la Fontaine et l'avenue Maintenon. Louis XV l'avait fait installer en 1733, sur l'emplacement de la salle de la Belle-Cheminée. Moins vaste et moins élégante que la nouvelle salle, c'était un petit théâtre, bas, étroit et sans dégagements. C'est là que furent représentés pour la première fois devant la cour le *Devin du Village* en 1742, *Adélaïde Duguesclin* en 1765, la *Rosière de Salency* en 1769, le *Séducteur* en 1783. Là aussi Napoléon et Louis-Philippe firent jouer les principaux artistes de l'époque. L'intérieur de la salle ayant été détruit par un incendie sous le Second Empire, il ne resta plus que les murs. Au lieu d'un théâtre, il n'y a plus là qu'une vaste pièce dénudée, où a lieu chaque année une exposition de peinture organisée par les artistes du département de Seine-et-Marne.

Revenons maintenant à 1837, et reprenons le récit des fêtes qui, à l'occasion du mariage du duc d'Orléans, animèrent le palais et la forêt de Fontainebleau.

Mercredi 31 mai.

Promenade dans la forêt. Louis-Philippe, Marie-Amélie, le roi et la reine des Belges, le duc et la duchesse d'Orléans, la grande-duchesse douairière de Mecklembourg-Schwérin, Madame Adélaïde, les princesses Marie et Clémentine, le duc de Montpensier sont réunis dans une grande voiture découverte. Le duc de Nemours, le prince de Joinville, le duc d'Aumale suivent à cheval, et les personnes invitées dans dix-huit calèches. Cette longue file de voitures, escortées par une foule de cavaliers, se dirige, par des routes nouvellement tracées vers une partie de la forêt, qui jusqu'alors avait été impraticable : les *Gorges d'Apremont*, — l'un des endroits les plus sauvages, les plus pittoresques, les plus étranges qu'on puisse imaginer. La famille royale s'arrête un instant près des chênes antiques, le Henri IV et le Sully, puis sur les hauteurs d'où l'on découvre la plaine de Chailly (la plaine reproduite dans le célèbre tableau de Millet, *l'Angelus*).

Le soir, représentation théâtrale. Les personnes de la cour sont dans la galerie qui est à droite et à gauche de la loge royale. Les officiers de la garnison remplissent le parterre et les dames de la ville les secondes loges. Les comédiens ordinaires du Roi (comme on appelle ce soir-là les artistes du Théâtre-Français) jouent les *Fausses confidences* et la *Gageure imprévue*. Grand succès pour M$^{lle}$ Mars.

Jeudi 1$^{er}$ juin.

Nouveau spectacle au château. On applaudit beaucoup Duprez et M$^{me}$ Dorus Gras dans le 2$^e$ et le 3$^e$ actes de *Guillaume Tell*, les sœurs Fanny et Thérèse Essler dans un pas du *Diable boiteux*. Un grand nombre de sous-officiers et de simples soldats sont dans la seconde galerie.

Vendredi 2 juin.

La famille royale va visiter le camp installé

à l'entrée de la forêt, et y arrive par la rue de France. Les soldats ont exécuté sur le front de bandière des ouvrages en gazon, ornés de chiffres et d'emblèmes. Les voltigeurs du 6ᵉ léger ont inscrit ces vers sur un trophée :

> Français, près d'Ilion quels destins sont les vôtres !
> Hélène y souleva bien des partis jaloux.
> Mais celle qui nous vient les désarme chez vous
> Et dans un seul amour veut confondre les nôtres.

La duchesse d'Orléans examine avec plaisir tous les emblèmes; il y en a un qui fixe surtout ses regards, c'est un tertre de gazon où son nom est tracé en fleurs sur *le cœur des Français*. La princesse détache une des fleurs; elle la conservera comme souvenir. Au milieu du camp s'élève une pyramide d'armes en faisceaux et surmontée de drapeaux. Au moment où la famille royale s'arrête devant cette pyramide, cinquante soldats alsaciens du 6ᵉ léger entonnent un chœur en langue allemande. Le roi les remercie dans la même langue. Puis il goûte la soupe des troupiers. Les princes suivent cet exemple. Après avoir passé une heure au camp, la famille royale remonte en voiture et se promène dans la forêt. A la hauteur du Calvaire, sans qu'on aperçoive aucun musicien, aucun chanteur, une délicieuse harmonie se fait entendre. Puis la musique invisible cesse. Le colonel Brack paraît avec ses artistes improvisés; ce sont tous des hussards de son régiment. Il les avait groupés dans les taillis et sur les roches, de telle manière que, séparés les uns des autres pour n'être pas vus, ils étaient cependant réunis par l'ensemble de l'exécution musicale. Le roi remercie le colonel et ses hussards, puis continue sa route. Parvenu au bas de la descente du Calvaire, il retrouve les mêmes musiciens et les mêmes choristes, qui ont gagné au galop le bas de la côte, et qui rangés en bataille, recommencent leur concert sur le passage de la famille royale. Le soir, spectacle au château. Les artistes de l'Opéra-Comique représentent l'*Éclair* et le *Calife de Bagdad*. M$^{me}$ Damoreau-Cinti a beaucoup de succès.

Samedi 3 juin.

Le roi donne des ordres pour l'exécution de nouveaux travaux au palais. Le principal sera la restauration de la galerie François I$^{er}$.

Le soir dîner de cent couverts. Après le dîner, représentation par les acteurs du Gymnase de *Michel et Christine*, et le *Menteur véridique*. A la fin de la seconde pièce, Saint-Aubin, M$^{lle}$ Sauvage et Monval chantent ces trois couplets de circonstance, composés par M. Poirson, et applaudis avec enthousiasme :

   Hier, mentant selon mon usage,
   A Paris j'ai dit hautement :
   De Schwérin j'ai fait le voyage
   Et j'ai vu celle qu'on attend.

> Mon ivresse encor se prolonge,
> Elle a tout, grâce, esprit, beauté
> J'ai cru faire un petit mensonge,
> J'étais loin de la vérité.
>
> Être reine, c'est être mère
> C'est, parmi de nombreux enfants,
> Aux bons se montrer tutélaire
> Par ses bienfaits ramener les méchants.
> J'en sais une que l'on adore
> Quoiqu'elle cache sa bonté,
> Ah! qu'on l'aimerait plus encore
> Si l'on savait la vérité.
>
> Quel avenir pour notre France!
> Comme son père, un peuple généreux
> D'un peuple fier dont il est l'espérance.
> Connaîtra bien les besoins et les vœux.
> C'est qu'oubliant tout privilège
> Prince par ses fils adopté,
> Jusque sur les bancs du collège
> Il a cherché la vérité.

La représentation théâtrale du 3 juin termina la série des fêtes. Les personnes invitées au mariage avaient séjourné au palais pendant toute une semaine. Le prince de Talleyrand disait avant de partir : « J'ai assisté à bien des fêtes splendides, j'ai vécu dans les maisons royales de l'Europe, mais jamais je n'ai vu suffire avec autant de magnificence, autant d'ordre et autant de goût à un service aussi nombreux, aussi compliqué, et qui ait duré aussi longtemps. » Le roi et la famille royale étaient arrivés à Fontainebleau le samedi 28 mai. Ils le quittèrent le dimanche 4 juin à sept heures du matin, et se dirigèrent vers Saint-Cloud d'abord, puis vers Paris.

## IV

L'ENTRÉE A PARIS.

Le dimanche 4 juin 1837, Paris est en fête, comme il l'était le 10 avril 1810 pour l'entrée de l'impératrice Marie-Louise, et le 16 juin 1816 pour celle de la duchesse de Berry. La femme du prince royal, la duchesse d'Orléans, va paraître dans la capitale. Il s'agit de lui faire un brillant accueil. Le matin, la garde nationale envoie au rendez-vous assigné à ses détachements le double des hommes qu'on lui demandait, et la population se porte en foule sur tout le parcours du cortège. Partie de Fontainebleau, à huit heures, la famille royale a partout rencontré sur sa route à Chailly, à Ponthierry, à Longjumeau, des témoignages de sympathie. A quelque distance de Saint-Cloud, du haut d'un coteau d'où la vue embrasse un immense horizon, la duchesse d'Orléans a pour la première fois aperçu Paris, dans le lointain. Un soleil magnifique faisait resplendir le dôme des Invalides et le faîte des autres monuments. La princesse n'a pu cacher son émotion, à ce moment où ses yeux, fixés sur la grande ville avec une curiosité anxieuse, semblaient interroger l'avenir. La famille royale a déjeuné au château de Saint-Cloud, puis s'est remise en route. Arrivée au milieu de l'avenue de Neuilly, à trois heures et demie, elle s'est arrêtée. Le roi et ses fils sont montés à cheval. La reine Marie-Amélie, la reine des Belges, la duchesse d'Orléans, sa belle-mère la grande-duchesse douairière de Mecklembourg, Madame Adélaïde, les princesses Marie et Clémentine sont montées en calèche découverte.

Devant l'arc de triomphe le cortège trouve le préfet de la Seine et le corps municipal. Le préfet s'exprime ainsi : « Sire, qu'elle soit la bienvenue dans ses murs la gracieuse princesse qui vient partager les grandes destinées de notre brave et généreux prince royal ! La France entière lui bat des mains. Paris l'appelle avec bonheur ! Quelle soit heureuse de toute la joie qu'elle apporte dans votre royale maison et dans votre grande famille française, qu'elle sache, qu'elle voie comment cette cité sait reconnaître et chérir les vertus de ses princes, et combien il est doux d'en être aimé ! » Le roi répond : « Messieurs, les sentiments que vous venez de m'exprimer au nom de la ville de Paris ont profondément touché mon cœur. Je suis l'organe de toute ma famille, de cette famille toute française, et aussi toute parisienne, comme moi et comme vous, pour vous dire combien nous sommes pénétrés de l'affection que nous témoigne la ville de Paris, et de la joie que cause le mariage de mon fils. La princesse que nous vous amenons est digne de la France, digne de remplacer celle qui, pendant tant d'années, a fait le bonheur de ma vie, et qui a donné à la France des fils qui se montreront toujours dignes d'elle, qui maintiendront nos libertés, des fils qui défendront, comme moi, l'ordre et la paix, la prospérité et la liberté de la France. »

Des salves d'artillerie annoncent l'entrée du souverain dans la capitale. Le roi, le duc de Nemours et le prince de Joinville s'avancent à cheval, tous trois sur la même ligne, Louis-Philippe au milieu, à sa droite le duc de Nemours, à sa gauche le prince de Joinville. Le duc d'Orléans et le duc d'Aumale, tous deux aussi à cheval, sont aux portières de la voiture, l'un à droite, au côté de la reine, l'autre à gauche, au côté de la duchesse d'Orléans. La garde nationale et la troupe de ligne forment une double haie dans l'avenue des Champs-Élysées, sur la place de la Concorde et dans le jardin des Tuileries. Le ciel est pur, le soleil brillant et doux. L'arc de triomphe, l'obélisque, les terrasses couvertes de monde, le jet d'eau du bassin des Tuileries, les allées de marronniers et de lilas en fleurs, tout s'illumine, tout resplendit à la clarté d'une superbe journée de printemps.

Le cortège vient d'entrer dans le jardin par la grille dite du Pont Tournant entre les deux Renommées de pierre. Écoutons un témoin oculaire, M$^{me}$ Émile de Girardin : « Les cuirassiers s'avancent; ils se séparent; regardez, ils tournent le bassin, leurs cuirasses se réfléchissent dans l'eau. C'est charmant. Ceci est la garde nationale à cheval. Le roi! M. de Montalivet, les ministres... Voici la reine. Quel air noble! Comme elle est bien mise! Cette capote bleue est ravissante! La princesse Hélène regarde de ce côté, comme elle a l'air jeune! Son chapeau est très joli; il est en paille de riz blanche avec un grand saule de marabout. Sa robe est très élégante; c'est une redingote de mousseline doublée de rose. »

La jeune princesse, qui se lève toute droite dans la voiture, pour mieux voir et pour être mieux vue, semble surprise et ravie du spectacle offert à ses yeux. Elle produit sur la foule une bonne impression. « Enfin, elle est parmi nous, dit encore M$^{me}$ de Girardin, cette princesse dont on nous parle tant depuis deux mois! Son apparition est une surprise agréable. Jamais souveraine ne fut moins flattée; jamais portrait moqueur n'a produit un meilleur effet. Cela prouve que la malveillance sert mieux que la flatterie, et que les ennemis sont encore plus maladroits que les amis. L'arrivée de la princesse Hélène en France a été pour nous le contraire d'une illusion. De loin une erreur semble belle; mais à mesure qu'on s'approche, le charme s'évanouit; cette fois tout s'est passé différemment. Quand la jeune étrangère était encore en Allemagne, on nous disait : — la princesse Hélène est affreuse; elle est maigre, sans grâce; elle a de vilains cheveux roux, un grand pied allemand, une main décharnée; ses yeux sont petits, sa bouche est grande, elle est laide comme Madame une telle, comme Mademoiselle une telle, — et l'on nommait les femmes les plus désagréables de Paris. La princesse s'est mise en route, et déjà, après quelques jours de voyage, on commençait à parler d'elle plus favorablement. Ses cheveux n'étaient plus roux, ils étaient d'un blond fade; elle était laide, mais d'une laideur qui ne manquait pas de distinction. — La princesse arrive à la frontière. Ses cheveux ne sont plus d'un blond fade, ils sont d'un châtain clair, son pied est assez petit pour un pied allemand; elle n'est pas laide. — Elle arrive à Metz. Sa physionomie est déjà plus gracieuse, sa tournure est très belle. A Melun, elle est faite à peindre, elle a un pied charmant, une main ravissante. — A Fontainebleau, ma foi, c'est une personne très agréable. A Paris, c'est une jolie femme. — Deux lieues de plus, et c'était la plus parfaite beauté du monde.

Ce qu'il y a de certain, c'est qu'on nous avait trompés, et qu'il est impossible de revenir d'une erreur avec plus de plaisir. Voici la vérité, la princesse n'est pas une belle femme dans toute la sévérité de ce mot; mais c'est une jolie *Parisienne*, dans toute la rigueur de cette expression. C'est une beauté gentille comme nous les aimons, jolie figure de capote, jolie taille de mantelet, joli pied de brodequins, jolie main pour un gant bien fait. »

Telle est l'impression du peuple qui regarde passer la princesse : Il ne dit pas : Elle est belle. — Il dit : — Elle est gentille. — Arrivé au bout du jardin des Tuileries, le cortège s'arrête en face du pavillon de l'Horloge, pour assister au défilé de la garde nationale et des troupes de ligne. Pendant ce défilé qui dure plus de deux heures, le duc d'Orléans, toujours à cheval, se tient à côté de la voiture de la reine et des princesses. A six heures, la duchesse d'Orléans franchit pour la première fois le seuil de ce fatal château, d'où elle sortira, moins de onze ans plus tard, dans de si lamentables conditions. A sept heures et demie, elle assiste à un dîner de deux cents couverts qui a lieu dans la galerie de Louis-Philippe et dans la salle des Maréchaux. Le roi se met à table entre elle et la reine des Belges. Le roi Léopold est placé entre la reine Marie-Amélie et Madame Adélaïde. A la fin du second service, vers huit heures et demie, Louis-Philippe se lève de table, et, du haut du balcon qui donne sur le jardin, il dit à la foule qui pousse des vivats sous les fenêtres : — Je vous remercie de tout mon cœur, mes amis, je suis bien sensible à votre accueil. — Le duc d'Orléans paraît à son tour au balcon, et il est acclamé comme son père.

Le roi est ravi de la journée qu'il vient de passer. C'était la première fois qu'il paraissait dans une solennité publique depuis la dernière tentative d'assassinat dont il avait été l'objet. Aujourd'hui pas un nuage dans le ciel, pas un meurtrier sur la terre. Le lendemain, le *Journal des Débats* entonne cette espèce de cantique d'action de grâces : « Tel est le résultat de cette grande journée : ce n'est pas seulement la princesse royale qui est entrée aux Tuileries, et qui a été confiée au dévouement et à l'honneur de notre généreuse population, c'est le Roi qui a été rendu à la France, c'est la liberté qui a été rendue au Roi!... La liberté rendue à la personne royale, c'est la France qui commence à se reposer dans le présent et à croire à son avenir. » Marie-Amélie est tout heureuse de cette accalmie qui semble se produire dans la destinée de sa famille, et la princesse Hélène, enivrée par l'exaltation de l'espérance, de la jeunesse et de l'amour, écarte bien loin d'elle, dans le palais des catastrophes, les lugubres idées et les sombres pressentiments. Elle ne se demande pas comment

Marie-Antoinette, le 10 août, Joséphine, après le divorce, Marie-Louise, à la chute de l'Empire, sont sorties de ce château, où elle vient d'entrer joyeusement.

## V

### LE CHÂTEAU DE VERSAILLES.

Louis-Philippe avait été fier de montrer à sa belle-fille Fontainebleau et Paris; il fut plus fier encore de lui montrer Versailles. Les circonstances dans lesquelles le château de Louis XIV allait apparaître pour la première fois aux yeux de la jeune princesse étaient faites pour augmenter encore l'impression que cette vision éblouissante devait produire sur elle. Elle allait assister à l'une des fêtes les plus splendides qui furent jamais données, à une apothéose de toutes les victoires et de toutes les gloires françaises.

M<sup>me</sup> Emile de Girardin avait écrit dans une de ses *Lettres parisiennes*, le 9 novembre 1836 : « Grande nouvelle que personne ne soupçonne encore! Grande surprise pour les fêtes du jour de l'an! Artistes, réjouissez-vous, braves vétérans, relevez vos moustaches ; conducteurs de voitures, préparez vos fouets, vos phrases et votre avoine, la route est belle, vous la ferez plus d'une fois ! Nobles étrangers, qui ne veniez voir que Paris, réjouissez-vous, nous avons maintenant deux capitales. La ville de Louis XIV va retrouver sa splendeur; le roi donne aux Français de magnifiques étrennes cette année ! Un beau keepsake dont chaque page est une flatterie! un riche album dont chaque dessin est une de nos victoires ! C'est bien connaître son pays que de le prendre ainsi par son orgueil et de lui faire un tel présent. Aujourd'hui vivent les rois pour savoir flatter ! Cette grande nouvelle la voici, le musée de Versailles sera ouvert le 1$^{er}$ janvier 1837. »

M$^{me}$ de Girardin se trompait de date. Le musée fut inauguré, non pas le 1$^{er}$ janvier 1837, mais cinq mois plus tard : le 10 juin. Louis-Philippe avait voulu faire coïncider cette grande solennité avec le mariage du prince royal.

La restauration du château de Versailles et sa transformation en une sorte de temple national consacré à toutes les gloires de la patrie étaient l'œuvre personnelle du roi. C'est lui qui en avait conçu l'idée, c'est lui qui depuis quatre ans y apportait tous ses soins. Le 19 juin 1833, il s'était rendu à Versailles pour donner les premiers ordres à M. Nepveu, son architecte. Depuis lors, il ne cessa de diriger et de surveiller lui-même les travaux qui furent poursuivis sans relâche.

Il faut le reconnaître, sans la sollicitude de Louis-Philippe, sans son initiative, sans sa persévérance, sans les vingt-trois millions et demi qu'il préleva sur sa liste civile, le palais du roi-soleil ne serait plus maintenant qu'une ruine. En 1830, le château de Louis XIV était dans un état de dégradation lamentable ; l'herbe poussait dans les cours. Tout était dénudé, délabré et abandonné. On pouvait se demander si quelque député ne proposerait pas, comme Manuel en 1792, de mettre sur le palais cet écriteau : Maison à vendre ou à louer. — En 1800, l'on avait installé dans le château du grand roi une succursale de l'hôtel des Invalides. Deux mille vieux soldats s'étaient établis dans l'aile du midi et dans les appartements occupés autrefois par Louis XV et Louis XVI. On n'avait pas même respecté la pièce qui avait été la chambre à coucher de ces deux souverains. Quelque chose d'analogue allait peut-être se renouveler. Le lendemain d'une révolution telle que celle de 1830, avec les tendances de l'époque et l'irritation générale contre les souvenirs de l'ancien régime, on pouvait tout redouter pour le palais de Louis XIV.

M. Guizot l'a jusment remarqué : « L'idée du musée de Versailles ne fut guère d'abord, dans l'esprit du roi Louis-Pilippe lui-même, qu'un expédient pour sauver d'une destruction barbare et d'un emploi vulgaire ce palais et ces jardins, l'œuvre et le séjour magnifique du plus plus puissant et du plus brillant de ses ancêtres. Bientôt cette idée, grande et belle en elle-même, se développa, s'éleva et conquit l'attachement, je dirais volontiers la passion du roi, comme l'approbation du public. Toute l'histoire, toute la gloire, toutes les gloires de la France, comme on le fit dire à la devise officielle du monument, ressuscitées sur la toile, sur le marbre, et replacées sous les yeux des générations présentes et futures, événements et personnages, grands faits de guerre et de la vie civile, ce rapprochement de tous les temps, de tous les noms, de toutes les destinées françaises, dans ces galeries des morts rappelés à la mémoire des vivants, il y avait là de quoi frapper la pensée réfléchie et l'imagination populaire. »

Il ne faudrait pas croire, toutefois, que l'idée de Louis-Philippe ait été approuvée par tout le monde. Après avoir été forcé de reconnaître que « c'était là une noble, une belle idée », et que « le roi avait mis à la réaliser une ardeur digne des plus grands éloges », Louis Blanc faisait ces curieuses réflexions : « Peut-être aurait-on dû choisir comme temple des souvenirs un autre palais que Versailles. Car enfin, Versailles désert, Versailles muet avait bien sa grandeur. Abandonné, il parlait au cœur du philosophe et du poète. L'herbe qui poussait dans les avenues d'un château bâti sur la misère du peuple était une indication mélancolique mais éloquente. Quelle puissance d'émotion et quels enseignements dans ces vastes salles retentissantes et vides, dans ces dorures perdues, dans ces glaces où s'était miré le luxe d'un siècle, et qui ne réfléchissaient plus que le passage de quelque visiteur attristé ! Et le frémissement de ces vitres négligées par où le vent sifflait, et l'aspect morne de la chambre où Louis XIV avait dormi, et ces eaux croupissant au pied des Nymphes et des Tritons ennuyés de leur solitude, et l'inutilité de ces ombrages qui avaient protégé des amours funestes, et le délabrement de ce bel escalier de l'Orangerie sur les marches duquel avaient traîné les robes de Lavallière et de Fontanges : est-ce que tout cela n'était pas le plus saisissant des drames? Est-ce que tout cela ne nous montrait pas réunies la philosophie de l'histoire et la poésie des souvenirs ? »

Avec le système d'abandon que Louis Blanc préconisait, le château de Versailles aurait bientôt cessé d'être même une ruine; il aurait complètement disparu. Qu'est devenu Marly, avec son édifice principal, symbole du soleil, et ses douze pavillons, allégories des signes du zodiaque ? Qu'est devenu le château-neuf de Saint-Germain, dont les cinq terrasses successives, ornées de bosquets, de bassins, de parterres de fleurs, s'échelonnaient jusqu'à la Seine, et dont il ne reste plus aujourd'hui que le pavillon Henri IV ? Le temps est destructeur, l'homme est plus destructeur encore. *Tempus edax homo edacior*. Hélas ! il n'y a pas de pays où cet adage ait reçu d'aussi frappantes applications que dans le nôtre.

Il est facile maintenant de critiquer l'œuvre de Louis-Philippe, de dire que Versailles aurait dû être exclusivement consacré aux règnes de Louis XIV, de Louis XV et de Louis XVI, que les autres souverains n'y sont pas à leur place, et que le musée tout entier n'est qu'un immense anachronisme. Les personnes qui parlent ainsi oublient que Louis-Philippe, en eût-il eu le ferme désir, aurait été dans l'impossibilité absolue de refaire le palais, tel qu'il était sous l'ancien régime. Pareille tentative aurait soulevé dans les Chambres et dans les journaux un *tolle* général ; on aurait crié que le roi des Français méditait quelque coup d'État contre la liberté et le régime parlementaire.

On peut dire également que si Louis-Philippe n'avait obéi qu'à ses idées personnelles, il aurait donné à Napoléon une place un peu moins grande que celle qu'il lui fit à Versailles, et que sans doute il n'aurait pas mis dans la salle des gardes du roi, le tableau représentant le sacre de l'Empereur. Tout cet appareil impérial déplaisait surtout à la reine. On eût dit qu'elle avait le pressentiment que le coq gaulois serait supplanté par l'aigle. Cependant Louis-Philippe était obligé de compter avec l'opinion. Il lui fallait donner des gages aux maréchaux et aux généraux de Napoléon, devenus les soutiens du régime de Juillet. On ne pouvait alors évoquer les gloires du drapeau blanc que grâce à la tolérance du drapeau tricolore. Il fallait vaincre les préjugés et les rancunes de la classe moyenne, ombrageuse, défiante, acharnée contre les souvenirs de l'ancien régime, et ne craignant rien plus qu'une résurrection de la vieille royauté française. Louis XIV, pour être honoré, avait alors besoin d'être protégé par l'ombre de Napoléon.

Le restaurateur du château de Versailles s'était promis de faire célébrer le grand roi par la bourgeoisie révolutionnaire. Pendant quatre ans, il prépara l'opinion publique avec une extrême habileté, et finit par atteindre son but.

Louis - Philippe écrivit à M. Dupin le 13 mai 1835 : « Mon cher Président, je voudrais savoir s'il vous conviendrait que je vous menasse demain jeudi à Versailles. Je vous prie de me le dire sans aucune gêne quelconque ; car je ne voudrais pas que vous me fissiez le sacrifice non seulement d'aucun devoir, mais même d'aucune convenance quelconque ou d'aucun engagement. Si vous êtes tout à fait libre, j'en serai charmé. Je vous demande seulement de me le faire connaître demain matin à neuf heures. Si vous venez, je vous prie de vous trouver chez moi à midi et demi, nous serons de retour à six heures, et je compte que vous resterez à dîner avec moi sans faire toilette. Mais, je le répète, je désire ne vous déranger en rien. Bonsoir, mon cher Président. » L'invitation fut acceptée avec empressement, et M. Dupin fit le voyage de Paris à Versailles avec le Roi. Dans la voiture se trouvaient aussi le général comte d'Houdetot, aide de camp du souverain, le comte de Montalivet et le peintre Horace Vernet.

Dès qu'on arriva au château, la visite commença. Louis-Philippe avait vu le Versailles de l'ancien régime ; il en connaissait la distribution et les moindres détours. « Il nous expliqua, dit M. Dupin, comment, lorsqu'on accordait à un grand seigneur, à un officier de la couronne, l'insigne faveur d'un logement à Versailles, chacun s'y établissait en maître et en usait à sa fantaisie. Si c'était une grande pièce, on la distribuait en plusieurs sections avec des cloisons, au risque de masquer et de faire disparaître tantôt des colonnes de marbre, tantôt des bas-reliefs sculptés et de riches plafonds... Il n'y avait pas de grande cheminée, on en faisait de petites. Avant de restaurer Versailles, il avait donc fallu abattre ces cloisons, détruire ces nids à rats, et reconquérir l'espace occupé. » C'est ainsi que Louis-Philippe était parvenu à trouver l'emplacement nécessaire à la construction de pièces immenses, telles que la galerie des Batailles et les salles des Attiques du nord et du midi.

Personne ne connaissait mieux que le roi l'histoire de France et la généalogie des grandes familles. Sa mémoire était surprenante, et son érudition profonde. Dès qu'il apercevait un tableau, il indiquait le sujet, les dates, le nom du peintre. Il savait parfaitement que plusieurs toiles étaient médiocres : « Mes enfants, disait-il, les remplaceront par de meilleures, mais j'ai voulu d'abord remplir les cadres. »

Pour nous servir d'une expression bourgeoise, Louis-Philippe faisait faire à ses hôtes la tournée du propriétaire. Il leur montrait et leur expliquait tout. Il s'arrêta longtemps dans la chambre de Louis XIV, et, y ouvrant une petite porte : « Venez, dit-il, que je vous fasse voir quelque chose de curieux ; c'est le cabinet où le père Lachaise confessait le roi. Là se trouve un fauteuil pour le confesseur, un prie-Dieu avec coussin à glands d'or pour le souverain, et, au fond, un autre très petit cabinet avec un grand carreau de glace sans tain, sorte de guérite où se tenait le capitaine des gardes, voyant sans entendre, mais l'épée à la main, ayant toujours l'œil sur la personne du roi. »

Jusqu'à l'inauguration du musée, Louis-Philippe s'occupa des travaux avec une véritable passion. Mme de Girardin écrivait, le 30 novembre 1836 : « Le roi passe des heures entières à parcourir les immenses galeries, et les personnes de sa suite qu'une aussi vive exaltation ne soutient pas, sont parfois exténuées de fatigue. Quand la nuit vient, les promenades dans le palais se continuent aux flambeaux; des candélabres ambulants, c'est-à-dire des bougies réunies sur un même plateau, auquel tient un long manche que termine un valet de pied, suivent le roi dans tous ses mouvements, et se placent en cercle autour de lui quand il s'arrête devant un tableau. » Le souverain voyait avec une joie extrême la réalisation d'une grande idée, qui était la sienne, et qui devait être pour son règne une gloire impérissable. Avant même l'inauguration du musée, il recevait des félicitations de toutes parts. Le 1er janvier 1837, M. Dupin, parlant au nom de l'Institut, lui avait dit : « Une création qui seule suffirait pour illustrer un règne est celle du grand Musée de Versailles! Aucun monument n'offre un caractère plus national; c'est l'histoire de France en action. Louis XIV revenant à Versailles, ne pourrait plus dire : L'État, c'est moi! — Plus fier encore, le grand roi, en voyant tant de grands hommes, s'écrierait : Messieurs, l'État c'est nous. — Car à Versailles tous les temps sont réunis, toutes les gloires sont déifiées, toutes les victoires se suivent; le roi l'a ainsi voulu; jamais historien ne fut plus impartial. » Louis-Philippe avait répondu : « Je pense comme vous que c'est un vrai bonheur pour moi qu'il m'ait été réservé de réunir à Versailles, de célébrer, d'honorer et de présenter au monde dans tout leur éclat les diverses gloires qui, pendant tant de siècles, se sont attachées au nom français. Un tel monument manquait à la France. J'avais souvent gémi, dans le cours de ma vie, que des vanités mesquines ou des craintes mal entendues eussent entrepris de rejeter dans l'oubli les glorieux souvenirs des règnes antérieurs à celui du monarque régnant; et, aussitôt que j'en ai eu le pouvoir, je me suis empressé de mettre en évidence que j'étais animé par d'autres sentiments, et que, loin de redouter la représentation d'aucun souvenir français, mon cœur s'était toujours associé à toutes les gloires de la France, et qu'il n'avait jamais connu la triste crainte d'être éclipsé par aucunes d'elles. » Au dire de la duchesse de Talleyrand, nièce du grand diplomate, l'inauguration du musée de Versailles fut la plus belle journée de la vie du roi Louis-Philippe.

## VI

### L'INAUGURATION DU MUSÉE.

L'inauguration du musée de Versailles eut lieu le samedi 10 juin 1837. Dès le matin, une foule considérable entourait les abords du palais. A dix heures, les invités y pénétrèrent. C'étaient les personnages les plus illustres de la France. Versailles restauré n'était encore connu que par les artistes et les ouvriers qui avaient pris part aux travaux et par quelques personnes de l'entourage royal. Pour presque tous les invités le spectacle qui apparaissait était une surprise merveilleuse. Au lieu d'un édifice dénudé, délabré, menaçant ruine, on trouvait un château superbe, resplendissant, couvert de marbre et d'or, fastueux comme à l'époque du roi-soleil. Louis-Philippe et la famille royale ne devaient arriver que quelques heures plus tard. En attendant, on fut admis à parcourir toutes les salles de l'immense labyrinthe.

Les émotions les plus diverses agitaient l'esprit des spectateurs. Hommes de la France ancienne, hommes de la France nouvelle étaient en face de toutes leurs gloires. Les chefs des vieilles familles de l'antique monarchie apercevaient leurs blasons dans la salle des Croisades. Plusieurs de ces représentants du passé avaient été les courtisans de Louis XVI et de Marie-Antoinette. En revoyant les appartements du roi et de la reine martyrs, ils se rappelaient tous les détails de l'étiquette, toutes les splendeurs de l'appareil monarchique. L'Œil-de-Bœuf, où se pressait chaque jour la foule des courtisans, la chambre de Louis XIV, devenue sous ses deux successeurs le grand cabinet du roi, la chambre de Louis XV, qui fut aussi celle de Louis XVI, toutes ces pièces remplies de tant de souvenirs leur causaient une impression profonde. On aurait dit que les morts ressuscitaient. On croyait voir le roi et la reine sortant au même moment de leurs deux chambres, lui par la salle du Conseil, elle par le salon de la Paix, se rejoignant dans la galerie des Glaces, parcourant les grands appartements de Louis XIV, et se rendant ensemble, accompagnés de leurs maisons, à la tribune de la chapelle. Comment les anciens familiers de Versailles n'auraient-ils pas été émus dans la salle des Gardes de la reine, où furent massacrés les gardes du corps le matin du 6 octobre 1789, dans la salle du Grand-Couvert, où la belle souveraine dînait en public, dans le salon où se faisaient les présentations, dans la chambre à coucher qui fut celle de la reine Marie-Thérèse, de la Dauphine de Bavière, de la duchesse de Bourgogne, de Marie Leczinska, de Marie-Antoinette, cette chambre où naquirent dix-neuf princes et princesses du sang, et parmi eux deux rois : Philippe V, roi d'Espagne, et Louis XV. Les vieillards qui avaient été les courtisans de Marie-Antoinette, montraient les pitons qui soutenaient jadis le dais de son lit, et la petite porte conduisant par un couloir à l'Œil-de-Bœuf, et de là aux appartements du roi; c'est par là que, le matin du 6 octobre, menacée par les émeutiers qui assassinaient les gardes du corps, elle s'échappa, pour aller chercher un refuge auprès de son époux.

Plus étonnés et peut-être plus émus encore que les survivants de l'ancien régime étaient les hommes de la Révolution et de l'Empire. Quelle joie pour eux de retrouver leur propre histoire dans le sanctuaire de la monarchie absolue, de se montrer à leurs enfants et à leurs petits-enfants dans les tableaux représentant les principales batailles de la République et de Napoléon! L'empereur était le dieu du jour. Il occupait dans le nouveau Versailles une place plus grande que Louis XIV. Au rez-de-chaussée et au premier étage des galeries tout entières lui étaient consacrées. Le tableau qui produisait le plus grand effet était celui de David, représentant son sacre.

> Lui partout! Lui toujours! ou brûlante ou glacée,
> Son image sans cesse ébranle ma pensée.

S'il y avait enfin, parmi les invités, quelques hommes restés dans le fond du cœur fidèles à la Restauration, ils trouvaient, eux aussi, des tableaux qui avaient de quoi les satisfaire : le duc d'Angoulême au Trocadéro, par Paul Delaroche, le sacre de Charles X, par Gérard, la bataille de Navarin, l'expédition de Grèce, la prise d'Alger.

A deux heures et demie, Louis-Philippe et la famille royale, partis de Trianon, et accompagnés du roi et de la reine des Belges, arrivèrent au palais de Versailles. Entrés par la grande grille et la cour des Statues, ils montèrent au premier étage par l'escalier de marbre. La joie rayonnait sur le visage de Louis-Philippe. Ce n'était pas seulement le souverain qui triomphait en lui, c'était l'inventeur, l'architecte, l'artiste, l'historien. Il se considérait, dans son for intérieur, comme ayant accompli un véritable prodige : forcer des bourgeois voltairiens et révolutionnaires à célébrer l'apothéose du plus absolu de tous les rois. Peut-être même ne voyait-il pas le côté démocratique de la solennité. M. Guizot a écrit : « Je garde encore l'impression qui me saisit à l'aspect de cette foule empressée, curieuse, et qui se précipitait un peu confusément de salle en salle à la suite du roi; c'était la France nouvelle, la France mêlée, bourgeoise, démocratique, envahissant le palais de Louis XIV; pairs, députés, guerriers, magistrats, administrateurs, savants, lettrés, artistes; invasion pacifique, mais souveraine, conquérants un peu étonnés au milieu de leur conquête, et assez mal dressés à en jouir, mais bien assurés et bien résolus de la garder. Les représentants de l'ancienne société française, les héritiers de ses grands noms et de ses brillants souvenirs ne manquaient point dans cette foule, et circulaient familièrement dans tous les détours de l'ancienne demeure royale; mais ils y déployaient plus d'aisance qu'ils n'y conservaient d'importance. » M. Guizot se demande si le roi fut très frappé lui-même de la nouveauté du spectacle auquel il présidait, et en démêla à l'instant le grand et original caractère. « J'en doute, dit-il; très probablement le roi Louis-Philippe était absorbé dans le plaisir et le succès de son œuvre. Ce jour-là fut certainement pour lui l'un des plus animés de sa vie si pleine et si variée. »

Le banquet royal devait avoir lieu à trois heures et demie. L'heure qui restait avant de se mettre à table, le roi l'employa à conduire ses invités dans quelques-unes des salles principales du château, et se fit leur cicérone avec la meilleure grâce du monde. Il se plaisait à donner lui-même des explications sur les tableaux qu'il connaissait mieux que personne. Autour de lui on ne tarissait pas d'éloges sur sa science, sa mémoire, son esprit.

Arrivé au sommet de l'escalier de marbre, Louis-Philippe a trouvé devant lui la grande salle des Gardes devenue la salle du Sacre de Napoléon. C'est par là qu'il commence sa tournée. Puis il entre dans les quatre salles consacrées aux campagnes de 1793, 1794, 1795 et 1796, qui occupent l'emplacement des appartements de M$^{me}$ de Maintenon. Le voilà maintenant dans la salle de 1792, l'ancienne salle des Cent-Suisses. On y voit les portraits de guerriers célèbres, tels que Napoléon, Murat, Masséna, Bernadotte, Beauharnais Lafayette, etc., avec l'uniforme du grade qu'ils avaient dans cette année 1792, commencement d'une lutte qui ne devait se terminer qu'en 1815. Louis-Philippe s'arrête devant une toile qui le représente tel qu'il était à Valmy et à Jemmapes. Par le palier de l'escalier de Monsieur, il pénètre dans la nouvelle galerie qui est son ouvrage : la galerie des Batailles. Les invités poussent un cri d'admiration et de surprise. A la place d'une multitude de chambres occupées sous Louis XIV par Monsieur, frère du roi, et par sa famille, sous Louis XVI par le comte de Provence (le futur Louis XVIII) et le comte d'Artois (le futur Charles X), Louis-Philippe vient de faire construire cette merveilleuse galerie qui a cent vingt mètres de longueur, sur treize mètres de largeur, et qui reçoit d'en haut, par une immense voûte, placée à une élévation prodigieuse, la lumière la plus éclatante. Le plafond à voussures est soutenu aux extrémités et au milieu par des groupes de colonnes. Elle contient les bustes des princes du sang royal, des amiraux, connétables, maréchaux et autres guerriers célèbres, morts en combattant pour la France. Dans l'embrasure de trois fenêtres gigantesques, des plaques de marbre noir portent en lettres d'or les noms de tous les généraux tués pour la patrie. Les côtés de la galerie sont remplis par d'immenses tableaux, tous d'égale dimension, représentant les victoires françaises depuis Tolbiac jusqu'à Wagram. On aperçoit Charles Martel devant Tours, Philippe-Auguste à Bouvines, saint Louis à Taillebourg, Philippe de Valois à Cassel, Jeanne d'Arc devant Orléans, Charles VIII à Naples, François I$^{er}$ à Marignan, Henri IV à Paris, Condé à Rocroy, Villars à Denain, Maurice de Saxe à Fontenoy, Rochambeau devant York-Town, Jourdan à Fleurus, Napoléon à Austerlitz, à Iéna, à Friedland, à Wagram Ces toiles, et d'autres non moins remarquables, sont l'œuvre d'Eugène Delacroix, de Schnetz, de Larivière, de Gérard, de Couder, de Heim, de Philippoteaux, d'Horace Vernet et d'autres peintres célèbres. Jamais on n'avait vu pareil panthéon militaire.

Au bout de cette galerie des Batailles, qui est plus vaste que la galerie des Glaces, se trouve une salle qui va faire la joie des hommes restés fidèles aux passions de la révolution de Juillet, c'est la salle de 1830. A leurs yeux, c'est la conclusion de l'histoire de France, et ils souhaitent — vain espoir — que cette conclusion ne soit jamais modifiée par d'autres événements. Louis-Philippe, en entrant dans la salle, trouve sur son passage le peintre Larivière : il s'écrie : « Voici l'auteur de mon grand tableau. » Et il conduit la duchesse d'Orléans devant la toile qui le représente à cheval, traversant, au milieu des barricades la place de l'Hôtel-de-Ville, dans la journée du 31 juillet 1830. Voici dans la même salle trois autres tableaux retraçant des scènes de la même année. L'un est de Gérard, c'est Louis-Philippe proclamé lieutenant général du royaume. L'autre d'Ary Scheffer; c'est Louis-Philippe recevant à la barrière du Trône son fils aîné qui arrive à la tête du 1er hussards dont il est le colonel. Le troisième, de Court, c'est Louis-Philippe au Champ-de-Mars, distribuant les drapeaux à la garde nationale. Les tableaux constatant l'origine révolutionnaire de la nouvelle dynastie, ne plaisent que médiocrement à la reine. Louis-Philippe qui, devant la bourgeoisie, exalte la révolution de Juillet, mais qui l'a qualifiée de catastrophe dans une lettre adressée à l'empereur Nicolas, ne s'attarde point dans la salle de 1830.

Il revient sur ses pas, et le voilà maintenant dans la chambre de Louis XIV, qu'il a fait orner et remeubler avec une grande exactitude. Tout s'y retrouve à peu près comme au jour où y est mort le grand roi.

Louis-Philippe se plaît dans cette chambre majestueuse entre toutes. Il est fier de sentir couler dans ses veines le sang du grand roi dont il descend deux fois en ligne directe. Personne n'aime mieux que lui la littérature du xviie siècle. Il signerait volontiers, si la démocratie lui en donnait la permission, ce qu'écrira Jules Janin, à propos de l'inauguration du musée de Versailles : « Louis XIV est non seulement l'honneur de la royauté, mais encore l'honneur de l'espèce humaine. Il a donné à la langue, à la pensée, au style, à la poésie, à l'imagination française le signal du départ ; il leur a montré le but, et il leur a dit: Malheur à celui qui ira plus loin ! à Louis XIV se rattachent toutes les grandes idées du beau, du bien, du grand, de l'utile, de la gloire, de la croyance, de l'autorité. Il est le roi de l'ordre et de l'unité, de l'obéissance et du respect. Il restera dans l'avenir comme le point le plus glorieux de la nation. »

Louis-Philippe n'oublie pas que ses premières années ont été celles d'un prince de l'ancien régime. Né le 6 octobre 1773, il avait eu seize ans le jour même où Louis XVI et Marie-Antoinette quittèrent le château de Versailles pour n'y plus revenir. Il avait reçu le cordon du Saint-Esprit, le 1ᵉʳ janvier 1789, et s'il pouvait n'obéir qu'à son sentiment personnel, il le porterait peut-être encore, de préférence à celui de la Légion d'honneur. Lors de la procession des états généraux, c'est lui qui avait marché en tête de la file de droite, composée des princes du sang et des ducs et pairs. Voilà les souvenirs qui pouvaient se présenter à son esprit, quand sortant de la chambre de Louis XIV, il alla présider le banquet royal, dans la galerie des Glaces. Il aimait cette galerie — la plus belle du monde — avec ses dix-sept fenêtres en arcades cintrées sur les jardins, auxquelles font face dix-sept arcades feintes, remplies de glaces dans toute leur hauteur. Il se plaisait à regarder les six fresques superbes du plafond, chefs-d'œuvre de Lebrun, toutes à la gloire du roi-soleil. — Le roi arme sur terre et sur mer. — Le roi donne ses ordres pour attaquer en même temps quatre des plus fortes places de la Hollande. — Le roi gouverne par lui-même (c'est ce que Louis-Philippe voudrait pouvoir toujours faire). — Résolution prise de châtier les Hollandais. — La Franche-Comté conquise pour la seconde fois. — Prise de la ville et de la citadelle de Gand en huit jours. Tels sont les sujets de ces fresques restaurées dans toute leur splendeur, et plus éblouissantes que jamais. C'est le digne ornement de l'Olympe royal.

Le banquet égale en magnificence les repas les plus somptueux de l'ancienne monarchie. Quinze cents personnes y sont assises. Huit tables de soixante couverts chacune ont été disposées dans la galerie des Glaces. Le roi est au milieu, ayant à sa droite la reine des Belges, à sa gauche la duchesse d'Orléans, et en face de lui le roi des Belges ayant à sa droite la reine Marie-Amélie, et à sa gauche Madame Adélaïde. Les trois filles de Louis-Philippe (la reine des Belges, la princesse Marie et la princesse Clémentine) ont la même toilette : une robe de soie rouge des Indes avec une plume rouge flottant sur la tête. Si vaste qu'elle soit, la galerie des Glaces, longue de soixante-treize mètres sur dix mètres quarante centimètres de largeur, ne l'est pas encore assez pour contenir le nombre des convives. Vingt tables de quarante couverts chacune sont dressées dans les salles voisines. Celles du salon de Mars sont présidées par le duc de Nemours, ayant à sa droite la maréchale Davout, princesse d'Eckmühl, à sa gauche la comtesse de Montalivet ; celles du salon de Vénus par le prince de Joinville, celles du salon d'Apollon par le duc d'Aumale ayant à sa droite la baronne Bernard, et à sa gauche le maréchal Clausel. Toutes les tables étincellent d'or et d'argent, de cristaux et de fleurs. Dix mille assiettes de porcelaine de Sèvres circulent sans interruption. Le dîner, qui obtient l'approbation des gastronomes, est servi avec une remarquable rapidité par deux mille maîtres d'hôtel et domestiques portant la livrée rouge de la maison d'Orléans. Il n'a duré qu'une heure. Le roi se lève de table et sort de la galerie des Glaces par la porte qui conduit à l'Œil-de-Bœuf; des courtisans le suivent aussi empressés et plus nombreux encore que ceux de Louis XIV.

Pendant toute la journée, il n'a pas été question de la chapelle. Marie-Amélie aurait été heureuse qu'une messe eût été dite dans ce sanctuaire que la Révolution avait respecté et qui se retrouvait tel qu'il était, au moment où il fut achevé en 1710. On ne songeait pas encore à le rendre au culte en 1837. La réaction religieuse n'était point assez avancée; il y avait trop de voltairiens. On s'occupa beaucoup de Louis XIV et de Napoléon; mais on ne parla point de Dieu. Si la chapelle fut oubliée, on se souvint de la salle de spectacle. Une magnifique représentation y fut donnée le soir.

## VII

LA SALLE DE SPECTACLE.

La représentation théâtrale, seconde partie de la fête, commença à huit heures du soir, dans la salle de spectacle du château. Cette salle, où sous la troisième république ont siégé l'Assemblée nationale, puis le Sénat, remonte au règne de Louis XV (sous Louis XIV il n'y avait pas de théâtre dans le palais). Louis XV la fit construire par l'architecte Gabriel, pour complaire à la marquise de Pompadour. Les travaux commencèrent en 1753, mais la marquise mourut sans en avoir vu l'achèvement. Terminée en 1770 par l'architecte Leroy, elle fut inaugurée le 16 mai de la même année, pour le mariage du dauphin et de Marie-Antoinette. En 1781, à l'occasion de la naissance, si impatiemment désirée, d'un fils de Louis XVI, les gardes du corps obtinrent du roi la permission de donner un grand bal paré dans cette salle. La reine ouvrit le bal par un menuet qu'elle dansa avec un simple garde, à qui Louis XVI accorda le bâton d'exempt. Huit ans plus tard, le 1$^{er}$ octobre 1789, autre fête dans la même salle. La garnison de Versailles venait d'être augmentée par l'adjonction du régiment de Flandre. L'usage était alors que toutes les fois qu'un régiment arrivait dans une ville il reçût des autres corps un repas de bienvenue. Cette règle fut observée pour le régiment de Flandre, et le roi autorisa les gardes du corps à donner le repas dans la salle de spectacle du château. Les officiers du régiment des Trois-Évêchés y furent également invités. On dressa sur la scène une table en fer à cheval de plus de deux cents couverts. On plaça dans l'orchestre les trompettes des gardes du corps et la musique du régiment de Flandre. Le parterre était occupé par des soldats de ce régiment et de celui des Trois-Évêchés. Il y eut une explosion de dévouement monarchique, des vivats, des cris d'enthousiasme, des serments de défendre le roi, et, s'il le fallait, de mourir pour lui. Une dame du palais accourut alors près de la reine, et, lui racontant ce qui se passait, lui conseilla de se rendre dans la salle avec son mari et ses enfants. Louis XVI, qui venait de chasser dans le parc de Meudon, rentrait, en ce moment même, au château de Versailles. Il trouva que le conseil était bon, et apparut tout à coup dans la loge royale avec sa femme, sa fille et son fils. La musique militaire entonna l'air de *Richard Cœur de Lion :*

O Richard, ô mon roi, l'univers t'abandonne

et l'air du *Déserteur :*

Peut-on affliger ce qu'on aime?

C'étaient des trépignements de joie, un délire d'enthousiasme. Jamais souverain et souveraine n'avaient été plus acclamés. Cinq jours plus tard, la famille royale chassée du château par la populace, en sortait pour n'y plus rentrer.

Depuis lors, la salle de spectacle était restée dans l'abandon. On n'y avait touché que pour vendre, pendant la Révolution, les glaces qui décoraient les loges. Ni Napoléon, ni Louis XVIII, ni Charles X n'avaient songé à la restaurer. On la croyait perdue pour l'art. Louis-Philippe la ressuscita.

La représentation du 10 juin 1837 fut éblouissante. Mieux décorée, mieux éclairée que jamais, la salle présentait un aspect féerique. L'orchestre jouait l'ouverture d'un des opéras favoris de Marie-Antoinette, *Iphigénie en Aulide*, chef-d'œuvre de Gluck, son protégé. Les survivants de l'ancien régime croyaient revoir la belle souveraine, et se rappelaient le repas du 1er octobre 1789, fête de l'honneur et de la fidélité. Tout était magnifique, les colonnes de marbre

4.

rouge, les ornements d'or, les candélabres, les girandoles de bronze doré, l'éclairage reproduit à l'infini par les glaces posées dans les archivoltes de la seconde galerie, les uniformes variés des spectateurs, les riches toilettes et les diamants des spectatrices. La famille royale se plaça à l'amphithéâtre, au-dessus du parterre. Le roi était au milieu, ayant à sa droite la reine Marie-Amélie, et à sa gauche la reine des Belges.

Le spectacle commença par le *Misanthrope*, interprété par les illustrations de la Comédie-Française : M<sup>lle</sup> Mars, M<sup>lle</sup> Plessis, Firmin, Monrose. Ainsi que l'a écrit M. Guizot, « le roi avait voulu que le chef-d'œuvre de Molière fût représenté sans aucune altération, et sans que rien y manquât; pas un seul vers ne fut omis; l'ameublement de la scène était bien celui du xvii<sup>e</sup> siècle; des costumes fidèles et préparés pour ce jour-là avaient été donnés aux acteurs; tout le matériel de la représentation, dans la salle et sur le théâtre, était excellent, et probablement bien meilleur qu'il n'avait jamais été sous les yeux de Louis XIV et par les soins de Molière. » Cependant, d'après M. Guizot, l'effet produit fut médiocre. « Les acteurs, ajoute-t-il, n'avaient aucun sentiment ni des mœurs générales du xvii<sup>e</sup> siècle, ni du caractère simplement aristocratique des personnages, de leur esprit toujours franc, de leur langage toujours naturel au milieu des raffinements et des frivolités subtiles de leur vie mondaine. Les manières étaient en désaccord avec les habits et l'accent avec les paroles. M$^{lle}$ Mars joua Célimène en coquette de Marivaux, non en contemporaine de M$^{me}$ de Sablé et de M$^{me}$ de Montespan. Et l'infidélité était plus choquante à Versailles et dans le palais de Louis XIV, qu'à Paris et sur le théâtre de la rue de Richelieu. » Le *Moniteur* fut moins sévère que M. Guizot. « Les acteurs de la Comédie-Française, dit-il, ont joué le *Misanthrope* avec cet ensemble et ce bon goût dont ils conservent la tradition. A plusieurs reprises, le roi a témoigné par des applaudissements le plaisir qu'il éprouvait à voir le chef-d'œuvre de Molière interprété par les plus grands talents de l'Europe. »

Après la Comédie-Française, l'Opéra. Grand succès pour Duprez, Levasseur et M$^{lle}$ Falcon, qui chantèrent des fragments du 3$^e$ et du 5$^e$ acte de *Robert le Diable*.

Pendant chaque entr'acte des rafraîchissements étaient distribués dans toute la salle et portés aux artistes sur le théâtre. Un grand intermède, composé par Scribe et mis en musique par Auber, termina la soirée.

Les *Fêtes de Versailles*, tel est le sujet de l'intermède. Voici d'abord Lulli, qui fait danser un ballet en l'honneur du grand roi. La première et la seconde entrée se composent d'un menuet à huit, d'un passe-pied et d'une sarabande, la troisième d'une marche à cérémonie, où figurent

Molière avec les acteurs du *Misanthrope*, Corneille avec les comédiens de l'Hôtel de Bourgogne, dans les costumes du *Cid*, et Racine, entouré des personnages d'*Athalie*. La toile de fond se lève. On aperçoit dans le lointain la façade du château de Versailles, et, en avant, la statue équestre du grand roi, avec ces mots écrits sur le piédestal : A la gloire de Louis XIV.

Puis des nuages couvrent la scène. Une symphonie allégorique commence. La nuit est sombre, la tempête gronde ; au milieu de l'orage, des chants de guerre et de victoire ; à la lueur des éclairs, un aigle qui porte la foudre, et se perd dans les cieux ; puis les nuages qui se dissipent, une musique calme et majestueuse qui annonce le retour de la paix, un décor qui représente la galerie des Batailles, souvenir belliqueux dans un temps pacifique ; les sœurs Elssler et d'autres danseuses de l'Opéra dansent plusieurs pas, en signe d'allégresse. La toile du fond remonte. Le génie de la France apparaît entouré de toutes les gloires militaires, avec un groupe de savants, de littérateurs et d'artistes. Au-dessus de ce tableau final, des renommées tiennent une légende où sont inscrits ces mots qui résument la pensée du roi : A toutes les gloires de la France ! Des acclamations enthousiastes, des applaudissements frénétiques retentissent. L'œuvre de Louis-Philippe est comprise. Toute la nation s'y associe.

La représentation vient de finir; il est minuit et demi; mais la fête n'est pas terminée. Précédé de valets de pied qui portent des torches, suivi de sa famille et de tous les invités, le roi parcourt une fois encore toutes les galeries. Cette promenade aux flambeaux se prolonge jusqu'à deux heures du matin. Au moment où il va s'éloigner, le roi rencontre sur son passage, dans la salle du Sacre, les artistes qui ont joué devant lui et les musiciens de l'Opéra. Il les remercie en termes gracieux. Puis il descend l'escalier de marbre et repart pour Trianon. La fête, qui a duré seize heures, a été une triple apothéose, pour Louis XIV, pour Napoléon et pour Louis-Philippe.

## VIII

LA CATASTROPHE DU CHAMP-DE-MARS.

Depuis son arrivée en France, la duchesse d'Orléans n'avait eu que des impressions de joie. Autour d'elle tout n'était que satisfaction, allégresse et heureux présages. La ville de Paris préparait en l'honneur de la jeune princesse deux grandes fêtes, une fête populaire, pour le 14 juin, et un bal à l'Hôtel de Ville, pour le 15. Le 14, toute la population était en liesse. Pour diminuer l'encombrement, on avait eu l'idée de disséminer la fête sur plusieurs points. Des réjouissances d'un intérêt égal avaient lieu en même temps à la barrière du Trône, aux Tuileries, aux Champs-Élysées, au Champ-de-Mars. Partout l'autorité exerçait une surveillance rigoureuse et tout portait à croire que malgré une foule immense aucun accident ne se produirait.

Dans la journée, vers deux heures, la population se porta surtout aux Champs-Élysées, où il y avait une fête foraine, des théâtres de pantomimes, des mâts de cocagne, des orchestres de danse, des exercices de gymnastique. A quatre heures, le duc et la duchesse d'Orléans sortirent des Tuileries dans une calèche découverte, attelée de six chevaux, et précédée d'un seul piqueur. La foule les acclama. La princesse était vivement émue de cet accueil sympathique, et, par sa physionomie comme par ses gestes, elle exprimait combien elle en était touchée. A huit heures du soir, on exécutait un grand concert dans le jardin des Tuileries, devant le pavillon de l'Horloge. Tous les édifices étaient illuminés. A neuf heures et demie, on tirait deux feux d'artifice, l'un au quai d'Orsay, l'autre au Champ-de-Mars. C'était ce dernier qui attirait surtout la curiosité du public. La pièce principale devait simuler la prise de la citadelle d'Anvers.

Écoutons un témoin oculaire, Jules Janin. « De très bonne heure, dit-il, le Champ-de-Mars était rempli, et les curieux contemplaient de loin ce fort d'Anvers bâti tout au milieu de cette place guerrière. Les soldats du génie avaient copié la citadelle avec leurs souvenirs d'hier... Cette citadelle d'Anvers, qui a fourni au Prince Royal l'occasion de faire ses premières armes, devait être prise le même soir. Le peuple de Paris avait été attiré de bonne heure par cette admirable odeur de poudre à canon qui l'enivre mieux que ne le fait un punch enflammé. Partout où va le canon va le peuple ; le peuple suit le canon au pas de charge ; ils passent l'un et l'autre, le canon et le peuple, par les mêmes sentiers frayés ou non frayés. Ainsi, ce soir-là, ils s'étaient arrêtés l'un et l'autre au milieu du Champ-de-Mars. Vous dire la beauté de cette scène nocturne, l'éclat du ciel, la sérénité de la lune, la teinte rougeâtre de cette citadelle qui s'élevait silencieuse et sombre au milieu de ce parc d'artillerie prêt à la foudroyer, surtout vous dire cette foule immense, c'est impossible. »

Le peuple s'était assis sur les tertres et sur le gazon. Le Champ-de-Mars est si grand que deux cent mille personnes y étaient à l'aise. Le spectacle excitait un enthousiasme général. Une pluie de feu tombait sur la citadelle, et l'embrasait de toutes parts. Le canon tonnait. Le drapeau tricolore flottait sur les débris fumants de la citadelle. La multitude applaudissait et poussait de joyeuses clameurs.

Une fois que la dernière fusée fut éteinte, chacun songea à retourner chez soi. La foule se porta avec une telle précipitation vers l'une des grilles contiguës à l'École Militaire que, n'y trouvant pas une issue suffisante, les premiers rangs furent forcés de se replier sur eux-mêmes pour s'écouler par l'étroite porte. Et, comme les derniers rangs avançaient toujours le tumulte devint effroyable. Une femme s'évanouit et tomba. Plusieurs personnes ayant trébuché sur son corps, les accidents se multiplièrent. Beaucoup de gens furent renversés et foulés aux pieds. Il y eut quatorze morts.

A la nouvelle de la catastrophe, la famille royale fut consternée. C'était un glas funèbre qui retentissait au milieu des fêtes. Nous avons dit qu'un bal devait être donné le lendemain, à l'Hôtel-de-Ville en l'honneur du duc et de la duchesse d'Orléans. « Qui le croirait ? a écrit Louis Blanc, parmi les représentants spéciaux de la Cité, plusieurs furent d'avis que les malheurs du Champ-de-Mars n'étaient pas un motif suffisant pour suspendre les danses de la cour. Mais à ce cruel raffinement de flatterie, le duc d'Orléans répondit par une démarche d'une généreuse impétuosité. Entrant tout à coup dans la salle où le Conseil municipal était rassemblé, il déclara d'un ton et avec une geste passionnés qu'il ne pouvait consentir à paraître en public avant que les cadavres fussent reconnus et enterrés ». Voici, d'après le *Journal des Débats*, quelles furent les paroles du prince :

« Messieurs, j'ai voulu vous dire à tous le vif désir que j'éprouve de voir ajourner le bal qui devait avoir lieu ce soir... Un grand malheur est arrivé hier, malheur dont on ne peut accuser personne, mais qui n'en est pas moins réel. Ce triste événement a eu lieu pendant une fête dont mon mariage était l'occasion. Eh bien ! Messieurs, je l'avouerai, j'éprouve une répugnance invincible à la pensée de me réjouir, de paraître même en public, avant d'avoir rempli le devoir que m'impose ce déplorable accident... Je prie le Conseil municipal de vouloir bien me laisser toute initiative dans cette triste occasion; c'est à moi de porter des secours et des consolations aux familles de ces malheureux; la ville de Paris peut me confier ce soin; je serai fidèle à m'en acquitter. Précisément parce que les victimes appartiennent à des classes laborieuses, il ne faut pas qu'on puisse dire de nous que nous avons dansé près de leurs cadavres, que nous avons manqué du respect qui est dû à l'humble convoi du pauvre comme aux funérailles du riche. Personne n'apprécie plus que moi les considérations qui touchent l'industrie et les intérêts de la ville de Paris, et qui voudraient que la fête eût son cours. Mais tout nous commande aujourd'hui de les sacrifier, car les intérêts ne doivent pas faire la loi à d'aussi impérieux sentiments que ceux qui nous animent tous en cet instant. Oui, vous la partagerez, Messieurs, l'impression que j'éprouve, et votre décision prouvera que vous et moi nous nous sommes compris. » Prononcées d'une voix chaleureuse et avec tout l'entraînement d'une vive émotion, les paroles du prince changèrent complètement les dispositions du Conseil municipal. L'ajournement du bal fut décidé par acclamation, et les provisions préparées à l'Hôtel-de-

Ville pour le banquet royal du soir furent distribuées aux indigents.

Après avoir dit, en parlant de la duchesse d'Orléans : « Jamais peut-être destinée aussi tragique n'a commencé par d'aussi beaux jours », M. Guizot ajoute : « Ce n'est pas que, même dès lors, les tristesses ne se soient bientôt mêlées aux joies, et les manœuvres ennemies aux acclamations bienveillantes. Dans l'une des fêtes populaires, à la sortie du Champ-de-Mars, l'encombrement de la foule et une porte trop étroite amenèrent des accidents déplorables. Dans le monde et dans la presse, bien des voix hostiles les racontèrent avec une secrète complaisance, les comparant aux malheurs qui, soixante-sept ans auparavant, avaient accompagné le mariage du dauphin qui fut Louis XVI avec l'archiduchesse Marie-Antoinette, triste présage d'un cruel avenir. »

Il y avait encore à Paris des vieillards qui se rappelaient la catastrophe du 30 mai 1770, et se montraient frappés de son analogie avec celle du 14 juin 1837. Le 30 mai 1770 avait été le jour fixé pour l'entrée de Marie-Antoinette à Paris. Elle devait y venir de Versailles dans la soirée. Un feu d'artifice était tiré sur la place de la Concorde qui, s'appelait alors place Louis XV. La pièce principale figurait le temple de l'Hymen. Auprès de la statue équestre de Louis XV, dont l'emplacement est occupé maintenant par l'obélisque, s'élevait le bastion d'où le bouquet du feu d'artifice jaillissait en gerbes radieuses. Tout à coup une fusée égarée tomba sur le bois des ifs. Un incendie éclata. En même temps, une colonne de curieux qui se rendait aux boulevards par la rue Royale rencontra dans sa marche, une autre colonne qui se dirigeait vers la place. Les deux flots opposés se heurtèrent, et il y eut un grand nombre de morts. Au même instant, la dauphine, entrant pour la première fois à Paris, arrivait par le Cours-la-Reine, aux Champs-Élysées, pour voir les illuminations. Elle entendit des cris de terreur et sa voiture dut rebrousser chemin. On porta les corps des victimes au cimetière de la Madeleine, où elle-même devait être inhumée après son supplice. La duchesse d'Orléans tressaillit en évoquant de pareils souvenirs.

## IX

DEUX GRANDS BALS.

Les courtisans travaillent à écarter des princes les impressions de tristesse, et souvent ils n'y réussissent que trop. On lisait dans le *Journal des Débats :* « Un déplorable accident est venu troubler la joie générale. Nulle prudence n'aurait pu le prévoir ; l'humanité la plus généreuse s'est empressée de l'adoucir... De pieux devoirs ont été remplis ; le malheur a reçu des consolations. La famille royale n'a pu se refuser plus longtemps aux vœux de Paris, impatient de la saluer à l'Hôtel-de-Ville. » Fixés d'abord au 15 juin, et ajournés au 19 du même mois, le banquet et le bal furent magnifiques.

Le roi, la reine Marie-Amélie, la reine des Belges, le duc et la duchesse d'Orléans, la grande-duchesse de Mecklembourg-Schwérin, et la famille royale, attendus sur toute la longueur des quais par un foule considérable et salués sur leur passage par de nombreux vivats, arrivèrent à l'Hôtel-de-Ville à six heures et demie du soir. Le préfet de la Seine, le préfet de police, les conseillers généraux, les maires et les adjoints allèrent les recevoir sous la voûte de l'arcade parallèle à l'arcade Saint-Jean.

Le repas était préparé dans la salle du Trône, cette salle immense et magnifique, où, en 1588, Henri II était venu dîner avant qu'elle fût complètement achevée. Il y avait fait construire deux cheminées monumentales et un plafond qui rappelait les plafonds les plus riches du palais de Fontainebleau. Cette salle avait vu les scènes de la Ligue et de la Fronde, les vainqueurs de la Bastille, les farouches représentants de la Commune, les pompes de l'Empire et de la Restauration. Elle avait vu aussi l'avènement du régime de Juillet. C'est là que, le 31 juillet 1830, Louis-Philippe avait reçu, grâce à la bienveillance de Lafayette, l'investiture de cette lieutenance - générale du royaume qui fut pour lui le prologue de la royauté. Dans la soirée du 19 juin 1837, la salle était resplendissante. Au milieu de la voûte se balançait fièrement le vaisseau de cristal, emblème de la ville de Paris, avec la devise : *Fluctuat nec mergitur*. Le portrait du roi, la croix de Juillet représentée en or sur un fond blanc, les armes de la Ville, brillant sur un champ barré des trois couleurs, ajoutaient à l'éclat de la décoration. On avait disposé en fer à cheval la table, de cent quatre-vingt-deux couverts, dont la famille royale occupait le haut bout.

A la fin du dîner, le roi se leva, et s'exprima ainsi : « Monsieur le préfet, je veux porter un toast à la ville de Paris. Je veux lui manifester combien je suis pénétré des sentiments qu'elle me témoigne, et combien je suis touché de ceux que lui inspire le mariage de mon fils aîné... J'en suis d'autant plus ému que je me retrouve au milieu de vous dans cette même salle qui me retrace tant de souvenirs, car c'est ici où je suis venu le 31 juillet, à travers les barricades, entouré et suivi des députés de la France, dont la voix m'appelait à assurer le triomphe de cette Charte si vaillamment défendue, et le maintien de toutes nos libertés et de toutes nos institutions constitutionnelles. »

Puis, montrant une des fenêtres de la salle, Louis-Philippe ajouta : « C'est ici, c'est de cette fenêtre que j'ai eu le bonheur de déployer, au bruit des acclamations prolongées de l'immense multitude qui couvrait la place et les quais, ce glorieux drapeau que j'étais si heureux de revoir, et ces couleurs chéries que nous reprenions tous avec tant d'élan. Je vous porte pour toast : A la prospérité de la ville de Paris! »

Quand on fut sorti de table, le roi passa dans la salle de la Rotonde, ainsi nommée à cause du demi-cercle dont elle était séparée par quatre colonnes, et y reçut le corps diplomatique. On avait établi sur des gradins, dans la partie sphérique, un orchestre de quarante musiciens. Duprez, Levasseur, M<sup>lle</sup> Falcon, M<sup>me</sup> Dorus Gras, placés entre les colonnes sur une espèce de scène, chantèrent une cantate dont les paroles étaient de Scribe et la musique d'Auber. On applaudit ce passage consacré à Louis-Philippe et à Versailles :

> Que notre amour qui l'environne
> Apporte un tribut mérité
> Au Roi qui plaça près du trône
> La clémence et la liberté!
>
> Enfants de Zeuxis et d'Apelle,
> Pour lui saisissez vos pinceaux!
> Versailles, du sein des tombeaux,
> Sort brillant de splendeurs nouvelles.
>
> Sur ses murs et par nos exploits
> Philppe écrivit votre histoire.
> Ce n'était là que le temple des rois.
> Il en a fait le temple de la gloire,

Ce passage sur la duchesse d'Orléans eut aussi grand succès :

> Elle n'est pas, disait-on sur ses traces,
> Étrangère à nos bords chéris.
> Pays des arts, de l'esprit et des grâces
> La France était son vrai pays.

Après la cantate, dont la duchesse d'Orléans félicita gracieusement les auteurs, la famille royale fit son entrée dans l'immense salle de bal qui, comme en 1739, pour les noces d'Élisabeth de France avec Don Philippe d'Espagne, et comme en 1745, pour le mariage du dauphin, fils du roi Louis XV, avait été construite dans la cour de l'Hôtel-de-Ville. Six cents femmes y étaient assises sur six rangs. Toutes se levèrent à la fois pour saluer le roi et sa famille. Au premier quadrille la reine des Belges dansa avec le duc d'Orléans; la duchesse d'Orléans avec le comte de Rambuteau, préfet de la Seine, la princesse Marie avec le général Jacqueminot; le duc de Nemours, avec M$^{me}$ Delessert, femme du préfet de police; la princesse Clémentine avec M. Ganneron; le prince de Joinville avec M$^{me}$ de Rocca.

Dans cette salle de bal, décorée avec une grande richesse, l'écusson de la France était soutenu par deux figures allégoriques : la Force et la Vigilance; celui de la ville de Paris par l'Industrie et l'Abondance; celui du prince royal par le Courage et la Prudence; celui de la duchesse d'Orléans par la Sagesse et la Maternité. Il y avait partout des fleurs, des arbustes, des lustres. Au milieu, un vaste jet d'eau répandant la fraîcheur.

Après être restée quelque temps dans la salle de bal, la famille royale regagna les appartements particuliers qui lui avaient été réservés. La duchesse d'Orléans y trouva, dans un boudoir tendu de mousseline blanche et rose, la psyché en malachite, que lui offrait la ville de Paris. Puis une fenêtre s'ouvrant tout à coup, elle aperçut, à sa grande surprise, un diorama

5.

qui représentait les jardins et les cascades du château de Ludwigslust, où elle était née. La princesse sortit de l'Hôtel-de-Ville éblouie et enchantée de tout ce qu'elle y avait vu.

Le 22 juin, la duchesse d'Orléans assistait à une autre fête non moins brillante, un bal offert à l'Opéra, par la garde nationale au roi et à sa famille. On avait ainsi disposé la salle éclairée *a giorno :* à la place occupée d'ordinaire par l'amphithéâtre un dais, un trône, une estrade pour la famille royale; autour, des faisceaux d'armes et d'étendards; à droite et à gauche : des places réservées pour les dames patronnesses, toutes femmes de généraux, colonels ou lieutenants-colonels de la garde nationale; deux loges à droite pour les ministres; deux loges à gauche pour le corps diplomatique; un escalier de vingt marches conduisant de l'estrade royale dans la salle; au rang des quatrièmes loges une fanfare militaire toute composée d'instruments de cuivre; au fond de la salle un orchestre; au milieu de la scène soixante tambours de la garde nationale, des chanteurs, des choristes, tous en gardes nationaux et Duprez, comme eux en uniforme, qui chanta cette cantate dont les paroles étaient de Dupaty, et la musique d'Adam.

> Roi citoyen, vertueux père,
> Oubliez quelques mauvais jours.
> L'avenir vous sera prospère,
> L'orage s'enfuit pour toujours.

> Et déjà sur l'heureuse France,
> Précurseur des biens les plus doux,
> L'ange de paix et d'espérance
> Descend du ciel auprès de vous,
>
> La vertu n'est qu'une chimère
> Criaient les vices triomphants.
> Mais en France il est une mère
> Dont nous sommes tous les enfants.
> Aux jours de trouble et de souffrance
> Sa tendresse veillait sur nous.
> Ange de paix et d'espérance
> Un autre ange est auprès de vous.
>
> Instruit déjà par notre histoire,
> Si grande jusqu'en nos revers,
> Ferdinand apprit la victoire
> Aux assauts livrés sous Anvers.
> Sur l'Atlas il servit la France.
> Soldats, il brilla parmi nous,
> Et de nos armes l'espérance,
> Ange de paix, se donne à vous.

Cette cantate admirablement chantée par le grand ténor, les soixante tambours de la garde nationale qui battaient aux champs, la fanfare militaire qui jouait la *Parisienne*, tout cela, réveillant les passions de 1830, exaltait la milice citoyenne et le roi citoyen.

Les princes et les princesses ouvrirent ensuite le bal. La duchesse d'Orléans dansait avec le général Jacqueminot, et la princesse Marie avec le général Hallez; le duc d'Orléans avec Mlle de Lobau; le duc de Nemours avec Mme Jacqueminot; le duc d'Aumale avec la comtesse Dodun. Après le quadrille, le roi, donnant le bras à la reine, descendit les marches de l'estrade, et, suivi par toute sa famille, il fit le tour de la salle.

Le bal de la garde nationale termina la série des fêtes données en l'honneur du mariage du duc d'Orléans. Elles avaient été magnifiques, et bien des gens les considéraient comme un gage de durée pour la dynastie. Mais les observateurs perspicaces se défiaient de ce courant optimiste, et constataient des signes nombreux d'opposition. « L'éclat même des fêtes, a écrit M. Guizot, les splendeurs de la cour, les magnificences royales, les présents offerts à la duchesse d'Orléans, sa corbeille, sa toilette, les descriptions que la flatterie et la curiosité se plaisaient à en faire, devenaient, pour les démocrates ennemis, le texte de remarques et de commentaires adressés aux passions envieuses et haineuses ». On s'apercevait que, même dans les sphères officielles, les temps de la chevalerie étaient passés. L'auteur des *Lettres parisiennes*, M$^{me}$ de Girardin, le remarquait très justement, quand elle écrivait, le 7 juin : « Soyez la bienvenue, Madame, dans notre beau pays, dans notre hospitalière patrie ! Eh ! ne trouvez-vous pas que nous sommes de bien courtois chevaliers? Pendant deux mois nous avons parcouru le monde en proclamant à haute voix que vous étiez la femme la plus laide de toute l'Allemagne ; c'était un mensonge, pardonnez-nous. Nos galants députés vous ont marchandé pendant trois séances un million pour votre ménage ; ils vous ont traitée comme leur cuisinière, dont ils rognent le budget et les gages avec tant de plaisir ; ce sont les idées libérales, pardonnez-leur. Nos piquants journalistes vous accablent chaque matin des injures les plus grossières, d'épigrammes sans sel, de calembours épais ; c'est de l'esprit de parti, c'est de l'esprit français, pardonnez-leur. » M$^{me}$ de Girardin avait le pressentiment de l'avenir. Elle plaignait la princesse. « Madame, s'écriait-elle, vous êtes une femme courageuse, car vous venez chercher en France le désenchantement de toutes vos idées, le démenti de votre éducation. Vous, fille d'un prince d'Allemagne, vous croyez encore à la royauté, et chez nous il n'y a plus de royauté ; vous, jeune fille romanesque, vous croyez encore à la dignité de la femme, et chez nous la femme n'a plus de prestige, sa faiblesse même n'est plus une religion ; on l'insulte bravement, on l'outrage sans honte comme si elle pouvait se venger. Vous enfin, élève de Goëthe, vous que le grand poète a bénie, vous à qui l'Homère germain a prédit une brillante destinée, vous qu'il a nourrie de fictions, vous croyez encore à la poésie, et nous n'avons plus de poésie ! »

En résumé, les fêtes auxquelles on venait d'assister n'avaient été qu'un moment d'accalmie au milieu de perpétuels orages, et il était facile de voir qu'en France, malgré de si brillantes solennités, le sentiment monarchique allait en déclinant. Les compétitions de trois dynasties rivales l'avaient émoussé, et un fonds de scepticisme perçait même à travers les manifestations de la joie populaire. On se rappelait les fêtes de 1810, pour le mariage de l'impératrice Marie-Louise, celles de 1816, pour le mariage de la duchesse de Berry. On se disait qu'elles avaient été au moins aussi belles que celles qui venaient d'avoir lieu, et n'avaient cependant pas porté bonheur aux deux princesses non moins adulées que la duchesse d'Orléans lors de leur arrivée en France. Le même sort était réservé à toutes les trois, et les mêmes espérances devaient aboutir aux mêmes déceptions.

## X

### LES PREMIERS MOIS DE MARIAGE DU DUC D'ORLÉANS.

Le duc et la duchesse d'Orléans jouissaient du plus grand bonheur qu'il soit donné de goûter sur terre : l'amour légitime partagé. La duchesse était bien la femme que son mari avait rêvée. Elle lui plaisait absolument au physique et au moral. Il la trouvait gracieuse et agréable, instruite et intelligente, courageuse et dévouée. Éblouie et charmée par la séduction et le prestige d'un prince de vingt-sept ans, qui était alors l'homme le plus brillant de France, elle lui témoignait une tendresse mêlée d'admiration. Résolue à tout faire pour le seconder dans l'accomplissement de sa tâche de prince royal, elle prenait un intérêt passionné à tout ce qu'il entreprenait, et avait pour lui une ambition ardente. Elle croyait en lui, et avait la conviction qu'il serait un grand roi.

Tout plaisait à la jeune princesse dans sa nouvelle existence. Elle avait visité avec un extrême intérêt les monuments et les musées de Paris. A la vue de tant de merveilles, elle éprouvait des joies d'enfant. Les hommes politiques, les littérateurs, les artistes avec qui elle causait étaient frappés de son esprit et de son amabilité. Elle dit à Victor Hugo, en faisant allusion à son fameux roman : « Le premier édifice que j'ai visité à Paris, c'est votre église. » En septembre 1837, elle eut de longues conversations avec M. Guizot alors invité à Compiègne, où le prince royal tenait un camp de vingt mille hommes. « Le château de Compiègne, malgré son étendue et sa splendeur, a dit le célèbre homme d'État, n'a rien qui saisisse et satisfasse l'imagination ; l'antique origine et les grands souvenirs historiques du lieu ont disparu dans la récente et massive construction de Louis XV ; il faut les rechercher dans les livres et on les oublie dans ces cours, ces pavillons, ces appartements, ces escaliers où rien ne les rappelle. Mais le séjour de Compiègne eut pour moi, à cette époque, un attrait particulier ; ce fut là que je commençai à connaître M$^{me}$ la duchesse d'Orléans, que le prince, son mari, se plaisait à montrer à l'armée, comme à ses visiteurs, et qui leur faisait avec une grâce très digne les honneurs du château. Assis plusieurs fois auprès d'elle à table, nous causâmes beaucoup de toutes choses, car elle avait pensé et elle s'intéressait à tout avec l'empressement et le charme d'un esprit élevé, riche, cultivé. »

La vie que menait la princesse était variée et animée. Aux Tuileries, elle logeait dans le pavillon de Marsan que son mari avait décoré avec beaucoup de goût, et qui était rempli d'objets d'art et de tableaux remarquables. Elle faisait d'agréables séjours à Saint-Cloud et au Petit Trianon. A Neuilly, elle habitait, dans le parc à côté du château royal, le petit château de Villiers. Les belles soirées d'été y étaient souvent consacrées à des promenades, on allait sur l'eau jusqu'à Saint-Cloud. Le duc d'Aumale et le duc de Montpensier s'amusaient à tirer des feux d'artifice, et quand le roi remarquait que les pelouses et les fleurs étaient saccagées, les princes lui répondaient que c'était pour faire plaisir à leur sœur Hélène, et Louis-Philippe, qui chérissait sa belle-fille, acceptait l'excuse en souriant.

La duchesse d'Orléans conserva auprès d'elle jusqu'au mois d'octobre 1837, sa belle-mère, qui l'avait élevée, la grande duchesse douairière de Mecklembourg-Schwérin. Elle lui écrivit de Saint-Cloud, le soir du 3 octobre : « La première et triste journée de notre séparation est maintenant passée, ma chère et bien-aimée mère. Permettez-moi de vous dire encore du fond de mon âme combien je vous suis reconnaissante de tout ce que vous avez fait pour moi depuis mon enfance... Chère mère, il ne m'a plus été possible de vous exprimer mes sentiments pour ne pas briser mes forces, pour ne point paralyser au dernier moment le courage que je voulais garder à cause de vous et du duc. Mais maintenant laissez-moi épancher mon cœur, et vous dire que le souvenir de l'époque où j'étais encore sous votre aile m'accompagnera sans cesse, et sera mon ange gardien pour l'avenir.... Oh! chère mère, je baise en pensée vos mains chéries, et je vous prie de me donner la bénédiction du soir. » Le duc d'Orléans ajouta ces lignes : « Quoique je ne sois pas très fort sur l'écriture, je ne veux pas cependant laisser partir cette lettre de votre chère Hélène, sans vous dire encore que votre place reste vide ici auprès de vos enfants dévoués. »

Le lendemain nouvelle lettre de la princesse à sa belle-mère. « Le 4 octobre 1837, avant le déjeuner; la reine qui est venue voir ce que fait l'orpheline me charge de vous écrire qu'elle pense beaucoup à vous, qu'elle vous regrette, et qu'elle compte sur votre promesse. Elle m'a dit qu'elle ne pourrait jamais vous remplacer, mais qu'elle ferait de son mieux, et que je pouvais compter sur son affection maternelle. Il est bien vrai que personne ne pourra vous remplacer, mais je suis heureuse d'avoir trouvé dans la mère du duc un cœur qui m'inspire une si ferme confiance, et vers lequel je me sens si vivement attirée. Ah! chère, chère mère, qu'une lettre est impuissante à tenir lieu d'une vie passée sous le même toit! »

Autre lettre, datée du Petit Trianon le 6 octobre 1837 : « Je ne puis vous dire à quel point vous me manquez. Ah! chère mère, je pourrais écrire des volumes entiers si je voulais reproduire toutes les réflexions que votre départ m'a suggérées et le deuil que ce vide produit en moi, mais je ne veux pas vous attendrir, et je ne veux pas me faire plus mélancolique que je ne le suis déjà, car j'affligerais mon cher duc, au lieu de le distraire comme c'est mon devoir. Nous sommes, en effet, dans notre petit ermitage de Trianon, et nous vivons entièrement seuls. Je me propose donc de faire pour lui tout ce qui est en mon pouvoir, et de lui rendre aussi agréable que possible ce séjour où il n'aura d'autre ressource que ma société. »

Chaque jour la tendresse de la jeune mariée pour son époux devenait plus vive et plus profonde. La duchesse appréciait et sentait son bonheur avec une âme pleine de force affective, avec une imagination ardente et poétique, où le sentiment romanesque s'unissait au sentiment du devoir. Le vieux professeur, qui avait instruit les premières années de son enfance, M. de Schubert, lui avait envoyé un bull-bull, rossignol d'Orient. Elle le remercia de ce joli présent par cette lettre du 7 octobre 1837 : « Pendant que vous faisiez votre pèlerinage dans les belles contrées de l'Orient et que vous cherchiez à surprendre dans les songes de ces mondes endormis quelques sons du langage de leurs jours passés, j'ai pris, de mon côté, mon bâton de pèlerine, je me suis arrachée à ma patrie, à des tombes chéries, aux doux souvenirs de mon enfance, et j'ai dirigé mes pas vers l'ouest où m'appelait la voix du cœur, où je pressentais la destinée de ma vie, où me dirigeaient la bénédiction et l'appui de ma mère, et où je trouve maintenant réalisés les rêves de mon premier âge. Ici ma vie intérieure prend de nouvelles forces, et trouve dans les luttes politiques un nouvel aliment; j'ai en perspective une haute mission qui m'exhorte à la prière et à une sérieuse activité. Je serais bien heureuse de vous recevoir un jour ici dans ma nouvelle patrie si belle et si *vivante*; je vous prouverais que votre souvenir m'a fidèlement accompagnée depuis ma première enfance, et le gracieux oiseau dont le chant me raconte souvent les merveilles de sa lointaine patrie saluerait aussi son ancien maître. » A la fin de 1837, la duchesse écrira : « Lorsqu'il y a un an, je rêvais à la France, et que je cherchais à me représenter ce que deviendrait mon avenir, je n'osais espérer que Dieu me donnerait en partage une si riche, une si belle destinée. »

Le duc d'Orléans n'était pas moins heureux que sa femme. Comme elle, il comprenait toute l'étendue de son bonheur. Il constatait avec reconnaissance combien il était édifié et charmé « par la bonne grâce, le noble cœur et l'esprit élevé de la duchesse ». Il était « purifié — ce sont ses propres expressions — en approchant une personne aussi distinguée ». Voici ce qu'il écrivait au comte de Saint-Aulaire, ambassadeur de France à Vienne : « Château d'Eu, 12 août 1837. — Je vous remercie de tout l'intérêt que vous prenez à ce qui me concerne; vous m'en avez donné trop de preuves pour que j'en puisse douter; et, afin de vous prouver que j'y compte, je vous confierai tout d'abord, et pour vous faire plaisir, et pour vous dire la vérité en même temps, que je suis l'homme le plus heureux qu'il y ait. J'ai trouvé dans les précieuses et rares qualités de la duchesse d'Orléans tout ce que je pouvais désirer, beaucoup de bonheur argent comptant, et toutes garanties possibles pour l'avenir. Douée d'un esprit distingué et d'une âme ferme et élevée, la duchesse d'Oléans a compris notre position sans crainte et sans illusion, et s'y est dévouée avec cette franchise et cet élan que les cœurs nobles apportent à l'accomplissement d'une haute mission. Quelles que soient les vicissitudes de la difficile carrière que je dois parcourir, je suis sûr maintenant de retrouver toujours, dans mon intérieur, un bon conseil dans l'incertitude, une consolation dans la peine, et un puissant appui dans tous les temps, car la Princesse Royale est faite pour affermir le dévouement de nos amis et nous en donner de nouveaux. Vous la jugerez, quand vous la verrez, mon cher comte, je suis sûr alors que votre œil exercé confirmera l'opinion que j'en ai, et qui n'est ni exagérée, ni embellie par le prisme de la lune de miel. »

Le prince exprimait les mêmes sentiments, dans cette autre lettre, adressée à sa sœur la reine des Belges, et datée des Tuileries, le 24 août 1837 : « Je pars demain pour Compiègne *in very good spirits and condition but rather thin. I hope to fil up there*. Hélène vient avec moi dès le commencement; je ne puis assez te dire combien elle me rend heureux, et combien maintenant mon avenir domestique se présente à moi sous un jour plus calme que lorsque je n'étais pas marié. Je sens que je mûris de jour en jour et que je gagne peut-être en fermeté et en *steadiness* ce que je perds en fougue et en vivacité. Ma troisième éducation commence, et j'espère qu'elle sera utile non seulement à mon bien-être et à mon bonheur, mais aux intérêts du pays auquel tu sais que je suis entièrement dévoué. »

Il y a des hommes que les joies de famille amollissent et détournent des entreprises difficiles ou dangereuses. Il y en a d'autres dont ces joies élèvent et fortifient le caractère. Le duc d'Orléans était de ce nombre. Plus sa femme l'aimait, plus il voulait se montrer digne de cet attachement par des actions nobles et grandes. L'amour ne lui suffisait pas. Son rêve était d'y ajouter la gloire. Appartenant à cette race de preux qui se montraient d'autant plus intrépides qu'ils étaient plus tendrement aimés, il savait que toutes les fois que la voix de l'honneur l'appellerait dans la lice, ce ne serait pas sa femme qui essaierait de le retenir.

A la fin d'août 1837, une expédition venait d'être décidée, pour venger le désastre que les troupes d'Afrique avaient subi, l'année précédente, devant Constantine. Marié depuis trois mois à peine, le prince royal supplia son père de le mettre à la tête de cette expédition. A ceux qui voulaient l'empêcher de réaliser son projet, il disait que, vivant dans un temps où le travail est la loi commune, il était obligé de faire sa carrière à la sueur de son front, et que n'ayant ni la tribune, ni la presse, ni aucun autre moyen que ses devoirs militaires pour se faire connaître à la France, il ne devait, à aucun prix, laisser échapper l'occasion qui lui était offerte de se montrer. « J'ai exposé au roi, écrivait-il au général Damrémont, le 31 août, qu'il avait refait depuis sept ans l'état du roi, que moi, je devais, pour moi et mes frères, refaire l'état de prince, qu'il n'y avait aujourd'hui qu'une manière de se faire pardonner d'être prince, c'était de faire en tout plus que les autres; je lui ai exposé que, placé en quelque sorte sur une roue qui tourne toujours, le jour où je m'arrêtais, je me trouvais reculer de fait; je lui ai dit que s'il était devenu le premier roi de l'Europe, il fallait moi, que j'en devinsse le premier prince royal, et que je pouvais avouer cette ambition, quand je mettais ma vie et le sacrifice de mes plus chères affections au service de cette ambition. Je lui ai fait voir que, pour fonder une dynastie, il faut que chacun y contribue depuis mon frère Aumale, qui apporte pour son écot un prix d'écolier (le duc d'Aumale venait de remporter un prix au concours général) jusqu'à l'héritier du trône, qui doit dans les rangs de l'armée, se faire lui-même la première position après celle du roi. »

Le discours du prince parut d'abord faire de l'impression sur Louis-Philippe. Mais le duc de Nemours insistait, lui aussi, pour être envoyé en Afrique. Il avait assisté, disait-il, à l'échec, il devait assister à la revanche. C'était pour lui un point d'honneur. Les ministres déclarèrent alors qu'à un moment où la vie du roi était sans cesse menacée par les assassins, il était impossible de laisser partir à la fois ses deux fils aînés. On devait choisir l'un ou l'autre. Alors il y eut entre les deux frères une rivalité chevaleresque. Le duc d'Orléans sembla d'abord devoir l'emporter;

mais, devant la tristesse profonde du duc de Nemours, il finit par lui céder la place si vivement disputée. Jamais il n'avait fait un sacrifice aussi pénible. « Je succombe presque sous le poids de mes chagrins, écrivit-il alors au général Damrémont; car je n'ai pas changé d'opinion sur les *immenses* avantages personnels que m'offrait le commandement de l'expédition, et je ne serai probablement récompensé d'un sacrifice qui laissera des traces profondes dans ma vie que par la croyance généralement répandue que j'ai reculé, que je sais montrer de l'ardeur de loin, mais que quand il faut quitter ma patrie, etc., je n'y suis plus, que je suis un cheval qui piaffe sur place, qui hennit, mais qui n'avance pas. Je supporterai cette odieuse situation, et je m'appuierai sur l'estime de ceux qui ont lu dans mon cœur et jugé les nobles motifs qui m'ont guidé; puis, par mon travail et mon énergie, je reconquerrai peut-être dans plusieurs années d'efforts ce que j'aurais pu acquérir d'une seule fois. Le sentiment du bien perdu est le poison le plus amer qui puisse se glisser dans le cœur ».

Le duc d'Orléans, si affligé qu'il fût, ne témoigna aucun ressentiment à son frère, dont, mieux que personne, il comprenait l'ardeur belliqueuse. De son côté, le duc de Nemours, sentant tout le prix du sacrifice que le prince royal venait de faire, garda une reconnaissance éternelle pour un pareil bienfait. Il partit accompagné par les vœux de celui qui avait la douleur de rester, et qui écrivait au général Damrémont : — Aidez mon frère à faire sa carrière de prince et de soldat.

## XI

LE MARIAGE DE LA PRINCESSE MARIE.

Le duc de Nemours était encore en Algérie lorsqu'eut lieu le mariage de sa sœur, la princesse Marie, avec le duc Alexandre de Wurtemberg. La princesse, dont la santé était déjà atteinte, avait le pressentiment d'une fin prochaine. Mais, comme beaucoup de jeunes malades, elle passait par des alternatives de découragement et d'espérance. Parfois elle se demandait si, au lieu d'aspirer aux joies du mariage et de la maternité, elle ne ferait pas mieux de s'ensevelir, vivante, dans une retraite profonde, et de se préparer à bien mourir. D'autres fois, l'avenir se présentait à elle sous un aspect moins sombre, et elle se rattachait instinctivement au plaisir de vivre. Il y avait dans ces contrastes de son âme un charme douloureux et inexprimable, dans cette grâce touchante un mystérieux attrait.

M. Trognon a écrit, au sujet de la jeune et poétique princesse, destinée à une mort si prématurée : « La princesse Marie était entrée depuis deux ans avec une résolution admirable dans le grand travail de la perfection chrétienne. Elle était pour sa mère et pour sa sœur aînée, qui la suivaient d'un œil attentif, l'objet d'une sorte de vénération. Mais ces deux confidentes du secret de ses pensées la voyaient en même temps atteinte d'une profonde mélancolie, et elles craignaient que l'action latente du corps ne fût pour quelque chose dans cet état maladif de l'âme. Cependant, étant allée passer seule auprès de la reine des Belges les premières semaines du printemps, elle avait trouvé dans ce tête-à-tête prolongé une telle douceur qu'elle en avait rapporté les fraîches couleurs de la santé et quelque chose, même de sa gaieté d'autrefois. Ce fut alors qu'elle eut à se décider sur le mariage qui lui était proposé. »

La princesse vit à Neuilly le duc Alexandre de Wurtemberg; il lui plut. Né le 26 décembre 1804, et proche parent du roi Guillaume de Wurtemberg, c'était un prince distingué, bien de sa personne, ayant des sentiments élevés, et appartenant à l'une des plus anciennes et des plus illustres familles d'Allemagne. Son père était le duc Alexandre-Frédéric-Charles de Wurtemberg, mort en 1833, et sa mère la duchesse, fille du feu duc François de Saxe-Saalfeld-Cobourg, morte en 1824. Après avoir donné quelques jours à la réflexion, la princesse Marie apporta à sa mère un consentement déterminé par les considérations les plus sérieuses.

Le mariage fut célébré au palais du Grand Trianon, le 17 octobre 1837. Le roi et la reine des Belges vinrent assister à une union qui était en grande partie leur ouvrage.

A six heures, Louis-Philippe dîna en famille dans ses appartements. En même temps, un banquet de cent vingt couverts, présidé par le général Atthalin, premier aide de camp, et par la marquise de Dolomieu, dame d'honneur de Marie-Amélie, réunissait dans la galerie la maison du Roi tout entière, celles de la reine, des princes et des princesses, les ministres, les témoins qui devaient signer l'acte de mariage, les principales autorités de Versailles, le maréchal Lobau, le duc Decazes, etc. A huit heures et demie, le Roi passa dans la salle des actes. Il donnait le bras à la princesse Marie, et le duc Alexandre à la reine Marie-Amélie. Venaient ensuite le roi et la reine des Belges, le duc et la duchesse d'Orléans, le prince Paul de Wurtemberg. Madame Adélaïde, la princesse Clémentine, le duc d'Aumale et le duc de Montpensier. Le baron Pasquier, chancelier de France, remplissait auprès de la famille royale les fonctions d'officier de l'état civil, et assisté du duc Decazes, grand référendaire et de M. Cauchy, garde des archives de la Chambre des pairs. Quand le chancelier ajouta, après avoir nommé tous les princes présents : « M. le duc de Nemours et M. le prince de Joinville, absents pour le service du Roi », une vive émotion se produisit dans l'assistance. Les témoins étaient, pour le marié : le comte de Mulissen, ministre de Wurtemberg à Paris, et le maréchal Gérard; pour la mariée : le baron Séguier, vice-président de la Chambre des pairs, et M. Dupin, président de la dernière Chambre des députés.

Après la signature de l'acte civil, on se rendit à la chapelle, où le mariage catholique allait être célébré par l'évêque de Versailles, assisté des évêques de Meaux et de Maroc. (La chapelle du Grand Trianon a été construite sous le règne de Louis-Philippe sur l'emplacement de la salle de billard de Louis XIV).

L'évêque de Versailles, avant de donner la bénédiction nuptiale aux époux, leur adressa une touchante allocution. Le duc Alexandre étant luthérien, il y eut ensuite un mariage protestant, célébré par le pasteur Cuvier.

La nouvelle mariée resta encore toute une semaine dans sa famille, avant de partir pour l'Allemagne. La mère et la fille, se rappelant les déchirantes scènes d'adieux, qui avaient eu lieu cinq années auparavant, lors du mariage de la princesse Louise, s'étaient promis mutuellement de ne pas les renouveler, et de ne laisser couler leurs larmes qu'après s'être séparées. Il y eut pendant huit jours une série de distractions et de fêtes, auxquelles la jeune princesse assista. le sourire sur les lèvres, mais la tristesse dans le cœur, car elle ne pouvait s'habituer à l'idée de quitter sa famille et sa patrie. Le 18 octobre, lendemain du mariage, Louis-Philippe et Marie-Amélie, le roi et la reine des Belges, les nouveaux mariés, Madame Adélaïde, la princesse Clémentine firent une promenade de trois heures dans la même voiture. Le duc d'Aumale et le duc de Montpensier les escortaient à cheval. A six heures, pendant un grand banquet qui eut lieu dans la galerie, la musique joua les principaux airs de la *Gazza Ladra* de Rossini. Le roi et la reine allèrent gracieusement remercier les musiciens en sortant de table. A huit heures commença le concert italien. Duprez, Tamburini, Lablache, M$^{lles}$ Grisi et Albertazzi chantèrent, avec beaucoup de succès. Des artistes distingués, entre autres le violoniste Baillot et le violoncelliste Franchomme jouèrent ensuite le Septuor de Beethoven.

Le 19 octobre, le dîner du roi, au Grand Trianon, fut de soixante couverts. Après le repas, Louis-Philippe et Marie-Amélie, le roi et la reine des Belges, et la famille royale se rendirent à la salle de spectacle du Petit Trianon. Le parc était illuminé sur leur passage. Louis-Philippe s'assit entre Marie-Amélie et la reine des Belges. La cour occupait les premières loges. Les secondes étaient remplies par les dames de Versailles. Au parterre se trouvaient les officiers de la garnison. Le théâtre si joli, si coquet, si élégant, où la reine Marie-Antoinette joua la comédie avec le futur Charles X, présentait l'aspect le plus gracieux. La princesse Marie, si artiste, ne cessait d'admirer la charmante salle, dont la voussure est percée de douze œils-de-bœuf, entre lesquels des enfants tiennent des guirlandes de fleurs et de fruits, et dont le plafond, peint par Lagrenée, représente Apollon dans les nuages, accompagné des Grâces et des Muses autour desquelles voltigent des Amours tenant des fleurs et des flambeaux. Le spectacle commença par une pièce du Gymnase, la *Fille d'un militaire*, interprétée par les acteurs du théâtre de Versailles. M$^{me}$ Damoreau, Couderc et Moreau-Sainti jouèrent ensuite le *Mauvais Œil*, opéra-comique en un acte de M$^{lle}$ Loïsa Puget, qui avait donné des leçons de musique à la princesse Marie. La soirée se termina par un divertissement où figurèrent deux danseuses de l'Opéra, M$^{elles}$ Maria Blangy et Nathalie Fitz-James.

Pendant que ces fêtes avaient lieu, Marie-Amélie, déjà très affectée par le prochain départ de sa fille, attendait avec anxiété des nouvelles de Constantine, où le duc de Nemours courait les plus grands dangers. Le *Moniteur* du 18 octobre annonçait que le prince, à la tête de la 1$^{re}$ brigade, avait dû occuper le 6, les positions devant Constantine. Celui du 23 reproduisait cet ordre du jour du commandant en chef, le général de Damrémont : « Soldats, l'expédition contre Constantine va commencer. Vous êtes appelés à l'honneur de venger vos frères d'armes, qui, trahis par les éléments, ont vu leur courage et leurs efforts échouer l'année dernière sous les murs de cette ville. L'ardeur et la confiance qui vous animent sont des gages du succès qui vous attend. La France a les yeux sur vous ; elle vous accompagne de ses vœux et de sa sollicitude. Montrez-vous dignes d'elle, du roi qui vous a confié un de ses fils, du prince qui est venu partager nos travaux, et que la patrie soit glorieuse de vous compter au nombre de ses enfants ! » Le *Moniteur* du 24 annonçait à la fois la mort du général de Damrémont et la prise de Constantine. Le général, qui exerçait le commandement que le duc d'Orléans avait sollicité en vain, fut frappé par un boulet ennemi, au moment où, ayant à côté de lui le duc de Nemours, il venait reconnaître si la brèche était praticable et donner ses ordres pour l'assaut du lendemain. Le 13 octobre, la ville était prise. Le duc de Nemours avait commandé l'assaut avec autant de sang-froid que de courage.

Le 24 octobre, à deux heures de l'après-midi, le canon des Invalides retentissait pour annoncer à tout Paris la nouvelle si impatiemment attendue. Les passants arrêtaient leur marche pour prêter l'oreille; les marchands sortaient de leurs boutiques; les fenêtres des maisons s'ouvraient; on comptait les coups de canon, tant on craignait que le premier bruit entendu ne fut qu'une erreur. Les retards apportés dans les dépêches précédentes et les nouvelles sinistres répandues depuis quelques jours avaient alarmé le public, et, dans le premier moment, il semblait qu'on craignait de se réjouir trop vite d'une nouvelle qui pouvait être démentie l'instant d'après.

Le même jour, 24 octobre, un *Te Deum* d'actions de grâces fut chanté à Versailles, dans la cathédrale, en présence du roi et de sa famille. La princesse Marie, qui devait partir le soir pour l'Allemagne, y assistait. Le duc Alexandre de Wurtemberg, son époux, portait ainsi que le roi des Belges, le grand-cordon de la Légion d'honneur.

Après la prise de Constantine, le duc de Nemours aurait pu faire en France un retour triomphal; à Marseille, à Lyon, dans toute la vallée du Rhône, on l'attendait pour lui faire des ovations. Très modeste, il voulut s'y soustraire. Son frère, le prince de Joinville, était venu le rejoindre devant Constantine. Tous deux revinrent en France par mer, en faisant le grand tour par le détroit de Gibraltar et l'Océan Atlantique, Marie-Amélie alla au-devant du duc de Nemours; elle le rejoignit à Vernon, le 10 décembre 1837, et se jeta dans ses bras avec une émotion profonde.

En même temps, la princesse Marie recevait à la cour de Stuttgart un brillant accueil. Elle y arrivait, le 8 décembre, avec son époux, et le roi Guillaume lui témoignait les plus grands égards. Né en 1781, le souverain wurtembergeois régnait depuis 1816. Veuf de Catherine Paulowna, fille du czar Paul 1$^{er}$, morte en 1819, il s'était remarié, en 1820, à une fille de feu Louis-Frédéric-Alexandre, duc de Wurtemberg. La princesse Catherine, sœur du roi Guillaume, était la femme de Jérôme Bonaparte, ancien roi de Westphalie, qui, à la chute de l'Empire, avait pris le titre de comte de Montfort. Ses deux fils, Jérôme et Napoléon (le prince Napoléon) étaient très bien traités par leur oncle le roi Guillaume, qui les avait fait élever à Stuttgart. Le vicomte de Fontenay, ministre de France en Wurtemberg, écrivait au comte Molé, le 8 décembre 1837 : « On a été surpris ici du subit et inattendu retour des deux jeunes fils du comte de Montfort (Jérôme Bonaparte). Il paraît que leur père ayant appris à Milan que M$^{me}$ la duchesse Alexandre de Wurtemberg était attendue à Stuttgart très prochainement, a engagé ses fils à ne pas perdre de temps et à faire la plus grande diligence pour arriver à Stuttgart et s'y trouver pendant le séjour de la princesse. Le prince Jérôme a bien recommandé à ses fils de se montrer aimables et empressés. »

Le vicomte de Fontenay écrivait encore au

comte Molé, le 10 décembre 1837. « Rien ne peut égaler les attentions soutenues et délicates, les soins et les honneurs dont le roi et la reine de Wurtemberg et les princesses entourent le duc et la duchesse Alexandre de Wurtemberg. On n'oublie rien ici pour prouver à l'auguste et aimable duchesse le plaisir qu'on a à la recevoir dans sa nouvelle famille, et, en même temps, on ne néglige rien pour que le public et le corps diplomatique soient témoins des sentiments et des égards qu'on veut manifester dans cette occasion. Nul doute, Monsieur le comte, que ce qui se passe dans ce moment à Stuttgart ne produise un effet inattendu en Allemagne, et je me sens bien heureux d'avoir prévu ce résultat. La santé de M$^{me}$ la duchesse est très bonne, et cette jeune princesse supporte admirablement bien toutes les fatigues inséparables des devoirs et des cérémonies. Le grand bal donné hier au château a été extrêmement brillant. La cour de Stuttgart a déployé un luxe de bon goût qui est fait pour frapper même les gens qui ont vu de plus grandes cours. Les princesses filles du roi sont enchantées de leur nouvelle cousine, et le lui témoignent avec toute la vivacité de leur âge. La reine est également aussi prévenante et aussi affectueuse qu'on pouvait le désirer. »

Les fils du prince Jérôme Bonaparte étaient de toutes ces fêtes. Ils dansaient avec la fille du roi Louis-Philippe.

Le ministre de France à Stuttgart ajoutait, dans une dépêche du 11 décembre 1837. « La duchesse Alexandre de Wurtemberg a eu les plus grands succès dans sa nouvelle famille. Son esprit distingué, ses manières nobles et naturelles, ont fait une grande impression sur les jeunes princesses, et, sous tous les rapports, cette visite a parfaitement réussi... La princesse a pu mieux que personne apprécier et juger les soins qu'on a eus pour elle. En un mot tout a été pour le mieux. »

Marie-Amélie trouvait que l'année 1837 se terminait bien et rendait grâces à Dieu. Cette année avait été marquée par d'heureux événements : la sage et ferme politique du ministère Molé, l'amnistie, le mariage du duc d'Orléans, l'inauguration du musée de Versailles, le mariage de la princesse Marie, la prise de Constantine. La reine venait de revoir le duc de Nemours couvert de lauriers et les bonnes nouvelles qu'elle recevait de la princesse Marie causaient à son cœur maternel une joie qui hélas! devait être de courte durée.

## XII

### LA RÉACTION RELIGIEUSE.

Aux sujets de satisfaction que Marie-Amélie éprouvait depuis l'avènement du ministère Molé, se joignait un mouvement religieux qui se produisait, à la surprise générale, et qui causait à la pieuse reine une grande joie. Ce qui l'avait fait le plus souffrir au début de la Révolution de juillet, c'est le vent d'incrédulité qui soufflait alors sur la France et semblait près de déraciner les croyances les plus respectables. L'Église, ayant fait cause commune avec Charles X, était traitée comme une vaincue. « Il y a quelques mois, écrivait M. de Salvandy, on mettait partout le prêtre, aujourd'hui on ne met Dieu nulle part. » On arrachait les crucifix des salles d'audience. Les ecclésiastiques n'osaient pas se montrer en soutane dans la rue. Le gouvernement était persuadé que tous lui faisaient de l'opposition, et ne voyait en eux que des suspects. Les préfets supprimaient arbitrairement le traitement des curés et des desservants soupçonnés d'être hostiles au nouveau régime. L'attaque contre la religion était dirigée, non par le peuple, mais par la bourgeoisie, et c'est le juste milieu qui se vantait de faire triompher les idées de Voltaire. « Le catholicisme, écrivait Jules Janin, est une religion qui ne va plus. Depuis la grande secousse de 89 cette religion était bien malade ; la Révolution de Juillet l'a tuée. » Un inspecteur de l'Université, visitant le collège de Rennes, disait : « Messieurs, nous marchons vers une grande époque, et peut-être assisterons nous aux funérailles d'un grand culte. » Alfred de Musset exprimait les idées du jour quand il s'écriait, dans *Rolla* :

> Je ne crois pas, ô Christ, à ta parole sainte :
> Je suis venu trop tard dans un monde trop vieux,
> D'un siècle sans espoir naît un siècle sans crainte ;
> Les comètes du nôtre ont dépeuplé les cieux...
> Les clous du Golgotha te soutiennent à peine ;
> Sous ton divin tombeau le sol s'est dérobé ;
> Ta gloire est morte, ô Christ ! et sur nos croix d'ébène,
> Ton cadavre céleste en poussière est tombé.

Quelques années plus tard, les choses avaient changé de face. Dès 1835, la réaction religieuse était incontestable. Les voltairiens qui avaient dit : « le Christ est mort » étaient obligés de reconnaître que le Christ était ressuscité. Au lendemain de la Révolution de 1830, M. de Montalembert constatait que « la rencontre d'un jeune homme dans une église produisait presque autant de surprise et de curiosité que la visite d'un voyageur chrétien dans une mosquée d'Orient » Et voici qu'en 1835 une foule innombrable de jeunes gens se pressait autour de la chaire de Notre-Dame pour entendre l'abbé Lacordaire qui venait de fonder les célèbres conférences. « On a demandé, a-t-il écrit lui-même, quel était le but pratique de ces conférences. Quel est, m'a-t-on dit, le but de cette parole singulière, moitié religieuse, moitié philosophique, qui affirme et qui débat, et qui semble se jouer sur les confins du ciel et de la terre ? Son but, son but unique, quoique souvent elle ait atteint par delà, c'est de préparer les âmes à la foi, parce que la foi est le principe de l'espérance, de la charité et du salut et que ce principe affaibli en France par soixante ans d'une littérature corruptrice, aspire à y renaître. » Quelle joie pour Marie-Amélie d'apprendre qu'un auditoire enthousiaste écoutait des paroles comme celles-ci : « Comprenez que tout le bien qui se fait dans le monde sort de l'Église directement ou indirectement, et aspirez à devenir ses fils, à être ses apôtres, à vous ranger parmi les bienfaiteurs du genre humain. Il en est temps : tout est par terre, il faut reconstruire ; et l'Église catholique seule peut poser les fondements d'un édifice immuable, parce que seule elle a toute raison et tout amour et que l'homme est trop grand pour être fondé et sauvé que par la plus haute raison et le plus grand amour (Lacordaire, 2ᵉ conférence). »

En 1836, le succès des conférences de Notre-Dame ne fut pas moins éclatant qu'en 1835. Les interrompant, pour ne les reprendre qu'en 1843, l'abbé Lacordaire, qui ne fut dominicain qu'à partir de 1839, avait dit : « Je laisse entre les mains de mon évêque cette chaire de Notre-Dame, désormais fondée, fondée par lui et par vous, par le pasteur et par le peuple. Un moment ce double suffrage a brillé sur ma tête : souffrez que je l'écarte de moi-même, et que je me retrouve seul quelque temps devant ma faiblesse et devant Dieu. »

Un autre grand orateur, le père de Ravignan, avait remplacé, en 1837, l'abbé Lacordaire, dans la chaire de Notre-Dame, et sa parole, onctueuse et pénétrante produisait une impression profonde.

Les ordres monastiques reparaissaient. M. Thureau-Dangin l'a très justement remarqué : « Si l'on eût prédit, en juillet 1830, aux vainqueurs du jour qu'ils allaient assister, dans leur pays, à un réveil de vie et de fécondité monastiques, ils eussent haussé les épaules comme à une méchante plaisanterie. » C'est pourtant ce qui arrivait. Depuis 1833, l'abbé Guéranger s'était installé à Solesmes pour y renouer les traditions de l'ordre des Bénédictins. En 1836, il prenait le froc, et l'année suivante, une décision du pape créait pour le monastère de Solesmes une congrégation nouvelle de l'ordre de Saint-Benoît. C'était la première fois depuis l'ancien régime que l'on voyait en France un abbé crossé et mitré. Les jésuites, qui se cachaient lors de la Révolution de Juillet, avaient, en 1836, tellement accru le nombre de leurs résidences et le développement de leurs œuvres qu'ils avaient été obligés de diviser en deux la province unique que leur compagnie avait eue jusqu'alors en France.

Le comte de Montalembert, qui, au lendemain de la Révolution de 1830, déclarait « qu'on n'avait jamais vu une nation aussi officiellement irréligieuse que la nation française », tenait, en 1837, un tout autre langage : « Toutes les fois que vous avez bien voulu m'entendre, disait-il à la Chambre des pairs, le 17 mars 1837, j'ai assez montré, ce me semble, qu'il n'y avait pas dans cette enceinte, un partisan plus sincère de notre Révolution de Juillet, un ami plus loyal de la dynastie qui représente cette révolution. » Dans une lettre au Saint-Siège, publiée en décembre 1837, Lacordaire louait « les dispositions bienveillantes de Louis-Philippe pour le catholicisme ».

La réouverture de l'église Saint-Germain-l'Auxerrois avait été comme le symbole du revirement religieux qui s'était produit dans les sphères gouvernementales. Faisant allusion à cette mesure qui causa tant de joie à Marie-Amélie, le garde des sceaux, M. Barthe, avait dit : « J'ai connu, dans des temps difficiles, toutes les tribulations qui peuvent s'attacher à la vie publique, mais il est des signatures à apposer sur certains actes qui font éprouver des joies qui effacent toutes ces tribulations. » A la Chambre des pairs, le 19 mai 1837, il se félicitait de la « réaction religieuse qui se faisait profondément sentir partout », puis, rappelant que le gouvernement avait rendu beaucoup de services à la religion, il ajoutait : « Voilà ce que nous faisons tous les jours, parce que nous sommes convaincus que, dans un pays de liberté plus qu'ailleurs, la religion est une des bases fondamentales de toute morale, qu'une nation serait bien malheureuse si elle était réduite au seul secours des lois civiles et criminelles. » Un protestant, M. Guizot, écrivait dans la *Revue française* : « L'Église catholique est la plus grande, la plus sainte école de respect qu'ait jamais vue le monde... La religion c'est le cri de l'humanité en tous lieux, en tout temps, sauf quelques jours de crise terrible et de décadence honteuse... Il faut établir entre la religion et la politique entente et harmonie. »

Pour s'être exercée discrètement, l'influence de la reine n'avait été pas moins réelle. Marie-Amélie prêchait par l'exemple. L'église de Saint-Roch n'avait point de paroissienne plus assidue et plus fervente. Elle assistait aux sermons et aux homélies du curé, l'abbé Olivier, et, de retour aux Tuileries, elle en rédigeait souvent l'analyse.

La reine trouvait en outre dans la réaction religieuse un grand avantage politique. Par suite du rapprochement qui s'opérait entre le clergé et le régime de Juillet le parti légitimiste perdait sa principale plate-forme. Il avait espéré établir entre l'Église et la branche aînée des Bourbons une alliance indissoluble, et avait cru trouver à Rome un point d'appui pour son opposition, mais le Vatican ne voulut point se prêter à cette tactique. Créer une solidarité entre le Saint-Siège et un trône renversé n'entrait point dans les vues de Grégoire XVI. Le gouvernement de Louis-Philippe, mal avec la cour de Rome, au moment de l'expédition d'Ancône, était, sous le ministère Molé bien vu au Vatican. Loin d'encourager les prélats partisans de la dynastie déchue dans la voie de la résistance, Grégoire XVI ne leur donnait que des conseils de prudence et de modération. Il disait à M. de Montalembert le 12 février 1837 : « Je déplore extrêmement l'intervention de l'archevêque de Paris dans la politique. Le clergé ne doit point s'occuper de politique. Ce n'est pas ma faute si l'archevêque se conduit ainsi. Le roi sait, l'ambassadeur sait, et vous savez aussi que j'ai fait tout ce qui dépendait de moi pour le rapprocher du gouvernement. L'Église est amie de tous les gouvernements, quelle que soit leur forme, pourvu qu'ils n'oppriment pas sa liberté. Je suis très content de Louis-Philippe ; je voudrais que tous les rois de l'Europe lui ressemblassent. » Au mois de septembre 1838, le souverain pontife, dans ses allocutions et ses bulles sur le conflit de la Prusse avec l'archevêque de Cologne et sur l'érection de l'évêché d'Alger, faisait entre le gouvernement prussien et le gouvernement français une comparaison toute à l'avantage de ce dernier, et, donnant à Louis-Philippe la vieille appellation de Roi Très Chrétien, le félicitait de son zèle pour la religion catholique.

D'autre part, beaucoup de catholiques se demandaient si l'heure n'était pas venue de faire cesser une opposition dont l'Église était la première à souffrir. M. de Montalembert avait écrit, dans la *France contemporaine*, le 15 mai 1838 : « La seule question qui se présente aux catholiques de bonne foi, c'est de savoir s'ils doivent, en tant que catholiques, s'isoler de la France telle qu'elle est actuellement régie, soit en se retirant complètement de la vie active et publique, soit en n'y prenant part que pour nier et gêner le pouvoir ; ou bien s'ils ne doivent pas plutôt accepter le pouvoir comme un fait établi et consommé, et, sans se livrer à lui, en abdiquant, au contraire, cette idolâtrie monarchique, qui, sous une autre race, a été si impopulaire, apporter au pays un concours digne et fécond. » Beaucoup de bons catholiques se ralliaient à ce dernier programme, et, sous le ministère Molé, les relations de l'Église et de l'État allaient chaque jour s'améliorant.

Si incontestable que fût la réaction religieuse, beaucoup de gens ne la croyaient que passagère. Dans les correspondances qu'il adressait à la *Gazette d'Augsbourg*, Henri Heine essayait de tourner en ridicule « les femmes de plus haute naissance devenant pour ainsi dire les dames patronnesses de la religion, faisant parade de leurs sentiments dévots et cherchant à gagner des âmes pour le ciel, en attirant par leur exemple le monde dans les églises. » Il raillait « la dévotion élégante de Saint-Roch et de Notre-Dame-de-Lorette, les toilettes saintement magnifiques, le pieux dandy présentant aux belles fidèles l'eau bénite de sa main revêtue de gants glacés. » Il ajoutait : « Cela durera-t-il longtemps? Cette piété, gagnant la vogue de la mode, ne sera-t-elle pas aussi soumise au changement rapide de la mode? Le rouge sur les joues de la religion, est-ce un signe de santé ou de phtisie? Le bon Dieu reçoit aujourd'hui beaucoup de visites, dis-je dimanche dernier à un de mes amis, en voyant le grand concours de monde qui se dirigeait vers les églises. — Ce sont des visites d'adieu, répondit l'incrédule. »

L'incrédule se trompait. Les visites faites dans les églises n'étaient pas des visites d'adieu. La religion venait de regagner tout ce qu'elle avait perdu au commencement de la Révolution de

Juillet. La réaction devait s'accentuer de plus en plus jusqu'à la fin du règne de Louis-Philippe et arriver à son apogée, sous la seconde République lors du vote de la loi sur la liberté de l'enseignement.

## XIII

LA MORT DU PRINCE DE TALLEYRAND.

La fin chrétienne d'un homme habitué à suivre toute sa vie le courant de l'opinion, le prince de Talleyrand, fut un symptôme de la réaction religieuse qui se produisait en 1838. Si le célèbre diplomate était mort quelques années plus tôt, dans les premiers temps de la Révolution de Juillet, il est probable que ses derniers jours auraient été moins édifiants.

Depuis qu'il avait donné sa démission d'ambassadeur de France à Londres, le prince de Talleyrand faisait des réflexions sérieuses sur l'inanité des choses d'ici-bas. Il s'était retiré des affaires avec un sentiment de mélancolie profonde. « Je suis vieux, écrivait-il à M$^{me}$ Adélaïde, le 12 novembre 1834, je suis infirme, et je m'attriste de la rapidité avec laquelle je vois ma génération disparaître. Homme d'un autre temps, je suis étranger à celui-ci... En prolongeant mon action désormais sans objet, je serais sans utilité pour mon pays, et ne pourrais que nuire à ma dignité personnelle. » Il ajoutait dans une lettre adressée à Louis-Philippe onze jours plus tard : « Le roi oublie trop souvent dans son indulgente bonté mon grand âge; il oublie qu'il n'est pas permis à un octogénaire de manquer de prudence, car ce qui rend les fautes de la vieillesse si tristes, c'est qu'elles sont irréparables. »

Fénelon a écrit dans son *Livre de prières :* « Que ne fait-on point pour trouver un faux bonheur? Quels rebuts, quelles traverses n'endure-t-on pas pour un fantôme de gloire mondaine? Quelles peines pour de misérables plaisirs dont il ne reste que le remords ! » Le prince de Talleyrand, au terme de sa longue carrière, n'était pas éloigné de penser comme Fénelon. Le 2 février 1837, jour anniversaire de sa naissance, il écrivait : « Voilà quatre-vingt-trois ans de passés !... Que d'agitations stériles ! que de tentatives infructueuses ! que de complications fâcheuses ! que d'émotions exagérées, que de forces usées, de dons gaspillés, de malveillances inspirées, d'équilibre perdu, d'illusions détruites, de goûts épuisés ! Quel résultat enfin que celui d'une fatigue morale et physique, d'un découragement complet pour l'avenir et d'un profond dégoût du passé ! »

Pendant les quatre dernières années de sa vie,

le prince de Talleyrand habitait à Paris son hôtel de la rue Saint-Florentin (actuellement la propriété du baron Alphonse de Rothschild), et, dans le département de l'Indre, son château de Valençay. La femme qui tenait sa maison était celle qui porta successivement les titres de duchesse de Dino et de duchesse de Talleyrand. Née princesse de Courlande, elle avait épousé un neveu du prince et, lorsqu'elle s'était séparée de son mari, le prince avait pris parti pour elle, et l'avait gardée auprès de lui, comme si elle eût été sa fille. C'est elle qui avait fait les honneurs de l'ambassade de France, pendant que son oncle était ambassadeur, et c'est elle qui consolait dans sa retraite l'illustre diplomate retiré de la scène du monde. Dans son intéressant ouvrage « le prince de Talleyrand et la Maison d'Orléans, » la comtesse de Mirabeau a tracé ce portrait de la duchesse : « M$^{me}$ de Dino, qui, en 1836, avait quarante-trois ans, était encore fort belle. Ses yeux noirs, un peu trop bistrés, paraissaient d'une grandeur invraisemsable; je n'en vis jamais d'autres aussi beaux; elle les fermait souvent en parlant durant l'espace de quelques secondes, sa physionomie était mobile et expressive, elle avait cette amabilité facile, exubérante, affectueuse, qui ne fut à la mode que vingt ans plus tard, sous le second Empire, mais, qui chez elle n'altérait en rien son air de distinction suprême. Elle avait, à l'âge de treize ans, épousé le comte Edmond de Périgord, qui devint duc de Dino, puis duc de Talleyrand. Elle hérita, vers la fin de sa vie, de la principauté fieffée de Sagan, dans la Silésie prussienne, et mourut en 1862. » (Elle fut la mère du duc de Talleyrand actuel, et la grand'mère des fils de ce dernier : le prince de Sagan et le duc de Montmorency.)

La duchesse de Dino avait une fille qui fut le bon ange du prince de Talleyrand. C'était M{}^{lle} Pauline de Périgord (née le 29 décembre 1820, mariée en 1839 au marquis Henri de Castellane, mère du marquis de Castellane actuel). Au début de sa carrière, le vieux diplomate avait dit à l'Assemblée constituante, dans un discours sur l'enseignement : « La présence d'une jeune fille purifie le lieu qu'elle habite, et l'innocence commande à ce qui l'entoure le repentir ou la vertu. » Avait-il le pressentiment qu'une jeune fille exercerait sur sa vieillesse une influence salutaire et le ramènerait à Dieu ? Quand M{}^{lle} Pauline de Périgord fit à Londres sa première communion, son grand-oncle fut sincèrement ému. On l'entendit alors prononcer cette phrase, présage de sa conversion : « Que la piété d'une jeune fille est une chose touchante, et que l'incrédulité, chez les femmes surtout, est contre nature ! »

Même au temps de ses plus grandes erreurs, le prince avait parfois évoqué avec attendrissement le souvenir des commencements religieux de son existence si troublée. En 1815, il disait au comte de Noailles, pendant le congrès de Vienne : « Quand je suis triste, je pense à Saint-Sulpice; malgré bien des choses, c'est encore le meilleur et le plus heureux temps de ma vie. » En 1837, l'homme qui avait donné tant de scandales éprouvait, sans l'avouer encore, le désir de faire sa paix avec l'Église.

Le *Moniteur* du 18 juin 1837 reproduisait cette correspondance de Valençay, en date du 12 : « Hier des réjouissances publiques ont eu lieu dans notre ville, à l'occasion du mariage de Son Altesse Royale M. le duc d'Orléans... Une cérémonie pieuse et touchante avait eu lieu dans la matinée. M$^{gr}$ l'archevêque de Bourges, en tournée pastorale, descendu la veille chez M. le prince de Talleyrand, avait donné le sacrement de la confirmation à un grand nombre d'enfants venus du canton. Un feu de joie a été allumé dans la magnifique avenue du château de Valençay. Une foule immense dansait au son de la cornemuse et une joie naïve et douce éclatait sur tous les visages, comme elle était dans tous les cœurs. C'est que chacun se souvient qu'il y a peu d'années le prince royal est venu à Valençay; nul n'y a oublié son affabilité, sa bonté; et cette fête était réellement une fête de famille. Le prince de Talleyrand, accompagné de l'archevêque de Bourges et de ses nombreux convives, s'était rendu au milieu de la fête. M$^{lle}$ de Périgord a mis le feu au bûcher. On a crié : Vive le roi!

Vive M. le duc d'Orléans! Vive l'archevêque! C'était un admirable spectacle à voir que cette forêt éclairée jusque dans ses profondeurs. Les danses se sont prolongées fort avant dans la nuit. » Cette pastorale religieuse rentrait dans ce qu'on peut appeler la dernière manière du prince de Talleyrand. Le récit que le *Moniteur* en publiait était un indice de la réaction religieuse qui se produisait dans les sphères gouvernementales, comme dans l'esprit du célèbre diplomate.

Un autre symptôme, plus significatif encore, fut le dernier discours prononcé par le prince. C'était à l'Institut, le 3 mars 1838. En sa qualité de membre de l'Académie des sciences morales et politiques, il fit l'éloge du comte Reinhard, savant et honnête diplomate, qui avait longtemps servi sous ses ordres. Au dire de M. Guizot « cette lecture à laquelle assistaient plusieurs membres des autres académies de l'Institut, tels que M. Royer-Collard et M. Villemain, eut un succès général. On y remarqua surtout un éloge très juste, mais assez imprévu, des fortes études théologiques, de leur influence sur la vigueur comme sur la finesse de l'esprit, et des habiles diplomates ecclésiastiques qu'elles avaient formés, notamment le cardinal chancelier Duprat, le cardinal d'Ossat et le cardinal de Polignac. M. de Talleyrand avait évidemment pris un hardi plaisir à rappeler que, lui aussi, il avait étudié au séminaire, et à prouver que si, depuis, il s'était peu soucié des devoirs de son état, il n'avait pas oublié du moins les avantages qu'il avait pu en recueillir. »

Peu de semaines après, le prince tombait gravement malade. On était très curieux de savoir quelle serait son attitude à son lit de mort. Autant les catholiques lui souhaitaient une fin chrétienne, autant les philosophes désiraient le voir mourir dans l'impénitence finale. Le remarquable ouvrage de l'abbé Lagrange « Vie de M$^{gr}$ Dupanloup » montre la part que ce prélat, alors supérieur du petit séminaire de Saint-Nicolas, prit à la conversion du diplomate. M$^{lle}$ Pauline de Périgord y contribua peut-être plus encore que l'abbé Dupanloup. C'est à cette pieuse jeune fille que le prince avait promis de se réconcilier avec l'Église.

Depuis quelques jours, M. de Talleyrand préparait un acte de soumission au Saint-Siège et une lettre au pape Grégoire XVI. Le 16 mai 1838, il dit à M$^{lle}$ de Périgord que le lendemain, à six heures du matin, il signerait les deux pièces. Le 17 mai, dès l'aurore, on fit venir près de lui une de ses jeunes nièces, la fille du baron de Talleyrand (plus tard lady Erington Stanley) qui devait, dans la journée, faire sa première communion. Elle apparut toute vêtue de blanc, et, s'agenouillant, demanda à son oncle de la bénir. Il le fit, très ému ; puis l'enfant s'étant éloignée, « Voilà bien, dit-il, les deux extrémités de la vie ;

elle va faire sa première communion, et moi... »
il n'acheva pas, et parut vouloir se recueillir.

Six heures du matin venaient de sonner.
Mlle Pauline de Périgord s'avança près du lit du
prince et lui dit. « Bon oncle, il est six heures ;
veux-tu que je te présente ces papiers que tu as
promis de signer à cette heure-ci ? » Il se fit
relire les deux pièces, en suivit la lecture avec
une extrême attention, puis, de sa grande écriture, celle dont il se servait pour les traités diplomatiques, il les signa : Charles-Maurice, prince
de Talleyrand.

L'acte de soumission était ainsi conçu : « Touché de plus en plus par de graves considérations,
conduit à juger de sang-froid les conséquences
d'une révolution qui a tout entraîné, et qui dure
depuis cinquante ans, je suis arrivé, au terme
d'un grand âge et après une longue expérience, à
blâmer les excès du siècle auquel j'ai appartenu, et
à condamner franchement les graves erreurs qui,
dans cette longue suite d'années, ont troublé et
affligé l'Église catholique, apostolique, romaine,
et auxquelles j'ai eu le malheur de participer.

« S'il plaît au respectable ami de ma famille,
monseigneur l'archevêque de Paris, qui a bien
voulu me faire assurer des dispositions bienveillantes du souverain pontife à mon égard, de faire
arriver au Saint-Père, comme je le désire, l'hommage de ma respectueuse reconnaissance et de ma
soumission entière à la doctrine et à la discipline

de l'Église, aux décisions et jugements du Saint-Siège sur les affaires ecclésiastiques, j'ose espérer que Sa Sainteté daignera les accueillir avec bonté.

« Dispensé plus tard par le vénérable Pie VII de l'exercice des fonctions ecclésiastiques, j'ai recherché, dans ma longue carrière politique, les occasions de rendre à la religion et à beaucoup de membres honorables et distingués du clergé catholique tous les services qui étaient en mon pouvoir. Jamais je n'ai cessé de me regarder comme un enfant de l'Église. Je déplore de nouveau les actes de ma vie qui l'ont contristée, et mes derniers vœux seront pour elle et pour son chef suprême.

« Signé à Paris, le 17 mai 1838.

« Écrit le 10 mars 1838. »

Voici maintenant la lettre du prince au pape :

« Très Saint Père,

« La jeune et pieuse enfant qui entoure ma vieillesse des soins les plus touchants et les plus tendres vient de me faire connaître les expressions de bienveillance dont Votre Sainteté a daigné se servir à mon égard, en m'annonçant avec quelle joie elle attend les objets bénits qu'Elle a bien voulu lui destiner : j'en suis pénétré comme au jour où M$^{gr}$ l'archevêque de Paris me les rapporta pour la première fois.

« Avant d'être affaibli par la maladie grave

dont je suis atteint, je désire, très Saint-Père, vous exprimer toute ma reconnaissance et en même temps mes sentiments. J'ose espérer que non seulement Votre Sainteté les accueillera favorablement, mais qu'elle daignera apprécier dans sa justice toutes les circonstances qui ont dirigé mes actions. Des *Mémoires* achevés depuis longtemps, mais qui, selon mes volontés, ne devront paraître que trente ans après ma mort, expliqueront à la postérité ma conduite pendant la tourmente révolutionnaire. Je me bornerai aujourd'hui, pour ne pas fatiguer le Saint-Père, à appeler son attention sur l'égarement général de l'époque à laquelle j'ai appartenu.

« Le respect que je dois à ceux de qui j'ai reçu le jour ne me défend pas non plus de dire que toute ma jeunesse a été conduite vers une profession pour laquelle je n'étais pas né.

« Au reste, je ne puis mieux faire que de m'en rapporter, sur ce point comme tout autre, à l'indulgence et à l'équité de l'Église et de son vénérable chef.

« Je suis avec respect, très Saint-Père, de Votre Sainteté, le très humble et très obéissant fils et serviteur,

« Charles-Maurice, prince de Talleyrand.

« Fait le 10 mars 1838. Signé à Paris le 10 mai 1838. »

Celui qui avait si souvent traité avec les hommes terminait ainsi sa carrière par une négociation suprême, celle-là avec le ciel. Dès qu'il l'eut menée à bonne fin, un grand apaisement se fit dans son esprit et dans son cœur. S'étant mis en règle avec Dieu, il lui restait encore, avant de quitter ce monde, à prendre congé du roi.

A huit heures du matin, le mourant vit arriver auprès de son lit Louis-Philippe et Mme Adélaïde. Il eut encore la force de remercier le souverain. « C'est un grand honneur que le roi fait à ma maison, » dit-il du ton le plus respectueux. Louis-Philippe et sa sœur sortirent, en pleurant. Peu de temps après, le prince reçut l'extrême-onction avec humilité et attendrissement, et s'associa aux prières des agonisants, avec son entière connaissance. Il rendit le dernier soupir à trois heures trente-cinq minutes, dans cette même journée du 17 mai 1838. Né le 2 février 1754, il avait 54 ans 3 mois et 15 jours. Mgr Dupanloup, qui lui donna l'absolution et lui administra les derniers sacrements, a écrit : « Dieu sait le secret des cœurs ; mais je lui demande de donner à ceux qui ont cru pouvoir douter de la sincérité de M. de Talleyrand, je demande pour eux, à l'heure de la mort, les sentiments que j'ai vus dans M. de Talleyrand mourant, et dont le souvenir ne s'effacera jamais de ma mémoire. » L'ancien voltairien, le prêtre défroqué, l'évêque veuf d'une femme divorcée, venait d'avoir une fin digne des prélats les plus respectables.

Les hommes qui persistaient dans les idées philosophiques du xviii<sup>e</sup> siècle voulurent représenter les dernières résolutions du prince de Talleyrand comme une défaillance. Les hommes religieux, au contraire, catholiques et même protestants, approuvèrent cette conversion inattendue. « Ce que fit M. de Talleyrand, a dit M. Guizot, il eut raison de le faire, et sa mort ne mérita aucun reproche de mensonge ni de faiblesse. Il avait, dans ses rapports avec l'Église à laquelle il s'était lié, manqué à d'impérieux devoirs et donné de grands scandales ; en se soumettant à reconnaître de tels torts et à en témoigner son repentir, il fit un acte honnête en soi autant que convenable selon le monde, qui n'était ni une abjuration de ses idées générales, ni un abandon de sa cause politique, mais une réparation solennelle après d'éclatants désordres. Et il put faire cet acte sans hypocrisie, car il était de ceux qui, même dans la licence de leur vie, conservent par justesse et élévation d'esprit l'instinct de l'ordre moral, et qui lui rendent volontiers, quand le temps n'est plus où ils auraient à lui sacrifier leurs intérêts ou leurs passions, le respect qui lui est dû. »

En résumé, la soumission du prince de Talleyrand fut une victoire pour le Saint-Siège et pour l'Église. Quelques années plus tard, à la fin de 1842, M<sup>lle</sup> Pauline de Périgord, devenue

M^me de Castellane, était reçue à Rome, avec son mari, par le pape Grégoire XVI. Le souverain pontife, prenant sur son bureau des papiers qui y étaient rangés, lui demanda si elle les reconnaissait. C'était la rétractation signée par le prince et la lettre qui l'accompagnait. « Ces papiers ne quittent pas ma table, dit alors le Saint-Père, et ils m'ont apporté la plus vive consolation que j'aie ressentie depuis mon pontificat. » Marie-Amélie s'était associée aux sentiments du pape. Elle avait remercié Dieu d'une conversion dont l'effet était salutaire, et, remarquant que son mari s'en était montré plus frappé que surpris, elle avait conçu l'espérance que, lui aussi, pourrait mourir en bon chrétien.

# XIV

## LA NAISSANCE DU COMTE DE PARIS.

Le bonheur de la duchesse d'Orléans touchait à son apogée. La princesse allait donner à son mari un fils. Le duc, qui aimait profondément sa femme, l'entourait des attentions les plus délicates. Le jour anniversaire de son mariage, elle écrivait à une de ses amies d'enfance cette lettre citée dans le bel ouvrage que M<sup>me</sup> la marquise d'Harcourt a publié sous ce titre : « *M<sup>me</sup> la duchesse d'Orléans, Hélène de Mecklembourg-Schwérin,* » et qui a eu un légitime succès : « Aujourd'hui, le 30 mai 1838, mon cœur est plus heureux et plus reconnaissant que jamais. C'est un de ces jours qu'on salue chaque fois avec une nouvelle émotion. Quelle différence avec l'année passée! Voilà toutes mes espérances réalisées, et de nouvelles qui m'attachent à l'avenir.

Une affection profonde et vraie, dont je ne connaissais même pas les prémices ce jour-là, enracinée dans mon cœur, ma position vis-à-vis de ma famille établie sur des bases solides, et fondée vis-à-vis du pays sur un espoir prochain, voilà ces sujets de reconnaissance dont nous pressentions bien quelques-uns, mais qui se sont étendus plus que votre cher cœur et celui de ma mère ne pouvaient l'espérer, plus que le mien n'en avait l'idée. »

Rappelant ce qui se passait un an auparavant, jour pour jour, la princesse ajoutait : « Il est deux heures. J'étais au milieu du luxe et de la recherche de la corbeille de mariage, à cette heure-ci. Quel poids pesait sur moi! Ce luxe m'est devenu depuis, Dieu merci, assez indifférent, et j'ai appris à regarder ce qui m'accablait comme une condition à accepter, dont je devais apprendre à connaître la véritable valeur. Puis la soirée, ces mariages successifs sans recueillement, qui me firent du mal par l'esprit qui y régnait, et qui cependant fixèrent mon bonheur. Oh! quel souvenir! quelle différence! Bénissons ensemble notre Dieu qui me comble de ses bienfaits, et qui a donné à ma vie un but si grand, si beau, si important. Il me paraît que Dieu m'envoie trop de bonheur, et quoique je sente bien qu'il surpasse tout ce que je mérite, je l'accepte avec reconnaissance et je veux en jouir autant qu'il me sera donné. »

Le 24 août 1838, à deux heures cinquante minutes de l'après-midi, la duchesse mit au monde un fils. Le bonheur rayonnait sur le visage du roi. Il s'approcha du lit de sa belle-fille et la tint longtemps serrée contre son cœur. La reine, pleurant de joie, prit le nouveau-né dans ses bras, et, se précipitant dans le salon voisin où se tenaient les grands fonctionnaires, elle le leur présenta.

Quelques instants après, aux Invalides, une salve de cent un coups de canon annonçait l'événement à la population parisienne. Au même moment, un soldat nommé Biscarat, traduit devant un conseil de guerre, allait être condamné. Son avocat qui savait que, depuis le matin, la princesse royale était sur le point d'accoucher, s'étendait le plus longuement possible, épuisant les artifices oratoires. Tout à coup retentit le vingt-deuxième coup de canon, celui qui, suivant l'usage, annonçait que l'enfant nouveau-né était un prince (on ne tirait que vingt et un coups quand l'enfant était une princesse). « Messieurs, s'écria-t-il, ma plaidoirie est terminée ; le vingt-deuxième coup de canon est le meilleur argument de la défense ; la nation entière est trop heureuse aujourd'hui pour que vous laissiez attrister un si beau jour. » Et il s'assit. On alla aux voix ; le soldat fut acquitté.

Le nouveau-né reçut les noms de Louis-Philippe-Albert d'Orléans, et le titre de comte de

Paris. C'était celui qu'avaient porté les premiers de sa race, Robert-le-Fort et son fils le comte Eudes qui défendit si vaillamment Paris contre les Normands, en 885. Depuis, le titre n'avait été donné à personne.

Dès que le canon des Invalides eut annoncé la naissance d'un prince, les membres du conseil municipal se réunirent à l'Hôtel-de-Ville. Quelques instants après, les huissiers annoncèrent l'arrivée du général baron Atthalin, aide de camp du roi. Il remit au préfet de la Seine une lettre du souverain, dont le préfet donna lecture et qui était ainsi conçue : « Messieurs les membres du conseil municipal de la ville de Paris, je m'empresse de vous annoncer moi-même (la lettre était de la maison du roi) que M$^{me}$ la duchesse d'Orléans, ma belle-fille bien-aimée, vient de donner le jour à un Prince qui est grâce au ciel, bien portant. J'ai voulu que ce premier rejeton de l'aîné de mes fils portât le titre de comte de Paris. Le corps municipal partagera, j'en suis sûr, ma joie, celle de la reine, de mon fils et de ma famille. J'aime à dire à chacun de vous que cet heureux événement est doublement cher à mon cœur, puisqu'il donne une garantie de plus à la stabilité de nos institutions et à la sécurité de tous, et qu'en formant entre nous un nouveau lien il me fournit cette occasion de donner à ma ville natale une preuve éclatante de toute l'affection que je lui porte, et que je lui garderai toujours. Votre affectionné Louis-Philippe. »

La lecture une fois terminée, le préfet de la Seine s'exprima ainsi. « La ville de Paris apprendra avec satisfaction que le roi a placé sous son égide le prince nouveau-né, et l'a confié à son courage et à sa sagesse. Le comte de Paris sera cher aux Parisiens; ils n'ont pas oublié le duc d'Orléans se plaçant avec confiance au milieu d'eux pendant les mémorables journées de 1830, ni ses fils, dignes de lui à Anvers comme à Constantine. De si nobles souvenirs ne seront pas perdus pour le comte de Paris; ferme défenseur de nos libertés, il est sûr de trouver un jour dans le corps municipal dévouement sincère et fidélité. »

L'archevêque de Paris se rendit dans la journée aux Tuileries pour ondoyer l'enfant. La cérémonie eut lieu à la chapelle du palais. C'est la reine elle-même qui portait son petit-fils. A cinq heures, le roi reçut les félicitations des membres du corps diplomatique. Le petit prince leur fut présenté par la maréchale comtesse de Lobau, dame d'honneur de la duchesse d'Orléans. Des lettres furent adressées aux archevêques et aux évêques pour qu'un *Te Deum* soit chanté dans toutes les églises de France, et le président du conseil envoya des estafettes à tous les ambassadeurs et ministres français près des cours étrangères. Par ordre de la princesse royale, il dut être délivré à tous les enfants des deux sexes nés à

Paris le même jour que son fils un livret de caisse d'épargne avec première mise de cent francs.

Quant au prince royal, sa première pensée avait été d'annoncer l'heureux événement à sa sœur la reine des Belges. Il lui adressa cette lettre : « Tuileries, 24 août 1838, trois heures et demie. Après de cruelles souffrances qui l'ont bien éprouvée, ma chère Louise, Hélène vient de me donner un fils fort et bien portant, Là encore se trouve l'étoile des d'Orléans. Maintenant que l'enfant est fait, il faut : 1º tâcher de le faire vivre longtemps; 2º tâcher de le faire régner un jour. J'y travaillerai de mon mieux. Hélène va bien, et est bien contente. Je sais la part que tu prendras à ceci, car je sais combien tu as l'esprit de famille, et combien tu m'aimes. Je te le rends de tout mon cœur. »

Le lendemain, 25 août le corps municipal se rendit aux Tuileries pour porter ses félicitations à Louis-Philippe. Le préfet de la Seine annonça au roi que le conseil venait de voter des réjouissances publiques et le don d'une épée au comte de Paris. « Cette épée, dit-il, ne doit pas rappeler celle de Charlemagne, ni celle de Napoléon. A l'esprit de conquête a succédé l'esprit d'ordre et de liberté que votre règne fait aimer et estimer... La ville de Paris sympathise avec les émotions de cette jeune princesse qu'elle accueillait, l'an dernier, avec ivresse, de ce prince royal dont elle apprécie si bien les nobles et brillantes qualités, de cette reine que nous aimons, que nous admirons tous, mais que les mères seules savent comprendre. Elle sympathise, Sire, avec votre cœur de père et de roi. » Louis-Philippe répondit : « Je vous remercie du don que vous m'annoncez pour mon petit-fils. J'espère que les paroles dont vous l'accompagnez seront gravées dans sa mémoire, que cette épée sera dans ses mains la garantie de la paix, et que, toujours prêt à l'employer pour préserver notre honneur national de toute atteinte et notre territoire de toute invasion, cependant elle ne sortira jamais du foureau qu'à bonnes enseignes, et que si elle en sort, ce sera toujours pour hâter le terme des maux de la guerre, et pour faire jouir la France de la plus douce et de la plus belle des conquêtes, la conquête de la paix. »

La naissance du comte de Paris fut chantée par les poètes, comme celle du roi de Rome et du duc de Bordeaux. Alfred de Musset, qui avait été le condisciple et qui était resté l'ami du duc d'Orléans, composa des strophes où il disait du prince :

> Son courageux aïeul est ce roi populaire
> Qu'on voit depuis huit ans, sans crainte et sans colère,
> En pilote hardi, nous montrer le chemin.
> Son père est près du trône, une épée à la main ;
> Tous les infortunés savent quelle est sa mère.

> Ce n'est qu'un fils de plus que le ciel t'a donné.
> France, ouvre-lui les bras sans peur, sans flatterie,
> Soulève doucement ta mamelle meurtrie,
> Et verse en souriant, vieille mère patrie,
> Une goutte de lait à l'enfant nouveau-né.

Le 26 août, les présidents des corps de l'État vinrent porter aux Tuileries l'expression de leurs vœux. Qu'il s'agisse de la naissance du comte de Paris, de celle du roi de Rome, ou de celle du duc de Bordeaux, on dirait que les harangues officielles sont stéréotypées. Les orateurs parlent tous comme s'ils avaient une confiance absolue dans ce qu'ils disent. A les entendre, la naissance du prince qu'ils célèbrent fera cesser tous les malheurs. Plus d'instabilité, plus de révolutions, on entre dans l'âge d'or. En recevant les hommages et les flatteries hyperboliques des anciens dignitaires de l'Empire et de la Restauration, Louis-Philippe qui avait de l'expérience savait bien ce qu'au fond il devait croire de tout cela. Le duc d'Orléans ne se laissait pas non plus tromper par l'excès des louanges. « La naissance de notre fils, écrivait-il à la duchesse de Talleyrand (l'ancienne duchesse de Dino), et tout ce qui s'y attache a, jusqu'à présent, fort bien réussi, et a été accueilli avec faveur par l'opinion publique. Espérons que l'on ne viendra pas gâter ce bon résultat en voulant faire trop bien. Nous n'avons eu que trop d'occasions depuis quelques années d'avoir autour de nous des empressés qui nous faisaient jouer le rôle de l'amateur de jardins dont parle Lafontaine. » Le prince, qui avait du tact et du bon sens, savait très bien qu'en réalité la naissance de son fils avait produit un effet beaucoup moins considérable que celle de l'héritier de l'immense empire, ou que celle de l'*enfant du miracle*, comme les légitimistes appelaient le duc de Bordeaux.

## XV

LA MORT DE LA PRINCESSE MARIE.

L'année 1839 commença douloureusement pour la reine Marie-Amélie. On lisait dans le *Moniteur* : « Paris le 3 janvier, Leurs Majestés ayant reçu des nouvelles inquiétantes de S. A. R. madame la duchesse Alexandre de Wurtemberg, il n'y a pas eu de réception ce soir aux Tuileries, et celle qui était annoncée pour le samedi 5 du mois est également ajournée. » Une grande joie se mêlait, par un étrange contraste, aux angoisses de la famille royale. Le *Moniteur* publiait par un supplément, le 6 janvier, cette dépêche, adressée le 16 décembre 1838, par M. de La Foret, consul général de France à New-York, au comte Molé, « C'est avec un indicible sentiment de joie et de juste orgueil national que je m'empresse d'annoncer à Votre Excellence la glorieuse nouvelle, que nous recevons quelques minutes avant le départ du paquebot, de la prise de la Vera-Cruz par l'escadre française après un bombardement de trois heures seulement. » S. A. R. M$^{gr}$ le prince de Joinville a pris la part la plus honorable dans l'attaque et se porte bien. C'est le 27 novembre, à deux heures du jour, que cette attaque a eu lieu. Trois de nos frégates, une corvette (celle du prince) et deux bombardes ont été se poster à une portée de canon du fameux château de Saint-Jean d'Ulloa, et ont fait de là un feu si violent et si habilement dirigé, qu'en moins de quatre heures il a éteint celui de l'artillerie mexicaine, et démoli tous les ouvrages extérieurs y compris la fameuse redoute appelée *El Caballero*, et tué ou blessé six cents hommes de la garnison. A six heures du soir environ, le commandant mexicain capitula et se retira du château qui fut immédiatement occupé par les forces françaises... Dieu protège la France. Ce qui est regardé comme impossible par tous n'est pas même difficile pour nos armes. L'effet de cette réussite sera immense sur l'opinion publique dans ce nouveau monde. »

Le jour même où l'heureuse nouvelle parvenait au gouvernement, le duc d'Orléans l'annonçait au maréchal Valée par une lettre où il disait : « Cette action honorable pour notre marine, et à laquelle je jouis plus que je ne puis le dire de voir attaché le nom de mon brave et excellent frère Joinville, aura un immense retentissement en Amérique, et fera encore plus d'effet à l'étranger qu'en France. Ces bonnes nouvelles viennent bien à propos pour adoucir au roi, à la reine, et à toute notre famille les chagrins cuisants que nous cause le triste état de ma sœur la duchesse de Wurtemberg, que ses rares talents, la distinction de son esprit, et surtout la noblesse chevaleresque et l'élévation constante de ses sentiments et de son généreux cœur rendent si chère à tous ceux qui la connaissent. »

Hélas! le duc d'Orléans, alors qu'il écrivait cette lettre, ne savait pas encore ce qui s'était passé à Pise le 2 janvier.

Le prince était justement fier d'une sainte et charmante sœur dont l'âme était si bien en harmonie avec la sienne. Nés à peu d'intervalle l'un de l'autre, lui en 1810, elle en 1813, sous ce beau ciel d'Italie qui avait contribué à leur donner la noble passion des arts, ils avaient passé ensemble leur enfance et les premières années de leur jeunesse, savourant les douces joies de l'amour fraternel, qui est peut-être le plus pur, le plus désintéressé des amours.

Marié en 1837 au duc Alexandre de Wurtemberg, la princesse Marie avait, par ses vertus, ses talents et son charme, inspiré à l'Allemagne une admiration aussi grande qu'à la France. L'intérêt qui s'attachait à elle était d'autant plus vif que sa santé délicate lui présageait une fin prochaine. La princesse avait le germe d'une de ces maladies de poitrine qui ne pardonnent pas. Vers la fin du mois de janvier 1838, un incendie ayant détruit sa maison à Gotha, on n'avait eu que le temps de l'enlever de son lit et de la transporter à peine vêtue, par un très grand froid, dans une habitation voisine. Cet incendie causa un grand chagrin à la princesse, parce qu'elle y vit périr, en quelques instants, dans les flammes, les premiers essais de ses crayons, cet album où elle avait dessiné des portraits de famille qui lui étaient si chers, et des croquis où se révélait déjà toute son âme d'artiste.

La nouvelle de l'incendie de Gotha fut pour Marie-Amélie la source d'une vive anxiété. Mais son cœur maternel se rassura quand, six semaines après, elle vit la princesse arriver aux Tuileries sans que l'état de sa santé parût aggravé. Il y avait cependant sur son visage et parfois dans sa conversation une teinte de mélancolie faite pour inspirer de grandes alarmes. Au bout de quelques semaines, cette tristesse se dissipa comme par enchantement lorsque, par un brillant soleil de mai, la princesse alla prendre possession, à Neuilly, du pavillon que, pour lui faire honneur, son père avait appelé le pavillon de Wurtemberg, et qu'il avait arrangé à son intention avec un goût et une élégance dont elle fut attendrie et charmée. C'est là que le 20 juillet 1838, elle mit au monde un fils, le prince Philippe de Wurtemberg (celui qui a épousé en 1865 l'archiduchesse d'Autriche Marie-Thérèse, petite-fille du célèbre archiduc Charles, et fille de l'archiduc Albert).

Les couches furent heureuses, mais suivies d'une faiblesse extrême, qui ne dura pas moins de trois semaines. Vers la fin du mois d'août les forces revinrent si complètement que le roi et la reine crurent pouvoir faire à Eu leur séjour annuel, en laissant la princesse à Neuilly avec son mari et son fils. Elle fit ses relevailles dans la chapelle du palais, le 8 septembre, jour de la Nativité de la Sainte-Vierge, sa patronne, pour qui elle avait une dévotion particulière. Elle écrivit à la reine les douces émotions qu'elle éprouva dans cette chapelle où treize années auparavant, — au mois de mai 1825, la veille de la Pentecôte — elle avait fait sa première communion, en même temps que sa sœur Louise.

Le jour des relevailles de la princesse Marie fut comme une halte heureuse de quelques instants sur le chemin de la douleur. La pieuse victime déjà condamnée vit se développer avec une rapidité effrayante les germes du mal dont elle souffrait. Sa mère et sa sœur la reine des Belges, arrivées l'une d'Eu, l'autre de Laeken, furent consternées de son amaigrissement et de l'altération profonde de ses traits. On décida qu'elle partirait tout de suite pour l'Italie où elle passerait tout l'hiver. Le matin du 3 novembre elle quitta le palais des Tuileries et se rendit à Fontainebleau, où ses parents l'avaient précédée de la veille, et où elle leur fit ses adieux. « Louise, ne m'oublie jamais ! » dit-elle à la reine des Belges, et quand elle fut partie, son père, ne pouvant plus maîtriser son émotion, s'écria, d'une voix étouffée par les larmes : « Pauvre Marie, je ne la reverrai plus! »

La princesse laissait au palais de Fontainebleau un souvenir digne d'elle : les vitraux exécutés d'après ses dessins dans la chapelle de Saint-Saturnin, cet antique sanctuaire, où revit la poésie mystique du moyen âge. L'autel qui, pendant la captivité de Pie VII, avait été transporté dans l'ancienne chambre d'Anne d'Autriche, faisant partie des appartements du pape, est celui sur lequel le Saint-Père prisonnier dit la messe à Fontainebleau depuis le 20 juin 1812 jusqu'au 20 janvier 1814. Cette chapelle était entièrement abandonnée depuis longtemps lorsqu'elle fut restaurée et rendue au culte en 1836. Les vitraux des trois fenêtres ont été peints par la manufacture de Sèvres. Celui de droite représente sainte Amélie offrant à la sainte Vierge sa couronne avec cette inscription : *Regina reginæ patrona*, la Reine à sa patronne ; celui de gauche l'apôtre Saint-Philippe, avec cette inscription : *Apostole, Regem tuere*, apôtre, protège le roi. On lit dans la partie supérieure de ces vitraux, dont le sentiment religieux est si profond : Louis VII a bâti cette chapelle en 1169 ; elle a été consacrée par saint Thomas Becket. — François Ier a rebâti cette chapelle en 1544. — Louis-Philippe l'a restaurée en 1834. — Le vitrail a été fait sur les dessins de Son Altesse Royale, la princesse Marie d'Orléans, fille du roi, en 1836.

Le voyage de la princesse dans le Midi commença heureusement. Arrivée à Cannes, la malade, charmée par la beauté du ciel et par la douceur du climat, se sentit renaître. Elle écrivit alors à sa mère une lettre qui montre qu'elle avait pour le style autant de facilité que pour la peinture et la sculpture : « Je n'ai rien vu, disait-elle dans cette lettre, de magnifique comme la route de Cannes jusqu'au delà de Nice. A droite, à vingt pas, la mer; à gauche, des campagnes, des bois d'orangers, non pas chétifs et rabougris, mais de dix-sept à vingt pieds de haut, puis des montagnes boisées et pour fond d'autres montagnes couvertes de neige, le tout éclairé par un soleil brûlant... Chaque pas, chaque coup d'œil, chaque respiration est une jouissance, et quand je pense qu'après demain je serai fixée dans ce climat, dans ce pays, au milieu de cette végétation, pour me reposer et me guérir, il me semble que c'est déjà à moitié fait. » La princesse avait l'intention de passer tout l'hiver à la villa Albaro près de Gênes; mais à peine y fut-elle installée que, saisie violemment par l'âpreté du vent de mer, on dut la transporter en toute hâte sous le ciel plus doux de Pise. Elle supporta très bien ce dernier voyage, et quelques lueurs d'espoir brillèrent encore.

Les maladies de poitrine ont cela de particulier qu'au moment même où le corps est brisé l'âme conserve toute sa force, et que l'espérance du retour à la santé rayonne au milieu même des ténèbres de la nuit qui va être éternelle. Il y avait chez la princesse des alternatives de découragement et d'illusions, de prostration et d'extase. A certains moments, l'amour de la nature, le culte de l'art, la passion du travail entretenant le foyer de son âme brûlante, elle formait des projets à longue échéance. On eût dit que le crépuscule de sa vie en était l'aurore, et les ombres grandissantes de sa mort prochaine étaient, par instants, dissipées comme par les rayons d'un bienfaisant et vivifiant soleil. Arrivée à Pise, elle eut un mieux trompeur, qui se soutint pendant quelques jours. Elle put sortir en voiture et jeter un coup d'œil sur la place où s'élèvent quatre des monuments les plus célèbres du moyen âge, le Dôme, le Baptistère, la Tour Penchée et le Campo-Santo, ce poétique cimetière, que, dans les rêves de sa première jeunesse, elle avait indiqué comme devant être le lieu de sa sépulture. Les fresques de Giotto et d'Orsagra l'inspirèrent. De retour dans la chambre où elle allait mourir, elle ressaisit ses crayons d'une main défaillante, et se mit à tracer deux idéales figures de la sainte Vierge et de l'enfant Jésus.

Ce religieux adieu à l'art fait songer aux beaux vers d'Alfred de Musset :

> Lorsque la noble enfant d'une race royale,
> Fuyant des lourds palais l'antique oisiveté,
> S'en va dans l'atelier chercher la vérité,
> Et là, créant en rêve une forme idéale,
> Entr'ouvre un marbre pur de sa main virginale
> Pour en faire sortir la vie et la beauté,
>
> Quand cet esprit charmant, quand ce naïf génie
> Qui courait à sa mère au doux nom de Marie,
> Sur son œuvre chéri penche son front rêveur,
> Et, pour nous peindre Jeanne interrogeant son cœur,
> A la fille des champs qui sauva la patrie
> Prête sa piété, sa grâce et sa pudeur;
>
> Alors ces nobles mains qui, de travail lassées,
> Ne prenaient de repos que le temps de prier,
> Ces mains riches d'aumône et pleines de pensées,
> Ces mains où tant de pleurs sont venus s'essuyer,
> Frissonnent tout à coup et retombent glacées...

Le duc de Nemours arriva à Pise, le 22 décembre, pour représenter la famille auprès du lit de la mourante. Ce fut lui qui dut annoncer à sa sœur que condamnée par les médecins, elle n'avait plus que quelques jours à vivre. La pieuse princesse écouta son arrêt avec le calme d'une résignation sainte. Elle était du nombre de ces chrétiennes héroïques, qui s'écrient dans l'exaltation de la foi et de l'esprit de sacrifice : Il ne suffit pas d'accepter la souffrance, on doit encore l'aimer. Chérissez le bon Dieu, si vous saviez comme il console! Il ne faut pas vous dire amèrement adieu comme si c'était fini pour toujours; nous nous retrouverons un jour dans la joie, sans avoir plus jamais la crainte de ces départs que nous détestions tant. Ce sera un bonheur sans ombre, une splendeur assurée, un repos infini. *Seigneur, je serai rassasiée quand m'apparaîtra votre gloire* (Psaume XVI, verset 15).

Il y a des agonies sublimes qui sont plus édifiantes, plus éloquentes que les discours des plus grands sermonaires. Telles furent l'agonie ou pour parler plus exactement les trois agonies de la princesse Marie. Le 1ᵉʳ janvier 1839, elle commença, en communiant, l'année qui ne devait avoir pour elle que deux jours. Le lendemain, elle reçut l'extrême-onction à quatre heures de l'après-midi. Une heure et demie plus tard, elle eut un si violent étouffement qu'on la crut morte. Elle se ranima cependant, et ses yeux rayonnant de leur éclat le plus vif, son âme concentrant toutes ses forces avant de monter au ciel, il sortit de ses lèvres décolorées et déjà froides des exhortations pieuses, prononcées avec une énergie surnaturelle. Ses traits portèrent l'empreinte d'une vision extatique. Le moment vint pourtant où la mourante fut tirée de sa béatitude céleste par un redoublement de souffrances. « Mon Dieu! Mon Dieu! dit-elle, une troisième agonie! » Le prêtre recommença les prières des agonisants. Comme il s'arrêtait un instant : « Le prêtre, reprit-elle d'une voix haletante, le prêtre... parlez! » Elle essaya encore, mais inutilement d'articuler quelques mots. Enfin, vers huit heures du soir, le duc de Nemours l'ayant embrassée, au nom de leur mère, oui, dit-elle, et ce fut sa dernière parole. Elle avait plusieurs fois baisé le crucifix en y attachant de tendres regards. On le lui présenta encore une fois, mais ses lèvres entr'ouvertes n'ayant pu se serrer, elle rendit à Dieu sa belle âme.

Le duc de Nemours conserva du spectacle édifiant entre tous auquel il venait d'assister une impression de douleur chrétienne qui fut impérissable, et augmenta encore sa disposition à la piété. De retour aux Tuileries, il raconta à sa famille ce qu'il avait vu, ce qu'il avait entendu à Pise. Son récit fit couler bien des larmes.

La fatale nouvelle fut connue à Paris le 10 janvier. Aussitôt qu'ils l'apprirent, les députés se rendirent tous auprès du roi, sans prendre le temps de changer leur tenue négligée. Le président Dupin dit à Louis-Philippe, qui n'était pas prévenu de leur visite : « Sire, voici la Chambre! toute la Chambre! » Ils défilèrent devant le père infortuné qui les remerciait de la tête et du geste; la reine pleurait.

Le duc d'Orléans écrivait à la duchesse de Talleyrand quelques jours après : « Je n'ai pas eu jusqu'à aujourd'hui, madame, la force de toucher une plume, mais je ne puis attendre plus longtemps pour vous remercier de tout mon cœur de l'intérêt si vrai et si vif que vous avez pris à une douleur qui, bien que prévue, n'en a pas moins été un coup accablant. Nous invitons à l'intérêt, car nous sommes bien malheureux, et *rien* ne comblera jamais le vide que laisse dans notre intérieur celle que nous pleurons, et que parfois je ne puis croire que nous ne reverrons jamais. Sa mort nous a appris que nous perdons encore plus que nous ne croyions, et je sens par ce que j'éprouve que je n'avais jamais encore eu de chagrin réel, car je ne comprenais pas qu'on pût souffrir autant. Et qu'est-ce que ce doit être pour la malheureuse reine ! »

Les artistes furent parmi ceux pour qui la mort de la princesse fut un grand deuil. Le 22 janvier, M. Delorme, peintre d'histoire, lut à la Société libre des beaux-arts, dont il était le président, une notice nécrologique qui commençait ainsi : « Messieurs, la princesse Marie est morte ! Jeunesse, beauté, talent, vertu, rien n'a pu fléchir l'inexorable destinée. A peine avait-elle reçu le premier sourire de son fils qu'il lui a fallu renoncer aux douces jouissances de la maternité, comme à toutes les espérances de la vie et à tous les rêves de la gloire. La France entière déplore cette fin prématurée ; mais aucune classe de citoyens n'y est plus sensible que celle des artistes. Artiste elle-même, la princesse avait formé avec eux un lien de fraternité qui les honorait de son illustration personnelle. Elle choisit l'art le plus pénible... Ni les fatigues, ni les dangers ne la rebutent ; le monde est sans attraits pour elle, les honneurs l'importunent ; l'atelier sévère du statuaire est ce qui la captive, et ses faibles mains animent le marbre avec autant de force que de délicatesse. On pourrait dire que la sculpture, touchée de ses efforts, et reconnaissante de la préférence que lui avait donnée la princesse, lui inspira une des plus belles pensées du siècle : le succès de la statue de Jeanne d'Arc fut immense, il devint populaire, il fut même européen. » La notice se terminait ainsi : « Entourée des soins les plus empressés, près du mari de son choix, d'un frère bien-aimé accouru vers elle, d'un fils qui ne devait pas la connaître, elle sentit avec calme approcher sa fin. Elle montra, dans cet instant suprême, le courage que donne la vertu soutenue par la religion. On la vit à la fois regretter la vie, et se résigner à la quitter. Les arts en deuil inscrivent le nom de la princesse Marie parmi les célébrités qui honorent la France. » La fille du roi qui comme princesse eût été oubliée a laissé comme artiste un nom impérissable.

Les restes de la femme si pleurée auraient pu être revendiqués par l'Allemagne, sa seconde patrie. Ils furent laissés à la France, et transportés de Pise à Dreux, le Saint-Denis de la famille d'Orléans. Les populations accoururent, depuis Toulon jusqu'à Dreux, pour saluer la morte au passage. Un an auparavant, presque mois pour mois, après un long voyage où elle avait parcouru plusieurs villes de l'Allemagne, au milieu de fêtes royales et de sympathies unanimes, elle était rentrée toute joyeuse en France. Les princes, ses frères, venus à sa rencontre, l'avaient tendrement embrassée, la trouvant pleine de vie et de jeunesse, d'avenir et de beauté. Et maintenant, quel contraste, ils n'embrassaient plus qu'un cercueil.

L'inhumation eut lieu le 27 janvier, dans la chapelle élevée sur l'emplacement de l'ancien château des comtes de Dreux. Quelque temps avant la fin de l'ancien régime, Louis XVI avait acheté au duc de Penthièvre le domaine de Rambouillet, où étaient déposés les restes du comte et de la comtesse de Toulouse, père et mère du duc. Ce prince les fit alors transporter dans les caveaux du château de Dreux, et bientôt après il vint lui-même y occuper une place. La Révolution détruisit le château, dispersa les sépultures. Mais la duchesse douairière d'Orléans rentrée en France avec Louis XVIII eut pour premier soin de rendre aux caveaux leur religieuse destination. Elle y fut inhumée elle-même er 1821, et dès lors la chapelle devint le lieu de sépulture de la famille d'Orléans. La princesse Marie y avait été précédée en 1822 par sa grand'tante la duchesse de Bourbon, et en 1828 par son frère et sa sœur, morts en bas âge, la petite princesse Françoise et le petit duc de Penthièvre.

Le roi Louis-Philippe, suivi des ducs d'Orléans, de Nemours, d'Aumale et de Montpensier, arriva à Dreux dans la matinée du 27 janvier 1839, presque en même temps que le duc Alexandre de Wurtemberg. Les fenêtres de la ville étaient garnies de femmes en deuil. Des drapeaux voilés de noir flottaient sur les portes. Le roi mit pied à terre devant le pavillon qui avait été construit pour le recevoir à quelques pas de la chapelle. Le ciel, quoique chargé de nuages, laissait échapper par intervalles quelques rayons de soleil, éclairant la plaine où le prince de Condé rendit son épée au duc de Guise, la ville aux toits d'ardoises, aux rues étroites, les remparts qui arrêtèrent quinze jours l'armée de Henri IV, le pavillon adossé à une tour en ruines, et la chapelle sépulcrale détachant sa coupole sous le ciel gris. Cependant le char funèbre, attelé de six chevaux, s'avançait. Enveloppée de crêpe, la couronne de la duchesse brillait sur son cercueil. Les princes ses frères, à pied, tête nue, le manteau de deuil sur leur uniforme, marchaient derrière le char, suivis à peu de distance par le comte de Rumigny, représentant de la France en Sardaigne, et par le général de Rumigny, qui avaient escorté le corps de la princesse jusqu'à Dreux. Tout à coup un homme vêtu d'un simple frac se détache d'un groupe d'officiers arrêtés sur la route. La double haie formée par les soldats s'ouvre pour le laisser passer, et, le front découvert, des larmes dans les yeux, il se met à la tête du cortège. Cet homme, c'était le roi. Il fut reçu à l'entrée de la chapelle par l'évêque de Chartres, assisté de l'évêque coadjuteur de Reims et de l'évêque du Maroc. La cérémonie funèbre ayant été célébrée, le cercueil fut descendu dans le caveau, où le roi et les princes vinrent jeter l'eau bénite, pendant que les chants commencés à l'autel s'achevaient sous terre. Le malheureux père et ses enfants, non moins malheureux que lui, s'abandonnèrent alors à leur douleur, comme s'ils eussent été sans témoins. L'un des princes s'écria, en baisant le cercueil de sa sœur bien-aimée : « Adieu ! adieu, pour moi ! adieu pour Joinville ! » Hélas ! à ce moment le prince de Joinville ignorait encore que sa sœur Marie n'était plus. Il s'apprêtait à revenir dans sa patrie, l'allégresse au cœur, avec la satisfaction du devoir accompli, avec la fierté du patriotisme, avec l'ivresse de la victoire. Il comptait les jours et les heures qui le séparaient du moment où il apercevrait les côtes de France, cette terre chérie, cette terre sacrée. Hélas ! ce n'était pas, comme il l'espérait, des pleurs de joie qui devaient couler à l'arrivée du vainqueur de Saint-Jean-d'Ulloa, c'étaient des pleurs de désespoir.

## XVI

LA COALITION.

Les souverains vivent dans une telle servitude qu'ils n'ont pas même la liberté des larmes et que leur douleur n'a pas le temps de se recueillir. Au moment même où ils apprenaient la mort de leur fille, Louis-Philippe et Marie-Amélie avaient à se préoccuper d'une discussion parlementaire qui était commencée depuis trois jours, et qui allait porter des coups terribles non seulement à leur ministre de prédilection, mais à la couronne.

Le ministère du comte Molé avait causé de grandes satisfactions à la France et au roi. Le 11 août 1838 Louis-Philippe, en faisant une visite à son ministre, au château de Champlatreux, avait voulu lui donner une preuve irrécusable de son estime, de sa gratitude et de sa confiance. Accompagné de la reine, de Madame

Adélaïde, de la princesse Clémentine, des ducs d'Aumale et de Montpensier, le roi trouva le comte et la comtesse Molé qui les attendaient au bas de l'escalier du château. Il parcourut ensuite les appartements de réception, et s'arrêta devant un don de Louis XVI, fort beau tableau représentant Mathieu Molé intrépide au milieu du peuple des barricades. Par une attention délicate Louis-Philippe voulut tenir un conseil dans le château de son hôte. Tous les ministres y assistèrent. Pendant la séance, le peintre Henri Scheffer fut admis à tracer l'esquisse d'une toile qui représenterait ce conseil. (Le tableau figure au musée de Versailles.)

Le comte Molé était le ministre selon le cœur du roi. La première éducation politique de cet homme d'État sous le règne de Napoléon lui avait appris, non à vouloir régenter ou éclipser son souverain, mais à le servir avec une docilité intelligente. Marie-Amélie savait gré à M. Molé d'avoir rouvert l'église de Saint-Germain-l'Auxerrois et favorisé la réaction religieuse. Mais les ambiteux impatients ou déçus, ceux qui voulaient devenir ou redevenir ministres, s'unissaient aux ennemis du trône pour combattre le ministre favori de la couronne. A les entendre, le cabinet manquait d'hommes de Juillet, c'était une seconde édition du ministère Polignac; M. Molé, qui avait écrit sous Napoléon l'éloge du despotisme et voté sous la Restauration la mort du maréchal Ney, n'était qu'un homme de cour, flatteur de Louis-Philippe et instrument de la Sainte-Alliance. Malgré les grands résultats obtenus le ministre n'avait à sa disposition qu'une majorité indécise et précaire. Il se crut assez fort pour provoquer une dissolution qui, dans sa pensée, devait amener une majorité homogène. Il se trompait. La nouvelle Chambre, élue le 4 novembre 1837, fut à peu de choses près la même que l'ancienne.

En 1838, les attaques contre le ministère redoublèrent de violence. M. Thiers disait dans une réunion chez M. de Rémusat : « Mes chers amis, nous faisons, depuis dix-huit mois, un métier de dupe, et le roi se moque de nous tous. Il sait que si nous étions réunis, son ministère de laquais ne pourrait pas durer un moment. Aussi ne songe-t-il qu'à nous tenir séparés. Mais il est temps que cela finisse et que nous rendions à ce gouvernement un peu de force et de dignité. C'est la conjuration des sots contre les gens d'esprit, des plats contre les hommes indépendants. Entendons-nous pour la déjouer. Quant à moi, mon parti est pris, quoi qu'il doive arriver. » Telle fut l'origine de la coalition, dont trois hommes d'opinions tout à fait différentes, M. Thiers, M. Guizot et M. Odilon Barrot, furent les chefs.

M. Guizot lui-même n'a pas jugé sans quelque sévérité le rôle qu'il joua à cette époque : « Que des sentiments personnels se puissent mêler à des vues d'intérêt public, a-t-il écrit dans ses mémoires, je connais trop les faiblesses humaines, y compris les miennes, pour le contester. La personnalité est habile à se glisser au sein du patriotisme le plus sincère, et je n'affirmerai pas que le souvenir de ma rupture avec M. Molé en 1837 et le secret désir de prendre une revanche personnelle, tout en soutenant une bonne cause générale, aient été sans influence sur mon adhésion à la coalition de 1839 et sur l'ardeur que j'y ai portée. Même pour les plus honnêtes gens, la politique n'est pas une œuvre de saints... A la distance et dans le repos d'où je considère aujourd'hui ce bruyant incident, j'incline à croire que j'aurais mieux fait de ne pas y prendre une part active et de rester immobile dans mon camp, au lieu d'en sortir en armes pour aller combattre dans un camp de passage. »

La discussion de l'adresse, commencée le 7 janvier 1839, fut l'occasion d'une des luttes les plus acharnées dont l'histoire du parlementarisme ait gardé le souvenir. M. Guizot ayant, à la tribune, cité, en l'appliquant aux courtisans, le mot de Tacite : *Omnia serviliter pro dominatione*, ils font tout servilement pour devenir les maîtres, « quand Tacite disait cela, répondit le comte Molé, il ne parlait pas des courtisans, il parlait des ambitieux ». Louis Blanc a représenté ainsi les deux grands orateurs de la coalition, M. Guizot et M. Thiers : « l'un brillant et ingénieux, infatigable et hardi, l'autre froidement hostile, provocateur, violent dans sa gravité, et ne laissant percer dans sa parole qu'une partie des colères que contenaient son regard, son geste, la fatigue de ses traits et sa lèvre haineuse. Qui les eût dit alliés, ces deux hommes? Et jusque dans le fond de leurs discours, quelle diversité! — Qu'avez-vous fait du pouvoir? criait aux ministres M. Guizot. — Qu'avez-vous fait de la liberté? leur criait M. Thiers. — Attaques contradictoires qui condamnaient assez l'alliance! » La discussion dura douze jours. Elle se termina le 19 janvier, dix jours après que Louis-Philippe avait appris la mort de la princesse Marie. Le ministre était vainqueur, mais sa majorité se réduisait à sept voix. Le roi trouvait, au milieu de sa douleur, la force d'écrire à son ministre : « Je ne crois pas que les fastes parlementaires d'aucun pays contiennent une lutte pareille à celle que vous venez de soutenir avec tant d'honneur et de succès. Grâces vous soient rendues! C'est ce que je dis de tout mon cœur. »

Le vote de la Chambre était pour M. Molé une victoire, mais une victoire à la Pyrrhus. Le ministre, ne croyant pas possible de gouverner avec une si faible majorité, donna sa démission, le 22 janvier. Le roi la refusa, et signa, le 2 février, une ordonnance qui prononça la dissolution de la Chambre des députés, et convoqua les collèges électoraux pour le 2 mars. M. Molé se faisait encore des illusions. Il écrivit le 24 février 1839, — neuf ans jour pour jour avant la Révolution dont la coalition avait été le signe précurseur : « A aucune époque je n'ai été aussi content des honnêtes gens. Je leur ai vu, pour la première fois peut-être, l'ardeur, l'énergie d'un parti. » Les calculs du ministre furent déjoués. Non seulement les élections du 2 mars ne lui firent pas gagner de terrain, mais elles lui en firent perdre. Le 8 mars, il donna de nouveau sa démission, qui cette fois fut acceptée.

La coalition était victorieuse; elle ne sut pas profiter de sa victoire. Mis en demeure de prendre le pouvoir, leurs chefs durent y renoncer, faute de s'entendre non pas avec le roi, mais entre eux. C'est un de leurs chefs, c'est M. Odilon Barrot, qui a écrit : « Quant au roi, il n'avait eu rien à faire pour aider à cette dissolution de la coalition : l'orgueil, la vanité, l'entêtement des coalisés y avaient suffi; il n'avait pas eu à s'en mêler, du moins ostensiblement. Il dut éprouver un grand soulagement le jour où on vint lui dire que les coalisés, ne pouvant s'entendre, se séparaient plus irrités que jamais les uns contre les autres. » La confusion était si grande dans les sphères parlementaires que l'interrègne ministériel dura plus de deux mois, car on ne peut donner le nom de ministère au cabinet du 31 mars, qualifié par lui-même d'intérimaire et de provisoire. Jamais peut-être on n'avait vu, dans les annales du parlementarisme, une crise si longue et si compliquée. La reine en fut tellement frappée qu'elle entreprit d'en écrire l'histoire jour pour jour. Dans ce document, qui a plus de cinquante grandes pages, Marie-Amélie gémit de voir « un ministère faible, il est vrai, et servi par des agents subalternes corrompus, mais honnête et ayant rendu la France au dedans heureuse et tranquille, et fait au dehors des choses honorables, culbuté par une union monstrueuse d'amours-propres, de vanités et d'ambitions déçues. — Je voudrais, ajoutait-elle, pouvoir couvrir d'un voile pour l'honneur de mon pays les intrigues auxquelles ont donné lieu des deux côtés les élections. » Il est regrettable que ce fragment historique n'ait jamais été publié. Marie-Amélie écrivait d'une manière remarquable, en italien et en français. Il y a dans son journal, qui embrasse une si longue période d'années, des pages qui dénotent un coup d'œil politique très rare chez une femme. Les extraits qu'en a donnés M. Trognon font désirer que le journal soit publié en entier. Les lettres de la reine sont aussi fort intéressantes. Leur recueil ferait, croyons-nous, beaucoup d'honneur à sa mémoire.

L'interrègne ministériel continuait au milieu d'une grande agitation qui, après avoir été limitée d'abord au monde parlementaire, commençait à se répandre dans le pays. M. Royer-Collard disait à ses électeurs : « Les institutions fatiguées, trahies par les mœurs, résistent mal; la société appauvrie n'a plus, pour sa défense, ni positions fortes, ni places réputées imprenables. » Le comte de Sainte-Aulaire écrivait au baron de Barante : « Nous vivons dans les saturnales de l'orgueil. J'ai déploré souvent la malveillance que suscitent toutes les supériorités. En y pensant mieux, je conçois qu'il en doit être ainsi, tant elles sont choquantes par leur présomptueuse insolence. Je voudrais que trois ou quatre personnes en vinssent à se résigner au chagrin de ne pas gouverner la France. » Le pays était tranquille; la coalition l'avait remué et troublé. A une excellente situation succédait un désordre moral et matériel. Les fonds baissaient. L'industrie et le commerce étaient en souffrance. Le chômage jetait une foule d'ouvriers dans les rues. Le 4 avril 1839, la session s'ouvrit sans discours du trône. Une multitude menaçante se pressait autour du Palais-Bourbon. Elle poursuivait de ses huées et de ses sifflets les hommes politiques, et insultait les personnes en voiture. Il avait fallu, pour la contenir, faire sortir de leurs casernes des troupes à pied et à cheval. Le soir, des bandes circulèrent en chantant la *Marseillaise*. Il y eut des rassemblements sur le boulevard Saint-Denis, des tentatives, réprimées par les patrouilles, contre les boutiques des armuriers.

Le désarroi augmentait chaque jour, et la formation d'un ministère semblait de plus en plus impossible quand un mouvement révolutionnaire, produisant un effet bien opposé à celui que ses auteurs en attendaient, amena tout à coup la solution de la crise. Le dimanche 12 mai 1839, pendant que la population parisienne était tranquillement à la promenade ou aux courses du Champ-de-Mars, éclata une émeute, organisée avec un tel mystère que depuis la conspiration du général Mallet, jamais insurrection n'avait plus surpris un gouvernement. A deux heures de l'après-midi, les affiliés, au nombre de six à sept cents, se réunirent rue Saint-Martin et rue Saint-Denis. Repoussés de la préfecture de police, ils se jetèrent sur les rues voisines, massacrant les postes isolés qu'ils rencontraient, et construisant des barricades. Leur chef était Barbès. Les ouvriers, qui n'avaient pas été prévenus, ne les suivirent pas. On ne connut point le nombre exact des morts. Cent quarante-trois blessés furent portés dans les hôpitaux. A la fin du jour, le mouvement était complètement étouffé.

Le soir, les personnages officiels affluaient au château des Tuileries. Le maréchal Soult, arrivé l'un des premiers, comprit qu'il fallait profiter de l'impression causée par l'émeute, et constituer sans plus tarder un ministère, dont M. Thiers et M. Guizot pourraient être écartés. Le lendemain matin le public apprenait avec surprise et satisfaction qu'un cabinet était enfin formé. Le maréchal Soult avait les affaires étrangères avec la présidence du conseil; le comte Duchâtel l'intérieur; M. Teste la justice; M. Passy les finances; M. Villemain l'instruction publique; M. Cunin-Gridaine le commerce; M. Dufaure les travaux publics; le général Schneider la guerre; l'amiral Duperré la marine. Ce cabinet a pris le nom de ministère du 12 mai.

En résumé, on pouvait considérer la coalition comme vaincue, mais le mal qu'elle avait fait au gouvernement parlementaire et à la monarchie était irréparable. M. de Montalembert l'a dit avec raison, en 1850 : « Ce sont les coalitions qui ont tué tour à tour deux monarchies, en tuant le respect pour l'autorité. Ce n'est pas l'émeute de la rue, ce sont les hommes d'État qui ont fait les révolutions. » M. de Lamartine a exprimé la même idée, quand il a écrit : « Ce qui a fait la Révolution de 1848, c'est la coalition parlementaire de 1839, ce sont les banquets d'agitation de 1847, c'est l'accusation des ministres. » Au lendemain de la coalition, l'internonce à Paris, M$^{gr}$ Garibaldi citait, dans une lettre à un prélat, ce mot d'un ami de M. Thiers, à qui l'on avait dit : — Vous avez effacé le roi, — et qui répondait : — Non, nous l'avons voilé.

L'internonce ajoutait avec beaucoup de sagacité : — Cela signifie la République, ou peu s'en faut.

La République, les observateurs perspicaces pouvaient déjà l'apercevoir à l'horizon. Les monarchistes avaient autant fait que les républicains eux-mêmes pour discréditer le principe monarchique, et les prétendus amis du roi Louis-Philippe lui nuisaient plus que ses ennemis déclarés. Si la France s'est jetée dans la République, puis dans le Césarisme, la cause en a été l'égoïsme, l'ambition, l'imprudence des hommes qui ont abusé du système parlementaire. La bourgeoisie oubliait le peuple ; le peuple a vaincu la bourgeoisie. Le suffrage universel a été la logique punition des erreurs et des vices du suffrage restreint.

## XVII

LE VOYAGE DANS LE MIDI.

Le duc d'Orléans s'apprêtait à se rendre en Algérie. Il écrivait de Saint-Cloud au comte Bresson, le 1ᵉʳ août 1839 : « Etranger ici à un mouvement politique qui ne parle ni à mon imagination, ni à mon ardent amour du pays, me tenant complètement en dehors des hommes et des choses, et ne m'occupant à étudier le présent que pour apprendre l'avenir et tâcher de n'être pas trop éclaboussé par tout ce qui s'agite autour de moi, j'ai dû profiter d'un moment de calme entre la tempête qui finit et celle qui commencera bientôt pour me rapprocher d'une armée à laquelle m'attachent toutes mes opinions, toutes mes sympathies, parce qu'elle est l'expression la plus vive de l'esprit national et l'élément le plus étranger à la corruption et au cosmopolitisme qui nous rongent. »

Il fut décidé que le prince serait accompagné par sa femme jusqu'à Port-Vendres, où il avait l'intention de s'embarquer, et que tous deux s'arrêteraient en route, dans plusieurs villes. Le prince se faisait une grande joie de montrer aux populations la compagne dont il était justement fier, et la princesse remerciait le roi qui lui permettait ainsi de rester quelques jours de plus auprès de son époux. D'autre part, ce n'était pas sans regret qu'elle se séparait, pour quelques semaines, de son fils. Dans une lettre adressée, le 2 août 1839, à M. de Schubert, elle s'exprimait ainsi : « J'écris aujourd'hui, au milieu d'une grande préoccupation que je garderai sans doute quelques jours, et qui précède toujours un voyage. Bien que je puisse confier sans crainte mon enfant à la reine, je ne puis m'en séparer sans un serrement de cœur... Pourvu qu'il n'arrive rien à l'enfant ! Cette pensée agite toujours mon pauvre cœur, et je ne puis l'apaiser que par la prière suivante (strophe de Paul Gerhard) : « Étends tes deux ailes, et abrite ton poussin ! Si Satan veut le dévorer, que les anges chantent : il n'arrivera aucun mal à cet enfant. »

Le duc et la duchesse d'Orléans quittent Paris, le matin du 9 août. Le même jour arrivée à Chartres, revue et dîner de cinquante couverts. Le 10, séjour à Blois ; illumination générale ; après le dîner, réception des dames de la ville. Le 11, visite au château de Ménars, chez le prince et la princesse Joseph de Chimay; cloches, fanfares, arcs de triomphe; six mille personnes remplissent les avenues du château. Le même jour, arrivée à Amboise ; visite du château de Chenonceau, célèbre par les souvenirs de Catherine de Médicis. Le 13, grand bal à Tours ; le 14, à Poitiers, dîner de soixante-dix couverts, illuminations, feu d'artifice ; le 15, à Angoulême, trente mille personnes groupées en amphithéâtre sur la route qui domine la vallée de la Charente. A la porte de la ville, le duc d'Orléans monte à cheval, la duchesse le suit, ayant dans sa calèche le préfet et le maire; à la préfecture, elle reçoit des fleurs, que lui offrent les dames de la ville.

17 août, arrivée à Bordeaux. Avant de commencer son voyage, le prince a écrit au préfet de cette ville, le baron Sers : « Je viens réclamer de votre expérience et de votre bon jugement des conseils que j'écouterai avec confiance parce que je sais qu'ils vous seront dictés par une parfaite connaissance des choses et par votre dévouement éprouvé... C'est la vérité, bien avant les acclamations, que je vais chercher à Bordeaux, c'est la franchise plus que l'enthousiasme que j'ambitionne... Je parlerai sans détours, sans réticences; je demande qu'on me parle de même... Exempt de toute prévention et de tout engagement, j'ai la volonté de tout bien voir, hommes et choses, de bien étudier les questions que je ne puis en-

core savoir qu'imparfaitement. Je m'y consacrerai tout entier et *con amore*. Je resterai à Bordeaux pour cela autant qu'il sera utile, sans toutefois être à charge à personne. Je tiens, d'ailleurs, dans mon juste orgueil national, à montrer en détail à la duchesse d'Orléans cette belle ville, l'une des gloires de la France. »

Entrée superbe ; toute la population sur pied, un pavillon est élevé, à la descente de la côte de Cenon, sur la grande route. Le prince en uniforme de lieutenant général, avec le grand cordon de la Légion d'honneur, prononce ces paroles : « Mon amour ardent de la grandeur et de la prospérité de la France m'associe à ces tentatives hardies qui, de Bordeaux, envoient flotter sur des mers lointaines le pavillon français. Unis ensemble par des liens aussi puissants, nos cœurs, nos bras seront toujours d'accord. » A l'entrée de l'hôtel de ville, dans le vestibule, cinquante jeunes filles en blanc offrent des fleurs à la duchesse. C'est la veille de sa fête. On annonce l'archevêque, le duc s'empresse d'aller le recevoir au bas du perron. Le même jour, grand banquet, illuminations. Le 19 août, à six heures du soir, le duc écrit à sa tante, Madame Adélaïde : « On fait ici les choses sur une telle échelle qu'il n'y a pas moyen de grappiller un seul instant de tranquillité. Pendant que je vous écris ces lignes, en revenant des courses, qui m'ont pris toute la journée, et au milieu desquelles Hélène a dû rentrer pour se jeter sur son lit, j'entends dans la pièce à côté le bourdonnement des invités au dîner. Après le dîner, grand spectacle in *fiocchi;* puis, pendant la nuit, des musiciens donnent des sérénades vocales et instrumentales dans un jardin magnifique, du reste, et rempli de ces belles fleurs qui ont tant d'odeur sous le soleil du Midi. Vers deux heures du matin, quand la fraîcheur vient, la sérénade finit. Alors, malgré tous mes efforts, un *bataillon tout entier* (c'est à la lettre vrai) de la garde nationale de Bordeaux vient bivouaquer dans le jardin, et une ligne de sentinelles tellement serrées qu'elles se sentent le coude se crient à tue-tête : « Sentinelles, pre-« nez garde à vous ! » tout contre les jalousies de la chambre à coucher. A huit heures du matin, un officier de service de tous les corps spéciaux et bataillons de la garde arrive dans ce camp improvisé, et là, l'ordre se donne avec un bruit effroyable comme dans une place de guerre. Dès ce moment, il y a une foule qui commence ces bruyantes exclamations si habituelles aux populations du Midi, et les continue jusque bien avant dans la nuit. A peine mettons-nous le nez hors de la chambre à coucher que nous sommes saisis par les officiers de service des corps spéciaux de la garde nationale et enlevés jusqu'au moment du dîner en passant, comme aujourd'hui par exemple, par onze fonctions, dont deux aquatiques et neuf terrestres, et par cinq déjeuners avec dégustations de vins, le tout assaisonné du soleil que vous connaissez. »

Le 20 août, excursion sur la Gironde, à bord d'un bateau à vapeur. Le pavillon royal est hissé au grand mât, une tente s'élève de la poupe à la proue. Les bâtiments français et étrangers saluent, au passage, en inclinant leurs pavillons. Le bateau à vapeur atteint le Bec d'Ambès. C'est le moment du flot. La citadelle de Blaye apparaît avec ses murailles brunes et ses esplanades gazonnées. Le canon retentit vingt et une fois. Le duc d'Orléans ne peut s'empêcher de songer à sa cousine germaine, la duchesse de Berry, qui, avant d'être prisonnière à Blaye, y a été, elle aussi, fêtée et adulée. A Bèchevelle, la garde nationale est échelonnée sur le port; le tambour bat aux champs. De jeunes paysannes vêtues de blanc sont rangées le long du débarcadère. Le duc et la duchesse font suspendre la marche du bateau, qui, après quelques minutes, reprend la route de Pauillac, où descendent le duc et la duchesse. Ils déjeunent au château de Bèchevelle, chez M. Guestier, qui leur dit : « Je bois au meilleur des rois avec le meilleur des vins. » De là ils se rendent à Château-Margaux, chez M. Aguado, marquis de Las Marismas, et visitent les plus beaux celliers du Médoc. A cinq heures, retour à Bordeaux.

Le 21 août, les fêtes de Bordeaux recommencent. Joute sur l'eau ; feu d'artifice sur l'esplanade des Quinconces. Bal de quatre à cinq mille personnes offert par la ville dans la magnifique salle du Grand Théâtre.

Le 24 août, départ de Bordeaux, au milieu de chaleureuses acclamations. Le 25, séjour à Agen ; le 26 à Auch ; le 27 à Mont-de-Marsan. Le 28, arrivée à Bayonne ; le 29, revue des gardes d'honneur Bayonnais avec leurs vestes et leurs bérets rouges ; excursion à Biarritz et au château de Marrac.

Le 30 et le 31 août, séjour à Pau. Tous les coteaux qui entourent la ville sont illuminés. Au signal donné par les pièces d'artillerie des feux de joie resplendissent tout à coup, comme par enchantement, sur une ligne de plus de deux lieues. Des illuminations brillent en même temps dans la plupart des maisons de campagne qui dominent les hauteurs de Jurançon. Le château de Galos étincelle de mille feux. Le 31 août, revue, visite du célèbre château de Pau, où naquit Henri IV, et où l'on montre son berceau. Dîner de soixante couverts. Bal de six mille personnes.

Le même jour, le duc d'Orléans écrit au comte Duchâtel :

« Je suis heureux de prendre la plume dans le chef-lieu d'un département où votre frère (le vicomte Napoléon Duchâtel, préfet des Basses-Pyrénées) est justement aimé, pour vous dire une partie du bien qu'il y fait. J'ai trouvé ici un département modèle sous tous les rapports, et j'ai bien joui de voir au milieu d'un peuple intelligent et dévoué, l'administration occuper la place qu'elle devrait avoir partout... Jusqu'à présent, mon voyage a dépassé toutes les espérances qu'il m'était permis de concevoir, et quoique je ne sois pas porté à exagérer l'importance des démonstrations dont je recueille chaque jour le témoignage, cependant je me flatte que, de cette tournée dans des pays où aucun membre de ma famille n'était connu, il pourra résulter quelque bien pour le roi auquel j'ai soin de tout rapporter. Je commence à croire même que la période épineuse de mon entreprise, de Toulouse à Perpignan, se passera d'une manière plus satisfaisante qu'on ne l'avait d'abord supposé. »

Le 1$^{er}$ septembre, excursion dans l'arrondissement d'Oléron et dans le pays basque jusqu'à Mauléon. Le 2, séjour à Tarbes. Le 4 à Gavarnie; on entend les chanteurs Béarnais. Le 5, le prince fait l'ascension de la Brèche de Roland. La princesse monte au pic de Bergouse. On couche à Barèges.

Le 10 septembre, arrivée à Toulouse. Riche pavillon orné de verdure et pavoisé des couleurs nationales, au chiffre d'Hélène et de Ferdinand. Banquet, feu d'artifice. La voiture du prince et de la princesse est accompagnée d'un magnifique cortège portant des torches, et poussant des acclamations. « De pareilles soirées, dit un assistant, valent encore mieux pour fonder une dynastie que des baïonnettes et des victoires. »

Le 15 arrivée à Perpignan. Dîner de quatre-vingts couverts. Promenade en calèche aux Platanes; ifs illuminés de chaque côté de l'allée principale; à l'extrémité un immense obélisque de feu. Le duc et la duchesse d'Orléans, assis sur une estrade de verdure, assistent à une fête originale et pittoresque imaginée par le général comte de Castellane (plus tard maréchal de France, alors commandant de la 21$^e$ division militaire). Soixante-dix musiciens, des divers régiments de la division, exécutent un morceau tiré du 4$^e$ acte des *Huguenots* de Meyerbeer, avec accompagnement de mousqueterie et de canon, sur un théâtre d'une lieue carrée; vingt-cinq bouches à feu, deux mille hommes qui tirent sans cesse avec des cartouches à étoiles du haut des remparts et de la citadelle. Après ce colossal concert, les danses catalanes. Le lendemain visite à la cathédrale. L'évêque reçoit le prince et la princesse au portail. Le prince refuse modestement de se placer sous un dais, et il fait signe de la main, pour arrêter des acclamations qui, dans l'église, ne doivent s'élever que pour Dieu. Le soir, grand bal dans la salle de spectacle.

De Perpignan, le duc d'Orléans écrit, le 18 septembre à sa sœur la reine des Belges :

« J'espère que tout sera tranquille en France

pendant mon absence, et, en vérité, je le crois. Mais même dans la plus fâcheuse hypothèse je reviendrai bien vite et me ferai, au besoin, mon chemin l'épée au poing, de Marseille à Paris. Il est urgent que j'agisse sur l'esprit de l'armée et particulièrement sur celui de l'armée d'Afrique qui renferme toute la sève de l'armée française; ce sera un pas dans ma carrière.

« Mon voyage dans le Midi a réussi au delà de toute espérance, et il s'est terminé sans le plus petit nuage, sans le moindre incident désagréable. Je me flatte d'avoir pu servir de prétexte pour le rapprochement des dissidents et d'avoir contribué à amortir les passions dans ce magnifique pays qui, à lui seul, formerait un beau royaume, et dont je me suis efforcé de prendre possession pour le roi.....

« Présente mes hommages et mes amitiés à ton excellent mari, auquel je suis si attaché... Si tu es encore en Angleterre, mets-moi aux pieds de la reine. Hélène qui a fait merveille, et qui m'a été bien utile, te dit mille et mille amitiés. Tout à toi de cœur. »

Départ de Perpignan, le 19 septembre, à huit heures du matin ; sur toute la route, à Elne, à Argelès, à Collioure, arcs de triomphe en verdure, affluence des populations rurales. A dix heures et demie, magnifique entrée à Port-Vendres ; tous les bâtiments pavoisés ; la voiture du prince et de la princesse s'arrête au pied de l'obélisque en marbre des Pyrénées construit par le maréchal de Mailly. Un déjeuner de trente couverts est servi à l'hôtel de la Douane. En sortant de table, la princesse accueille avec bonté une députation de jeunes filles de Port-Vendres.

Le moment des adieux approche. La duchesse d'Orléans monte avec son mari sur le canot qui va le conduire jusqu'au bâtiment à vapeur le *Phare*, où il s'embarquera pour l'Afrique. Dix mille spectateurs assistent à cette scène. Tous les navires en rade tirent des salves. La commune de Bagnols-sur-Mer, qui passait autrefois pour un refuge de rebelles et de contrebandiers, où l'on ne pouvait recruter ni un soldat, ni un matelot, a envoyé un élégant bâtiment, dont les marins portent le costume catalan. A bord du *Phare*, la duchesse d'Orléans va passer encore une demi-heure auprès de son époux. Elle visite avec lui le bâtiment. Pourquoi ne peut-elle accompagner en Afrique ce mari si tendrement aimé? Hélas! l'heure de la séparation vient de sonner. Il faut remonter sur le canot, regagner la terre, tandis que, lui, disparaîtra à l'horizon. Dès qu'elle a remis le pied sur le rivage, la princesse se précipite vers l'entrée du port, au fanal d'où l'on découvre la pleine mer à une très grande distance. Le *Phare* commence son voyage. Elle agite son mouchoir, et, les yeux pleins de larmes, elle aperçoit encore le prince, qui lui envoie de tendres adieux. Bientôt elle ne peut plus le distinguer; mais elle voit encore, dans le lointain, la colonne de fumée qui indique le point où le bâtiment navigue. Quand la fumée elle-même a disparu, la princesse se décide enfin à quitter le port et retourne à Perpignan.

Pendant que le navire qui portait le duc d'Orléans se dirigeait vers l'Afrique, la duchesse allait rejoindre son fils. Lors de son passage à Narbonne, le 20 septembre, on voulait dételer les chevaux de sa voiture, pour la traîner à bras. Elle s'y opposa. Le 21, elle était à Saint-Amans, dans le château du maréchal Soult, d'où elle repartait le 23. Le 27, à minuit, elle arrivait au château de Randan, propriété de Madame Adélaïde, dans le Puy-de-Dôme. Elle y trouvait, avec Madame Adélaïde, la princesse Clémentine et le duc de Montpensier. Reçue avec effusion, elle se reposait quelques jours dans cette belle résidence. Le 3 octobre, à neuf heures du matin, son arrivée à Fontainebleau surprenait le roi et la reine qui ne l'attendaient que pour la soirée. Ils la félicitèrent du succès qu'elle avait obtenu pendant tout le cours de son voyage, et lui demandèrent beaucoup de détails sur tout ce qu'elle avait vu et entendu.

## XVIII

LES PORTES DE FER.

Le prince royal, après une heureuse traversée, débarque à Mers-el-Kébir, port d'Oran, le 23 septembre 1839. Il relatera les incidents principaux de son séjour en Algérie dans un journal qu'il dédie à sa femme. « Ce n'est pas un récit, lui écrit-il, ce n'est pas une description; c'est tout au plus une conversation familière, faite à la lueur des feux de bivouac, avec le coin de la cheminée du salon de famille, ou le cabinet de la reine, ou surtout avec ton petit salon. » A chaque ligne de ce journal si alerte, si vivant, on reconnaît non seulement le vaillant militaire, mais l'homme d'esprit, l'homme d'imagination, l'homme de cœur, et avant tout le patriote.

Oran, 23 septembre.

« Mon entrée se fait au milieu des troupes avec toute la fantasmagorie arabe... Cette population si variée de nègres, d'Arabes, de Turcs, d'Espagnols, de Juifs et de Français se presse dans toutes les rues. Des maisons bien blanches, une verdure noire, des rochers rouges, la fumée du canon des forts, un ciel et une mer bleus complètent le tableau. C'est avec émotion que je remets le pied sur cette terre d'Afrique, conquise par notre jeune armée et destinée à voir s'accomplir, par la création d'une nouvelle France, un des événements importants des siècles modernes. »

Le 23 septembre, arrivée à Alger. Dans l'après-midi, sur la place du Gouvernement, au son d'une musique barbare, danses à caractère par des nègres, des Maures, des Bédouins. Le 28, bal magnifique.

6 octobre, anniversaire de la naissance du roi (né en 1773). « Je suis en pensée à Fontainebleau, au milieu de la famille, où probablement le petit m'aura représenté » (le comte de Paris, alors âgé de quatorze mois). Départ pour Philippeville. « En dînant sur le pont au coucher du soleil, au moment où la *Chimère*, revenant de Bône, passe à poupe, et salue le pavillon royal, je pense que la famille est à Fontainebleau à porter la santé du roi, et je m'y unis de cœur. »

Arrivée à Philippeville le 8 octobre, à Constantine le 12. Le 13, second anniversaire de la prise de la ville. « En me réveillant, ma première pensée est pour le souvenir de cet assaut terrible et de ce siège que Nemours a si glorieusement fait, et je vais féliciter le maréchal (le maréchal Valée, gouverneur général de l'Algérie); il me saute au cou, se montre bonhomme, et nous voilà tout à fait bien ensemble. » Messe et grand *Te Deum* à Notre-Dame de Constantine. L'eau bénite offerte au bout d'une palme. Entrée au bruit des tambours dans l'église toute pleine de soldats. Revue des troupes. Remise de la croix de la Légion d'honneur à plusieurs chefs indigènes, notamment au cheik El Beled, vieillard de quatre-vingt-dix ans, l'un des marabouts les plus vénérés. Fantasia des cavaliers arabes; les hommes revêtus de costumes magnifiques, tout chamarrés de broderies; les chevaux couverts de housses brodées avec des grelots; « une fantasia monstre, telle que, dit-on, on n'a jamais vu, de mémoire d'homme, dans la Barbarie. »

14 octobre.

« J'ai forcé, littéralement parlant, à faire transporter dans le vaste palais que nous occupons les malades qui étaient le plus mal établis, et malgré toutes les résistances que j'ai éprouvées, j'y suis parvenu. J'ai pu soulager ainsi des malheureux dont quelques-uns ne voyaient jamais le jour, et dont d'autres n'avaient jamais un abri. Je rougissais de nous voir logés comme des rois, nous bien portants, tandis que des pauvres soldats étaient si mal, et souffraient si patiemment. »

*16 octobre.*

Départ de Constantine, avec le maréchal Valée, et à la tête d'une division.

*18 octobre.*

De Mila à Mahalla. La nuit tombe, de grands feux s'allument. Tout à coup, une voix entonne la *Marseillaise de l'Afrique*.

> Allons, soldats de l'Algérie,
> Le jour de gloire est arrivé,
> Et contre nous de l'Arabie
> L'étendard sanglant est levé.

Deux mille voix reprennent en chœur ce chant répété par les échos de l'Atlas, et terminé par le bruit des tambours battant la retraite.

« En vivant dans un pays de sauvages, entouré de ces braves gens, en voyant leurs figures bronzées et leur attitude fière dans des vêtements râpés jusqu'à la corde, en causant avec ces hommes énergiques et résignés, on retrouve la patrie; on sait et on devine le peuple français, car un tel camp, c'est la France, et ces hommes c'est la véritable élite de la nation. »

*20 octobre.*

Campement à Djimila, où se trouvent les plus belles antiquités romaines qui aient résisté à l'action des siècles en Afrique : un temple, un théâtre, un arc de triomphe, encore presque entier, qui s'élève, tout doré de ces tons dont le temps a coloré les pierres; quelques-unes, détachées du sommet, gisent aux pieds des larges pilastres, mais si bien conservées qu'un architecte retrouverait facilement la place que chacune d'elles occupait. On devrait numéroter toutes les pièces du monument, les transporter à Paris, et y relever l'arc de triomphe romain avec cette unique inscription : l'Armée d'Afrique à la France.

*21 octobre.*

Arrivée à Sétif. Grandes pluies. « Je tâchais de coucher quelques pauvres diables que je voyais tout mouillés. — La pluie ne mouille, me répondit l'un d'eux, que lorsqu'on bat en retraite. — Des malades rentrent dans le rang, disant, les larmes aux yeux, qu'ils ne veulent pas quitter le drapeau qui est, en Afrique, leur clocher de village. »

*28 octobre.*

Un ordre du jour annonce aux troupes l'expédition des Portes de fer.

Depuis longtemps le maréchal Valée désirait établir une communication par terre entre la province de Constantine et Alger. Il n'était pas possible de suivre l'ancienne voie romaine, passant au Sud dans les états de l'émir Abd-el-Kader; il fallait donc chercher un chemin plus au Nord, au milieu des tribus Kabyles, dans le pâté montagneux du Djurdjura. Pour passer, il n'y a qu'une seule fissure : le célèbre défilé du Biban ou des Portes de fer, qu'aucune armée romaine n'a jamais osé traverser, et dont les voyageurs ne parlent qu'avec effroi. Ce sont des roches calcaires verticales, s'élevant jusqu'à une hauteur de cent à deux cents mètres, sorte de murailles à pic, qui se prolongent pendant six kilomètres, et dont les sommets, dentelés par une incroyable bizarrerie de la nature, sont percés d'ouvertures ovales disposées comme des meurtrières. La couleur noire de ces étranges rochers leur a fait donner le nom de Portes de fer. La pluie ou la moindre résistance rendraient le passage impossible. Les eaux du torrent l'Oued-Biban, arrêtées par les rétrécissements des rocs, s'élèvent parfois jusqu'à trente pieds au-dessus du sol. Une poignée d'homme suffirait pour arrêter toute une armée à l'entrée de ce défilé sombre.

Le commandant en chef de l'expédition est le maréchal Valée. Le corps expéditionnaire ne comprend qu'une seule division commandée par le duc d'Orléans, et ainsi composée : trois bataillons du 2$^e$ léger sous les ordres du colonel Changarnier; un bataillon du 17$^e$ léger; deux bataillons du

23ᵉ de ligne; quatre escadrons de chasseurs et de spahis; quatre obusiers; trente sapeurs, en tout deux mille cinq cents baïonnettes et deux cents cinquante sabres pour vaincre une résistance dont la probabilité s'augmente en proportion du petit nombre des troupes, et pour escorter un convoi qui assure dix jours de vivres. Il a été très bien organisé par le sous-intendant Haussmann (père du baron Haussmann qui était alors sous-préfet de Nérac, et qui, sous le règne de Napoléon III, s'est illustré comme préfet de la Seine). La vue des Portes de fer excite l'ardeur martiale des troupes qui poussent des cris de joie. Les soldats défilent un à un, pendant quatre heures consécutives à travers le passage redoutable.

28 octobre soir.

« Voilà une fameuse journée, qui pour nous tous fera époque dans notre vie et sera un de nos plus grands souvenirs... Nous avons eu un bonheur extrême, car de la pluie ou trois cents tirailleurs eussent pu nous faire échouer complètement... Chaque musique — les musiciens défilant un par un — a joué pendant tout le passage la marche de son régiment... C'était d'un grand effet... J'ai fait graver par les sapeurs entre la première et la seconde porte : Armée française 1839. Je n'ai pas consenti que mon nom s'y trouvât, comme on le voulait, parce que je n'ai rien fait de plus que le dernier des soldats qui y a passé.

Mais avant l'entrée de la première porte, à droite, j'ai gravé avec une baïonnette un grand F qui est taillé assez profondément dans le roc pour qu'il y survive au souvenir d'une vie encore vide de sens pour la postérité. »

A peine l'arrière-garde est-elle sortie des Portes de fer, à peine les Cheiks, les Beni-Abbès, retenus pendant le passage du défilé comme guides et comme otages sont-ils rendus à leurs tribus que quelques coups de fusil et un orage violent rendent évident pour le dernier soldat le bonheur qui a protégé une si téméraire entreprise.

*30 octobre.*

On bivouaque à l'entrée du pays des Beni-Djaad dans un lieu extrèmement pittoresque. « En écrivant à la lueur du feu aromatique et pétillant des lentisques, je remarque que le silence commence à succéder au tumulte de la journée. Les belles formes des montagnes se dessinent sur un ciel pur et étoilé. Cela élève l'âme. Que de fois peut-être dans ma vie je regretterai, au milieu de l'agitation fébrile de ma difficile carrière, le calme de ces belles solitudes de l'Atlas, où, aux prises avec les éléments de la barbarie, j'ai vécu content, entouré d'une poignée de Français dont le dévouement obscur et ignoré, mais infatigable et constant, mérite d'autant plus l'estime qu'il n'aboutit pour le soldat qu'à lui procurer des rhumatismes et pour l'officier à lui faire avoir la croix. Vue de loin, la grande figure de la France paraît être ce que nous rêvons tous, car nous ne pouvons distinguer d'ici les taches qui la déparent et la vermine qui la ronge. »

Au delà des Portes de fer nouvelles difficultés; d'abord le manque d'eau potable; puis, le 31 octobre et le 1er novembre, combats d'arrière-garde contre Ben-Salem, bey de Sébaou pour Abd-el-Kader, sur un chemin qui, fréquemment coupé par des rivières qu'il faut passer à gué, est tantôt un escalier de rochers encaissés sous une voûte de broussailles, tantôt un sentier en saillie sur des précipices.

Respirant l'odeur de la poudre, les soldats sont électrisés. « Quand les premières balles sifflèrent, ces hommes, fatigués par des marches forcées et une charge extrême, redressaient la tête; les yeux brillaient; les officiers ôtaient leurs manteaux, les soldats leurs cartouchières; tous se sentaient légers et en train. La colonne ressemblait à un lion secouant sa crinière. »

1er novembre.

« A peine ai-je placé mon monde à Aïn-Sultan qu'on me dit l'arrière-garde attaquée. Impossible de suivre ce qu'on appelle la route ; huit cents animaux la barrent sur une longueur de plus d'une lieue; en outre une caravane, qui se rendait aux Bibans, et que la fusillade a fait rebrousser, occupe une autre partie du chemin. Pressé d'arriver, je fais deux lieues et demie dans des terrains à pic vraiment effrayants. Il n'y a que l'odeur de la poudre qui puisse faire faire un *steeple-chase* comme celui-là, et j'en suis à comprendre comment je ne m'y suis pas cassé le cou vingt fois. J'y abîme mon meilleur cheval; mais j'arrive. » Ben-Salem est repoussé.

Encore un jour et la division d'Orléans, qui vient de faire une marche de cent vingt lieues, dont plus de la moitié à travers les hasards d'un pays inconnu et jusqu'alors impénétrable, aura atteint Alger, terme de son hardi voyage. Depuis Sétif, elle a fait soixante-quatre lieues en neuf jours, sans cartes, presque sans guides, au milieu des rochers, des maquis et des précipices, cheminant à vol d'oiseau, sous la direction de la boussole, chaque fantassin portant sur lui six jours de vivres et soixante cartouches. Sans laisser derrière elle un seul malade, un seul traînard, elle a passé quinze rivières à gué, franchi des montagnes qu'on regardait comme inaccessibles, et livré deux brillants combats. Les connaisseurs en fait de choses militaires lui rendront justice, et Alger lui prépare une enthousiaste réception.

## XIX

LES FÊTES D'ALGER.

La division d'Orléans a campé, le 1ᵉʳ novembre, au Foudouck; le 2 elle se met en marche pour Alger, en suivant la belle route que l'armée a construite. Avant la grande halte de la Maison-Carrée, elle s'arrête. Le prince royal dit au maréchal Valée : « Monsieur le maréchal, au moment de quitter le commandement que j'exerce dans votre armée, je tiens à défiler devant vous, à la tête des troupes que j'ai été assez heureux pour conduire dans l'opération que nous venons de terminer. » Le maréchal s'en défend beaucoup; le prince insiste, et veut défiler à la tête de la division, devant le vieux guerrier (né en 1773) sous les ordres duquel il s'était placé volontairement. Il fait serrer la division en masse, et réunissant autour de lui les officiers de tous grades, il leur adresse l'allocution suivante :

« Messieurs, en vous faisant mes adieux au moment d'une séparation que je vois arriver avec regret, je vous remercie du concours que vous m'avez prêté et du dévouement que vous avez apporté à la belle entreprise que l'habileté consommée du chef illustre qui nous commande et un concours particulier de circonstances heureuses nous ont permis d'accomplir avec un éclatant succès... Dans les pays inconnus que nous avons traversés ensemble, je ne me suis pas cru absent de la France, car la patrie est pour moi partout où il y a un camp français; je ne me suis pas cru éloigné de ma famille, car j'en ai trouvé une au milieu de vous, parmi les soldats dont j'ai admiré la persévérance dans les fatigues, la résignation dans les souffrances, le courage dans les combats... Partout où le service de la France vous appellera vous me verrez accourir au milieu de vous, et là où sera votre drapeau, là sera aussi ma pensée. » Puis un roulement de tambour se fait entendre. Se plaçant à la tête du 2ᵉ léger, le prince défile devant le maréchal, qui dit, profondément ému : « Il faut que je meure maintenant; car après avoir eu dans mon armée trois fils du roi et en avoir vu deux au feu, je ne peux plus que déchoir. » Après le défilé, la colonne fait halte pendant une heure à la Maison-Carrée, puis reprend sa route.

A midi, l'on a affiché sur les murs d'Alger un avis ainsi conçu : « Son Altesse Royale Monseigneur le duc d'Orléans et M. le maréchal gouverneur général sont arrivés hier au Foudouck, venant de Constantine par terre. » Depuis plusieurs jours on était sans nouvelles du prince, du maréchal et de leurs troupes. On ne savait pas que l'expédition des Portes de fer avait eu lieu. Les seuls mots constatant un fait jugé jusqu'alors impossible : « De Constantine par terre », produisent un effet magique. La population se précipite spontanément à la rencontre des troupes, qui viennent d'accomplir ce que la foule regarde comme un prodige. Les bourgeois donnent aux soldats du vin et des cigares; on leur offre de porter leurs sacs. Les Maures et les Arabes se joignent aux Européens. Des groupes de femmes indigènes jouent sur des instruments du pays les airs de victoire particuliers aux Musulmans. Sur la rade les bâtiments sont pavoisés. Le canon des forts retentit. Les rues, les toits et les fenêtres des maisons regorgent de monde. Voici le prince et le maréchal qui, à la tête des troupes, arrivent devant la porte de Bab-Azoum. Les acclamations, les applaudissements retentissent comme un tonnerre; le sol en est ébranlé. La musique du 2ᵉ léger joue la marche qui vient d'être baptisée *Marche des Portes de fer*. Sur la place du Gouvernement, le prince et le maréchal se placent devant l'horloge de la Jemina, et assistent au défilé de la colonne. Quand il voit passer ces braves à demi déguenillés, tendant fièrement le jarret et relevant la tête, quand il remarque dans les rangs des hommes qui, quoique blessés, ne les ont pas plus quittés le jour de la parade que le jour du combat, le duc d'Orléans — c'est lui-même qui l'a dit — pense aux beaux vers de Béranger :

> De quel éclat brillaient dans la bataille
> Ces habits bleus par la victoire usés !

Toute la population se livre à des transports de joie. Les femmes musulmanes, enveloppées de leurs voiles blancs, applaudissent autant que les Françaises.

Le prince, en entrant dans le palais du Gouvernement, y trouve les notabilités de la ville, l'évêque en tête, qui lui adressent leurs félicitations et leurs hommages. On lui offre un banquet et une fête. Il accepte.

*4 novembre.*

Le banquet a lieu dans le grand salon de l'hôtel de la Tour-du-Pin. Il y a deux cents personnes à table. Tous les capitalistes et tous les colons d'Alger ont souscrit. Après le banquet grand bal. Le portrait de la duchesse d'Orléans a été placé au milieu du salon. La princesse semble ainsi présider à la fête et prendre sa part des hommages rendus à son époux.

*5 novembre.*

Repas donné par le prince à sa division. Il y a invité, en outre, les autorités civiles et religieuses, des députations de tous les grades, des soldats de tous les corps de l'armée, de la marine et de la milice, ainsi que les notables qui lui ont offert le banquet et le bal de la veille. La salle à manger, c'est la place Bab-el-Oued. On y a dressé, entre le Fort-Neuf et celui des Vingt-Quatre-Heures, un immense carré de tables. Les convives sont au nombre de trois mille trois cent quarante-deux. La division d'Orléans, — officiers, sous-officiers, soldats — est là au grand complet. Toute la population d'Alger s'est groupée, pour assister de loin à ce repas gigantesque, sur la première pente de la montagne à laquelle la ville est adossée. A gauche on aperçoit le Fort-Neuf transformé en une cuisine immense d'où va sortir le dîner monstre offert par le duc d'Orléans à ses compagnons d'armes. Les tables forment sur plusieurs lignes trois faces d'un carré; le quatrième côté est occupé par toutes les musiques et tous les tambours groupés autour du buste du roi. Ce buste est ombragé par les drapeaux des régiments qui ont passé par les Portes de fer. Le repas commence. Rôtis, pâtés, jambons, fromage, légumes à profusion, plus une bouteille de bon vin, un pain blanc, du café et un cigare pour chaque soldat, qui aura le droit d'emporter comme souvenir son couvert et son assiette. A la fin du dîner, un roulement de tambour. Le maréchal se lève. Il porte la santé du souverain. Tous les convives debout crient :

Vive le Roi! La musique joue, on tire le canon, les tambours battent aux champs. Le prince monte sur la table, et s'écrie : « A l'armée d'Afrique et à son général en chef sous les ordres duquel elle a accompli de si grandes choses! A cette armée qui, maniant tour à tour la pioche et le fusil, combattant alternativement les Arabes et la fièvre, a su affronter, avec une résignation stoïque, la mort sans gloire de l'hôpital, et dont la brillante valeur conserve dans notre jeune armée les traditions de nos légions les plus célèbres!... Au chef illustre qui a pris Constantine, donné à l'Afrique française un cachet ineffaçable de permanence et de stabilité, et fait flotter nos drapeaux là où les Romains avaient évité de porter leurs aigles! C'est au nom du roi, qui a voulu que quatre fois ses fils viennent prendre leur rang de bataille dans l'armée d'Afrique, que je porte ce toast. C'est au nom de deux frères dont je suis justement fier, dont l'un vous a commandé, dans le plus beau fait d'armes que vous ayez accompli, et dont l'autre s'est vengé au Mexique d'être arrivé trop tard à Constantine, que je porte cette santé. C'est aussi, permettez-moi de vous le dire, comme lié d'une manière indissoluble à l'armée d'Afrique, dans les rangs de laquelle je m'honore d'avoir marché sous les ordres de deux maréchaux illustres, que je bois : A la gloire de l'armée d'Afrique, et au maréchal Valée, gouverneur général. »

Le prince est acclamé. A la demande des soldats, il fait le tour de leurs tables. Revenu à sa place, il trouve tous les officiers et sous-officiers de sa division réunis. Le plus ancien lieutenant, M. Salaün Penquer, du 23ᵉ de ligne, lui apporte une grande palme avec un manche sur lequel on a gravé une inscription.

« Monseigneur, lui dit-il, cette palme vous est offerte par votre division. Cueillie au Biban par la main de vos soldats, emblème de toutes les vertus guerrières dont vous leur avez si noblement donné l'exemple dans l'expédition que nous venons de faire, ils ne doutent pas qu'elle ne vous soit précieuse, et que vous ne l'acceptiez comme un gage de leur amour et de leur reconnaissance. Vive le duc d'Orléans ! »

Le prince se tourne vers le maréchal Valée : « Monsieur le maréchal, dit-il, vous avez été mon chef dans la mémorable circonstance dont cette palme est destinée à me retracer le souvenir. Le bonheur que j'éprouve serait incomplet, si votre suffrage ne se joignait pas à celui des braves de qui je la tiens. Je vous demande la permission de l'accepter. »

Le maréchal, faisant un signe d'assentiment, répond : « La voix des soldats est la voix de Dieu, Monseigneur. »

Alors le prince, se retournant vers les officiers et sous-officiers de la division, leur dit : « Je ne pourrai jamais vous exprimer combien je suis ému et touché; je contracte en ce moment vis-à-vis de vous une dette que je ne sais si je pourrai jamais acquitter. Dans les moments difficiles, je me rappellerai que j'ai reçu cette palme de ceux dont l'héroïque persévérance emporta Constantine d'assaut; dans les privations, je me rappellerai qu'elle me fut donnée par des hommes dont aucune souffrance ne lassa l'énergie; et quand au jour du danger je vous représenterai cette palme, vous vous souviendrez à votre tour que vous l'avez cueillie dans des lieux réputés inaccessibles, et vous saurez prouver alors que rien n'est impossible à des soldats français. »

Le duc d'Orléans a écrit dans son Journal de l'Expédition des Portes de Fer : « Ma réponse renferme ma pensée intime. Je garderai toute ma vie cette palme; la manière dont elle a été offerte, le moment et le lieu où je l'ai reçue, et ceux de qui je la tiens me la rendront toujours bien chère. » Moins de trois ans plus tard, lors des funérailles du prince, à Notre-Dame de Paris, la palme des Bibans sera placée sur son cercueil.

En fils respectueux, le duc d'Orléans reporte à son père les hommages qu'il reçoit. « Puissé-je, lui écrit-il le 4 novembre; avoir accompli de manière à vous satisfaire, la belle mission que vous m'aviez donnée dans cette France nouvelle qui me sera désormais bien chère! C'est dans votre approbation seule que je trouverai la récompense de quelques efforts et de quelques moments pénibles. Les témoignages d'attachement de mes compagnons, l'accueil enthousiaste et unanime des populations, les moments d'émotion que m'ont fait éprouver ces circonstances mémorables de ma vie, tout cela, Sire, ne sera pour moi qu'un souvenir amer, si je n'apprends pas de vous que ma conscience ne me trompe pas en me disant que j'ai fait mon devoir et répondu à votre confiance. Si, depuis trois mois que je voyage dans ces vastes pays, au milieu des témoignages de reconnaissance qu'inspirent les services que vous rendez à la France et le bien que vous faites, j'ai été assez heureux pour mériter votre approbation, le gage le plus précieux que vous puissiez me donner sera de récompenser le soldat d'Afrique, ce soldat qui souffre, combat, travaille et meurt obscurément sans se plaindre, ce soldat que j'admire parce que j'ai vécu avec lui et appris à le connaître. »

Le 5 novembre, avant de fermer son journal, le prince y écrivait : « Maintenant que tout est fini, je dois dire que j'ai plus d'une fois regretté de ne pas avoir Aumale avec moi; mais son tour viendra, et il entrera dans la carrière, quand ses aînés... y seront encore. » Le 7 novembre, le duc d'Orléans s'embarquait pour la France, adressant des paroles émues aux personnes qui lui disaient adieu : « — Ce n'est qu'une absence. Je reviendrai. Je me croirai toujours au milieu de vous. Je défendrai vos intérêts. » Et, leur montrant le maréchal Valée, il ajoutait qu'il était heureux de savoir les destinées de l'Algérie confiées à ce guerrier illustre, à ce conseiller prudent et sage.

## XX

### LE RETOUR DU DUC D'ORLÉANS.

Le Journal de l'Expédition des Portes de Fer, — ce journal où le duc d'Orléans, écrivant pour sa femme, avait mis toute son âme et qu'il avait rédigé aux dépens de son sommeil — avait été porté en France par un paquebot parti d'Alger avant le prince. On comprend combien de pareilles pages devaient exalter une âme aussi ardente et une imagination aussi vive que celles de la duchesse. Le prestige de l'éloignement augmentait encore sa tendresse pour un époux si beau, si brave, si chevaleresque. Sa pensée s'attachait sans cesse aux rives pittoresques et ensoleillées de l'Algérie. Une sorte de rêverie allemande ajoutait à la poésie de ses impressions. Comme elle comptait les jours qui la séparaient encore d'un retour si désiré! Comme elle était impatiente de presser son mari sur son cœur!

Avec quel plaisir, quel orgueil elle entendait parler de lui d'une manière si flatteuse et si juste!

Le prince, qui s'était embarqué à Alger le 7 novembre, n'arriva que le 25 à Paris. Il fit une quarantaine de plusieurs jours au lazaret de Marseille. C'est de là qu'il écrivit à l'une de ses meilleures amies, la comtesse Lalaing d'Audenarde, femme du général, une lettre qui peint son caractère, où je ne sais quelle mélancolie se joint à l'entrain de la jeunesse et à l'amour de l'action : — « Laissez-moi vous dire que je viens de juger trop bien des pénibles surprises que ménage le sort lorsqu'on est transporté d'un pays lointain et séparé de la patrie dans une région rapprochée de ce qui nous est cher. En arrivant ici, après avoir été dix-sept jours sans nouvelles de ma famille, j'ai su que la duchesse d'Orléans était souffrante, et que mon enfant avait été fort malade, et n'était pas encore rétabli. L'isolement dans ce lazaret qui n'est au fond qu'une prison, le passage sans transition d'une vie pleine d'action et de mouvement pour le corps et de préoccupation pour l'esprit à une existence cloîtrée et excessivement sédentaire, tout cela rend plus pénibles encore les inquiétudes que l'on éprouve...

« Je vais maintenant rentrer à Paris et y chercher un repos dont j'ai besoin. Il me tarde aussi de me retrouver dans mon intérieur et d'y soigner la santé de la duchesse d'Orléans et de mon fils... Je fais d'ailleurs depuis trois mois un rude métier, et je puis vous assurer que l'expédition d'un mois que je viens de faire dans des pays inconnus et au milieu de circonstances de guerre m'a moins fatigué que les réceptions et les fonctions de mon voyage du Midi.

« Je ne dois du reste pas me plaindre : car, par un concours presque inespéré de circonstances, toutes les chances défavorables (et elles étaient en majorité) ont tourné à mon avantage. Maintenant que mon heureuse étoile m'a conduit avec un bonheur véritablement insolent jusqu'au bout d'une entreprise dont le succès complet a été un quine à la loterie, le moment me paraît venu de serrer les voiles et de me tenir tranquille en dehors des partis, loin des intrigues, et près de mes affections et de mes amis. »

C'est également du lazaret de Marseille que le prince écrivait au maréchal Valée, le 15 novembre 1839 : « En m'associant aux grandes choses accomplies par vous dans un pays où vous rendez de si éminents services, vous avez classé le séjour trop court que je viens de faire en Afrique parmi les événements les plus importants d'une vie malheureusement trop peu remplie. Je rentre en France, reconnaissant du pas que vous m'avez aidé à faire dans une carrière à laquelle je me consacre tout entier. Je sens ce que je dois à votre attachement éclairé, et j'ai vu trop d'ingrats pour jamais le devenir. »

De son côté, le maréchal avait rendu pleine justice au prince. Dans un rapport adressé, le 4 novembre, au ministre de la guerre, il s'était exprimé ainsi : « Je citerai en premier lieu M$^{gr}$ le duc d'Orléans, qui a constamment marché à la tête de ses troupes, et dont les soldats ont remarqué dans toutes les occasions le courage, le sang-froid et l'habileté. »

Fier de son fils, le roi lui adressa cette lettre : « Tuileries (sur la table du conseil), mercredi 12 novembre 1839. Mon cher ami, je suis dans l'enchantement de toute ta conduite; elle est admirable et sera de plus en plus admirée par le public. Le conseil en est positivement transporté, et je t'ai fait adresser télégraphiquement et officiellement, sous le contreseing du ministre de l'intérieur, la plus belle approbation de tout ce que tu as fait pendant cette laborieuse, utile et brillante expédition. J'ai cru que tu serais bien aise de trouver dans cette dépêche quelques bonnes paroles pour cette brave armée et son digne chef, qui m'a écrit une lettre parfaite pour toi. Je t'ai fait dire en outre que la demande des récompenses n'est pas encore arrivée; en les accordant, je les ferai annoncer à l'armée par un ordre du jour de félicitations sur sa belle conduite, et j'écrirai moi-même au maréchal Valée.

« Notre chère Hélène est encore confinée, mais son indisposition n'est pas inquiétante. Petit Paris (le comte de Paris) est charmant, se porte très bien, et est toujours très aimable pour son grand-papa. Je suis bien impatient de te revoir, mon cher ami, et cependant je désire que tu prennes le temps de faire les choses comme tu les as faites partout, c'est-à-dire bien au delà en bien de ce que je croyais possible. Je t'embrasse de tout mon cœur. » Cette lettre que le duc d'Orléans reçut, en sortant du lazaret de Marseille, fut pour lui la plus belle des récompenses.

Le prince entra dans la ville le 16 novembre. Il y eut le soir des illuminations magnifiques, un grand bal, un feu d'artifice sur la colline Bonaparte; un réseau de flammes de Bengale éclairait le buste du premier consul. Le lendemain, le duc d'Orléans, après avoir assisté à la messe à la cathédrale, repartit pour Paris.

Le prince était heureux; il se promettait une grande joie de revoir sa famille; tout semblait lui sourire, quand un incident funeste lui causa une impression de tristesse profonde. Le 17 novembre, à la montée du château d'Alberton, entre le Pin et Aix en Provence, un postillon, placé au timon de la voiture du prince, se trouva engagé sous son cheval qui s'était abattu, et les roues de la voiture lui passèrent sur le corps. Vivement affecté de ce malheur, qui jetait tout à coup comme un voile de deuil sur son voyage, le duc s'arrêta une heure sur le lieu du sinistre. Il fit venir en toute hâte le médecin du village voisin, mais le malheureux postillon ne tarda pas à expirer. Le prince demanda avec beaucoup de sollicitude s'il était marié, s'il avait des enfants, et quel était leur âge. Puis, réunissant les autres postillons, il leur remit de l'argent, et leur dit : « Voilà pour ses obsèques. Donnez à sa veuve l'assurance que j'aurai soin d'elle et de ses enfants. » Arrivé à Aix, il s'empressa de faire cesser la musique. « Messieurs, dit-il, point de musique, c'est un jour de malheur. » L'accident dont il venait d'être témoin n'était-il pas comme un présage de la catastrophe du 13 juillet 1842 ?

Le 19 novembre, le duc d'Orléans faisait son entrée à Lyon, d'où il écrivait le lendemain à son père : « Le beau temps, qui a tout à fait cessé aujourd'hui, m'a encore favorisé hier pour ma rentrée à Lyon, qui a été très pompeuse et très convenable, mais assez froide, comme on devait s'y attendre au milieu d'une population dont les classes inférieures ont été travaillées par les doctrines anti-sociales qu'elles ont plusieurs fois soutenues les armes à la main. Cependant il y a eu politesse et bienveillance générale parmi les ouvriers, ce que dans d'autres temps je n'avais pas vu ici. Quant à tout ce qui est bourgeoisie, l'accueil a été unanime et plus chaud peut-être que dans toutes les villes de France. »

Le *Journal des Débats* écrivait : « Le duc d'Orléans a visité ces vives et impressionables populations du Midi, qui ne le connaissaient peut-être que par les ridicules calomnies et les inconcevables sottises que la haine des factions débite depuis dix ans sur son compte. Il a parcouru ces provinces où tour à tour la gravité des circonstances commerciales, la vivacité des souvenirs et des affections légitimistes, la ferveur et l'impatience des opinions avancées semblaient devoir gêner sa contenance et embarrasser son langage. Cependant, partout où il a passé, M. le duc d'Orléans a obtenu le respect, excité la confiance, entraîné peu à peu la sympathie de la foule qui se pressait sur ses pas ; partout la fermeté, l'élégance et la dignité de sa parole, la variété de ses connaissances, la franchise de son patriotisme, la libéralité de ses sentiments, l'intelligence qu'il a montrée des véritables besoins et des sérieuses exigences de son époque, ont insensiblement rallié autour de sa personne les opinions sages, rapproché les dissidences, désarmé les préventions, calmé les ressentiments. » En résumé le prince avait pleinement réussi, au double point de vue civil et militaire. Quand il arriva aux Tuileries, le 25 novembre, il reçut les félicitations chaleureuses du roi et de sa famille. Ce fut l'apogée de sa carrière si brillante hélas ! et si courte.

## XXI

### LE MARIAGE DU DUC DE NEMOURS.

Au commencement de 1840, le mariage du duc de Nemours était décidé. Le second fils du roi Louis-Philippe allait épouser une jeune princesse d'une beauté rare et d'un caractère accompli. Victoire-Antoinette-Auguste de Saxe-Cobourg-et-Gotha, née le 16 février 1822, avait pour père le prince Ferdinand-Georges-Auguste, frère du duc de Saxe-Cobourg-et-Gotha, pour mère Marie-Antoinette-Gabrielle, fille du prince François-Joseph de Kohary. La maison de Saxe-Cobourg-et-Gotha s'était créé, par plusieurs mariages, une situation importante dans la politique européenne. Son chef le duc régnant, Ernest Ier (né en 1784, mort en 1844) avait marié sa sœur au duc de Kent, fils du roi d'Angleterre Guillaume III, et de ce mariage était née la reine Victoria ; son fils, le prince Albert, avait épousé la jeune reine, et son frère Léopold régnait sur la Belgique ; son neveu le prince Ferdinand, frère de la princesse Victoire, fiancée du duc de Nemours, avait épousé la reine de Portugal Dona Maria. La princesse Victoire était donc la nièce du duc régnant de Saxe-Cobourg-et-Gotha et du roi des Belges, la cousine germaine de la reine Victoria et du prince époux, le prince Albert ; son mariage resserrait les liens qui unissaient la cour de France aux cours de Belgique, d'Angleterre et de Portugal, et il avait de plus, surtout aux yeux du duc de Nemours et de la reine Marie-Amélie, ce très grand avantage que la jeune princesse, à la différence de presque tous les membres de la famille de Saxe-Cobourg-et-Gotha, qui étaient protestants, appartenait à la religion catholique.

Né le 25 octobre 1814, le duc de Nemours avait alors vingt-cinq ans. Au physique, il ressemblait à Henri IV, avec une physionomie et une tournure plus aristocratiques encore que celles de son illustre aïeul. Au moral, il en avait les qualités, sans en avoir les défauts. Brave comme lui, mais plus sévère dans sa conduite, plus grave, plus religieux, il avait mérité la haute estime de tous les partis. Simple, accueillant, bienveillant à tous, d'une réserve peut-être excessive, d'un caractère timide excepté sur le champ de bataille, où son sang-froid et son intrépidité faisaient l'admiration des vieux soldats, il s'était noblement comporté au siège d'Anvers et aux deux expéditions de Constantine, l'une malheureuse, celle de 1836, l'autre triomphante, celle de 1837. C'est lui qui avait commandé l'assaut, lui, qui, au retour, alors que les troupes étaient décimées par le choléra, aidait à mettre les malades sur les cacolets, songeant à leurs dangers et à leurs souffrances, ne songeant jamais à lui-même.

Le duc de Nemours avait laissé un grand souvenir dans l'armée d'Afrique. Quand le duc d'Orléans, avant de commencer l'expédition des Portes de Fer, arriva à Constantine, il écrivit dans son journal : « Quelque préparé qu'on soit par des vues et des descriptions à l'aspect de la ville, sa situation extraordinaire frappe toujours fortement, et il n'y eut qu'un cri d'admiration, dans la colonne, autant pour la beauté du site que pour la bravoure de ceux de nos camarades qui, plus heureux que nous, ont conquis à la France ce boulevard presque inexpugnable. Tu devines combien j'ai songé à Nemours et à toute la gloire qu'il s'est acquise. » Le vainqueur de Constantine, le prince à côté de qui le général Damrémont avait été tué, et qui avait pris une si grande part au plus beau fait d'armes de l'armée d'Afrique, aurait pu être facilement populaire, s'il l'avait voulu. Mais il fuyait la renommée autant que d'autres la courtisent. Homme de devoir avant tout, il ne recherchait qu'un seul suffrage, celui de sa conscience.

Le gouvernement espérait qu'en raison des services militaires du duc de Nemours, et à l'occasion de son mariage, il serait facile d'obtenir des Chambres une dotation en sa faveur. Le 25 janvier 1840, le maréchal Soult, président du conseil, annonçait à la Chambre les fiançailles du prince, et déposait un projet de loi qui lui attribuait une dotation de cinq cent mille francs, et à la princesse, en cas de survivance, un douaire de trois cent mille. La commission nommée par les bureaux fut favorable. Mais, au bout de quelques jours, l'opposition et ses journaux poussèrent de telles clameurs que la Chambre en fut intimidée. Sous ce titre : « Questions scandaleuses d'un jacobin au sujet d'une dotation », M. de Cormenin publia une brochure pleine de fiel, qui eut un retentissement immense. Louis Blanc a écrit : « Rien ne manqua de ce qui était de nature à prouver que la bourgeoisie n'avait ni le goût, ni l'intelligence du régime monarchique, et que si elle tenait à la royauté, c'était uniquement comme à un plastron. » Les ambitieux saisirent l'occasion de renverser le ministère. La discussion avait été fixée au 20 février 1840. La veille, dix-sept orateurs étaient inscrits pour combattre le projet. Mais au dernier moment, l'opposition se décida à étouffer la loi sous un vote muet. Les orateurs inscrits renoncèrent à la parole, et à la majorité de six voix, — deux cent vingt-six contre deux cent vingt, — la Chambre décida qu'elle ne passerait point à la discussion des articles. Le maréchal Soult et ses collègues : le général Schneider, l'amiral Duperré, le comte Duchâtel, MM. Teste, Cunin-Gridaine, Dufaure, Villemain, Passy, donnèrent leur démission. « C'est comme à Constantinople, s'écria M. Villemain, nous venons d'être étranglés par des muets. » L'un des adversaires du cabinet murmura : « C'est souvent le sort des eunuques. »

Le vote de la Chambre, résultat d'une coalition entre la gauche et les partisans de M. Thiers, prouvait combien le sentiment monarchique était déjà oblitéré en France. Henri Heine faisait à ce sujet les réflexions suivantes, dans une correspondance adressée à la *Gazette d'Augsbourg* : « Le rejet de la dotation, et surtout le silence dédaigneux avec lequel on la rejeta, ne furent pas seulement une offense pour la royauté, mais aussi une injuste folie ; — car, en arrachant peu à peu à la couronne toute puissance réelle, il fallait au moins la dédommager par une magnificence extérieure, et rehausser plutôt que rabaisser sa considération morale aux yeux du peuple. Quelle inconséquence! Vous voulez avoir un monarque, et vous lésinez sur les frais de l'hermine et des joyaux! Vous reculez d'effroi devant la république, et vous insultez publiquement votre roi, comme vous l'avez fait dans la question de dotation ! Et certes, ils ne veulent pas la république, ces nobles chevaliers de l'argent, ces barons de l'industrie, ces élus de la propriété, ces enthousiastes de la possession paisible, qui forment la majorité du parlement français. Ils ont encore plus horreur de la république que le roi lui-même, ils tremblent devant elle encore plus que Louis-Philippe, qui s'y est déjà habitué dans sa jeunesse, lorsqu'il était un petit jacobin. »

A la cour, la tristesse et le dépit furent extrêmes. L'organe du *château*, comme on appelait alors le *Journal des Débats*, s'écriait : « C'est sur la couronne même que porte le coup... Un second coup comme celui-ci abaisserait trop la monarchie pour ne pas risquer de l'anéantir. » La personne la plus affligée fut Marie-Amélie. « Je ne saurais trouver, a écrit M. Trognon, de termes pour dire à quel point la reine se sentit blessée au cœur ; c'était, à ses yeux, une des plus mortelles atteintes que pût recevoir la royauté, et son sentiment ne la trompait pas. » Le duc de Nemours était affligé d'avoir été, lui toujours si réservé, si modeste, l'occasion d'un changement de ministère ; mais il était très épris de sa fiancée, et la joie d'épouser une princesse si charmante, si douce et si bonne, ne tarda point à dissiper ce nuage.

Le duc d'Orléans, qui repartit pour l'Afrique le 2 avril 1840, n'eut pas le bonheur d'assister au mariage de son frère. Mais, avant de s'éloigner il lui adressa une lettre vraiment touchante, qui se terminait ainsi : « Prends bien ta femme dès le commencement. Montre-lui de la confiance, de l'abandon. C'est un placement à bien gros intérêts que tu feras là... Avec l'incertitude des choses de ce monde, peut-être ne te reverrai-je pas ; c'est ce qui m'autorise à te dire ce que je crois que tu dois faire pour être heureux et honorable, et tu ne peux être l'un sans l'autre. Aie les yeux fixés fermement sur l'avenir ; que le passé soit mort pour toi. Si de tristes pensées te viennent, au lieu de les cacher à ta femme, va droit les lui dire. Son affection, ses soins détendront la corde qui te fait souffrir. Elle s'attachera à toi par les soins qu'elle te donnera, autant que par l'affection que tu lui montreras... Un dernier mot, et j'aurai fini mon sermon. Le mariage est tout ou rien. Il n'y a pas de partage possible d'affection et de rapports intimes. Quand une brèche y est faite, si petite qu'elle soit, c'est comme le coussin à air percé par une épingle. Tout fuit par ce point invisible, le fardeau seul reste, et l'on a tiré à jamais ce qui le rend léger et doux. » Le duc de Nemours était digne de comprendre ces conseils si sages et si chrétiens. Il fut comme son frère un mari modèle.

La célébration du mariage eut lieu au palais de Saint-Cloud, le 27 avril 1840. Les témoins du duc de Nemours étaient le maréchal Soult, duc de Dalmatie, et le maréchal comte Gérard; ceux de la duchesse Victoire le comte Lehon, ministre de Belgique à Paris, et le baron de Bussières, ministre de France à Dresde. On se rendit à la galerie d'Apollon, qui avait été disposée pour le mariage civil. Le roi Louis-Philippe donnait le bras à la duchesse Victoire, et la reine Marie-Amélie au duc de Nemours. Venaient ensuite le roi Léopold, la duchesse d'Orléans, le duc Ferdinand de Saxe-Cobourg-et-Gotha, M$^{me}$ Adélaïde, la princesse Clémentine, le prince de Joinville, le duc de Montpensier, le duc Alexandre de Wurtemberg, le prince Auguste de Saxe-Cobourg-et-Gotha. Le duc d'Orléans et le duc d'Aumale, *absents pour le service du roi*, manquaient à la cérémonie. Dans la galerie d'Apollon, la famille et les témoins se réunirent autour d'une table circulaire sur laquelle étaient déposés les registres de l'état civil : au milieu les fiancés ; à la droite du duc de Nemours, le roi Louis-Philippe et le roi Léopold ; à gauche de la duchesse Victoire son père le duc Ferdinand de Saxe-Cobourg-et-Gotha, la reine Marie-Amélie, la duchesse d'Orléans; des deux côtés, en cercle, les princes et princesses, et ensuite les témoins. Le baron Pasquier, chancelier de France, reçut des fiancés la déclaration exigée par l'article 75 du Code civil, et prononça, au nom de la loi, qu'ils étaient unis en mariage. On procéda ensuite à la signature de l'acte, et l'on se rendit à la chapelle du palais où le mariage religieux fut célébré par l'évêque de Versailles.

M. Trognon a écrit au sujet de la duchesse de Nemours : « Une timidité excessive faisait seule ombre à l'éclat éblouissant de sa jeunesse et de sa beauté. On fut quelque temps avant de connaître le son de sa voix, tant elle tremblait en parlant; on fut plus longtemps encore avant de connaître ses aimables qualités et ses sérieux mérites, tant elle avait peur de se produire. La reine qui l'attira doucement à elle tarda moins que personne à l'apprécier, et lui voua une affection que les années ne firent qu'accroître. » La duchesse de Nemours fit pendant les dernières années du règne et pendant les premières années de l'exil la joie et la consolation de son époux. Quand elle mourut subitement le 10 novembre 1857, il éprouva le désespoir le plus profond. Ce n'est pas sans un serrement de cœur qu'il a vu disparaître jusqu'aux ruines de ce palais de Saint-Cloud, surtout de cette chapelle où avait été célébré son mariage. Quand les débris ont été mis en vente, il a acheté, comme souvenir, deux frontons aux armes de la famille d'Orléans et un bas-relief de la chapelle.

## XXII

LA DERNIÈRE CAMPAGNE DU DUC D'ORLÉANS.

Au moment où son frère le duc de Nemours se mariait à Saint-Cloud, le duc d'Orléans commençait en Algérie sa dernière campagne, terme d'une carrière militaire trop courte, mais noblement remplie. Le prince avait promis à l'armée d'Afrique de revenir dans ses rangs à l'heure du danger. Il tint parole. Abd-el-Kader avait repris l'offensive. Le 20 novembre 1839, au jour fixé par lui, Arabes et Kabyles s'étaient précipités comme une trombe sur la plaine de la Métidja. Les fermes européennes qui commençaient à s'y établir avaient été détruites, les colons mis en fuite ou massacrés. Le Sahel lui-même, ce massif montagneux auquel s'appuie Alger, avait paru menacé, et, la panique gagnant la ville, on avait armé les batteries de l'enceinte. Le 4 décembre, le duc d'Orléans écrivait au maréchal Valée : « Je partirai d'ici avec mon frère le duc d'Aumale, qui fera ses premières armes sous vos ordres. Je suis prêt à me mettre en route sur-le-champ... Jusque là je continuerai ce que j'ai fait depuis mon retour, je défendrai la colonie à Paris jusqu'à ce que j'aille la défendre à Alger, je plaiderai par tous les moyens une cause qui m'est chère, car c'est celle de la France. » Le prince de Joinville voulait, lui aussi, prendre part à la prochaine campagne d'Afrique, et, quoique marin, servir dans l'armée de terre. Le duc de Nemours le demandait aussi, bien qu'il fût sur le point de se marier. Il y avait, suivant une expression du duc d'Orléans, « un encombrement de fils du roi », pour solliciter l'honneur de combattre en Afrique.

Le prince royal ne se dissimulait pas les inconvénients que son absence de France pouvait entraîner, mais la question d'honneur dominait à ses yeux toutes les autres considérations. « Je n'ai pas de gloire à acquérir en Afrique, écrivait-il au prince de Joinville, car je n'aurai pas de bataille à livrer ni de siège à faire, et j'aurai tous les jours une escarmouche avec la chance d'une balle sans gloire dans le ventre, et qui pis est mille fois, d'une affaire malheureuse pour nos armes. J'aurai des difficultés énormes, un résultat très petit, des fatigues extrêmes de corps et d'esprit, un succès microscopique ou un revers que la malveillance rendra colossal. Pendant mon absence, la France peut être agitée profondément, je peux risquer ma couronne et être obligé de revenir de Marseille à Paris l'épée au poing. Je sais tout cela, je le sais parfaitement, et cependant je veux aller en Afrique... Quand ma conscience et la voix de l'honneur ont parlé en moi aucun calcul d'intérêt ne me retiendra jamais, et je verrais à Paris toutes les couronnes de la terre, à Alger la mort avec le point d'honneur que j'irais à Alger. »

La presse et l'opinion publique se préoccupaient vivement du départ du prince. On fit de grands efforts pour le retenir en France. Mais il insista si vivement que le roi et le conseil des ministres finirent par lui permettre d'aller rejoindre l'armée d'Afrique. « Mon départ a été autorisé hier soir, écrivait-il des Tuileries à sa sœur la reine des Belges, le 2 avril 1840, et je pars ce soir pour Alger.... J'ai le cœur bien gros en songeant à tout ce qui est en jeu. Mais la voix inflexible de ma conscience, qui n'a pas varié un instant, me guide et me rassure. Je me flatte que la providence qui sait, elle, quels sont mes vrais motifs, ne me fera pas acheter trop cher l'accomplissement d'un devoir sacré. Et du reste quelles que dussent être les conséquences du parti que je prends, il me restera toujours ce que j'aurais perdu en restant ici : l'estime de moi sans laquelle je ne pourrais ni comprendre ni rendre l'affection de ceux qui m'aimaient et me sont chers. Ma conscience me juge et Dieu la juge en dernier ressort. Pense toujours à moi, et crois que je t'aime bien tendrement. »

Le prince ne partait pas dans des conditions aussi heureuses que l'année précédente. Il n'était pas, comme alors, accompagné jusqu'au port d'embarquement par sa femme. La princesse, qui était enceinte (elle mit au monde le duc de Chartres le 9 novembre 1840), dut rester à Paris. Le duc d'Orléans laissait la France dans une situation grave à l'intérieur et à l'extérieur. Le rejet de la dotation du duc de Nemours était un funeste symptôme. La question d'Orient s'aggravait tous les jours. La paix de l'Europe courait des risques. Des pensées sombres envahissaient l'âme du prince. A Toulon, le 9 avril 1840, veille de son embarquement pour Alger, il fit son testament, et le jour où le duc d'Orléans arriva à Alger avec son frère le duc d'Aumale — 13 avril 1840 — il s'occupa encore de son testament, et y ajouta ces quelques lignes : « J'ai omis, dans la précipitation avec laquelle j'ai rédigé, à Toulon, mon acte du 9 avril 1840, d'y indiquer que je désirais laisser un souvenir aux duchesses de Massa et de Talleyrand, à M. Guérard, et un objet d'art ou une arme à mon filleul, le fils de lady Seymour. »

Les deux princes quittèrent Alger le 17 avril, et à Bouffarick, le duc d'Orléans prit le commandement de sa division. Le duc d'Aumale, alors chef de bataillon d'infanterie, était attaché à l'état-major de son frère. Le jeune prince reçut brillamment le baptême du feu. Le 29 avril, au combat de Ouedjez, il fut envoyé par le duc d'Orléans pour ordonner à la cavalerie d'attaquer l'ennemi ; il chargea avec elle, et fit, par sa bravoure, l'admiration de ses compagnons d'armes.

Le 12 mai, l'armée forçait le col de Mouzaïa. Des travaux importants y étaient exécutés par les sapeurs pour rétablir la route ouverte en 1836, mais fortement dégradée, et même entièrement coupée par suite d'éboulements. Abd-el-Kader occupait avec ses réguliers et ses auxiliaires, les crêtes et le piton qui dominaient le passage. Ainsi défendue, cette forteresse naturelle semblait inaccessible. Elle fut cependant enlevée ; la compagnie des sapeurs, qui travaillait à l'avant-garde, prit part à l'attaque sous les ordres du duc d'Orléans. Au delà du col, la route n'avait encore jamais été rendue praticable pour l'artillerie. Les troupes du génie commencèrent aussitôt les travaux, au milieu de difficultés de toute espèce, tandis que l'infanterie, dirigée par des officiers du génie, éleva, pour garder le col, des fortifications. Le 14, les sapeurs avaient déjà exécuté près d'une lieue de route. Malgré le feu des tirailleurs arabes, ils parvinrent, protégés par le 23ᵉ de ligne, les zouaves et les chasseurs de Vincennes, jusqu'au bois des Oliviers, où un brillant combat fut livré, le 16 mai. Le duc d'Orléans et le maréchal Valée félicitèrent les sapeurs du zèle et du courage au-dessus de tout éloge qu'ils avaient déployés pendant ces périlleuses et pénibles opérations. Le lendemain, 17 mai, l'armée occupait Médéah. Le succès de la campagne fut complet, mais chèrement acheté. Le général de Rumigny, aide-de-camp du roi, et le général de Marbot, aide-de-camp du duc d'Orléans, reçurent des blessures qui prouvèrent qu'il y avait quelque risque à courir à côté des princes. Le capitaine Munster, officier d'ordonnance du duc d'Orléans, fut blessé mortellement.

Les deux princes avaient reçu de leur père l'ordre de quitter l'Algérie aussitôt que la campagne serait terminée. Les affaires se compliquaient en Europe, et l'on pouvait penser alors qu'ils seraient bientôt appelés sur des champs de bataille plus vastes et plus dangereux encore que ceux d'Afrique.

Le 22 mai, au camp de Bélidah, le maréchal Valée fit connaître aux troupes la lettre que le duc d'Orléans venait de lui adresser, avant de quitter le commandement de sa division. Cette lettre était ainsi conçue :

« Au moment, mon cher maréchal, de me séparer encore de l'armée d'Afrique, après la glorieuse campagne qu'elle vient d'accomplir sous vos ordres, et à laquelle mon frère le duc d'Aumale et moi sommes si heureux d'avoir pu prendre part, je viens vous demander d'être mon interprète auprès de toutes les troupes que vous commandez. Veuillez assurer l'armée d'Afrique qu'après avoir admiré encore les qualités guerrières dont elle donne de si beaux exemples et avoir apprécié les services journaliers qu'elle rend avec tant de dévouement à la France, son souvenir restera toujours présent à ma pensée et ses intérêts me seront toujours bien chers. Veuillez surtout exprimer aux divisions d'Oran et de Constantine dont j'ai été assez heureux pour partager déjà les travaux dans d'autres occasions, combien j'ai regretté que la mission que le roi m'avait tracée ne m'ait pas permis de les visiter et de m'associer à leurs efforts actuels. Veuillez recevoir, mon cher maréchal, la nouvelle assurance de tous les sentiments d'estime et d'attachement que vous me connaissez pour vous. »

Le 27 mai, les princes, s'embarquant à Alger, repartirent pour la France. Vous deux avaient fait vaillamment leur devoir. Le plus jeune avait dignement marché sur les traces de l'aîné. Du Lazaret de Marseille, le duc d'Orléans écrivait à Madame Adélaïde, le 31 mai : « Je ramène Aumale sain et sauf, et s'étant admirablement conduit; » à la comtesse Lalaing d'Audenarde, le 1ᵉʳ juin : « Il me tarde de vous serrer la main dès mon retour, car je sais que votre amitié vraie, simple et sûre, se sera associée aux diverses vicissitudes du pèlerinage que je viens d'accomplir à la poursuite d'une parole que je rapporte, je crois, complètement dégagée, du moins ma conscience me le dit; » et au général Aupick, le 2 juin : « Il faut que, dès maintenant, je vous dise, et cela sans exaltation et sans partialité, que l'armée a été *heroïque*, et qu'on ne saura jamais — parce que, dans l'intérêt général, on ne doit pas le savoir — par quelles épreuves elle a passé, et ce qu'il lui a fallu dépenser, en permanence, de vertus guerrières de l'ordre le plus élevé. Vous avez joui, j'en suis certain, des succès de mon frère Aumale, ils sont bien mérités, car il a admirablement fait son devoir dans toutes les occasions. Voilà le quatrième fils de Louis-Philippe qui est entré en ligne, et entré par la bonne porte. Il tiendra toujours bien sa place, car je vous le donne comme étant des plus solides et des plus intelligents. » Les deux frères étaient de retour aux Tuileries le 4 juin. On comprend avec quelle joie ils furent reçus par leur famille. La duchesse d'Orléans, que sa grossesse fatiguait beaucoup, était faible, souffrante, très changée; mais le bonheur de revoir son mari lui rendit des forces.

## XXIII

LES MENACES DE GUERRE EUROPÉENNE.

A son retour en France, le duc d'Orléans trouva une situation diplomatique très tendue. Il y avait dans l'air des menaces de guerre européenne. La lutte du pacha d'Egypte, Méhémet-Ali, protégé de la France, contre le Sultan, appuyé par les quatre autres grandes puissances, surtout par l'Angleterre, donnait lieu aux complications les plus graves. Après la coalition intérieure de 1839 le gouvernement du roi Louis-Philippe voyait se dresser devant lui l'approche d'une coalition extérieure, bien plus redoutable encore. Les défiances des anciennes cours contre la monarchie de Juillet devenaient plus vives que jamais. L'empereur Nicolas rêvait d'être l'Agamemnon d'une ligue de rois contre un régime objet de son exécration. La haine héréditaire des Anglais contre la France se déchaînait avec fureur. Lord Palmerston se livrait à une politique de provocation. L'Autriche, croyant que le gouvernement français voulait révolutionner l'Italie, se rangeait du côté de l'Angleterre.

Le 8 juin 1840, quatre jours après la rentrée du duc d'Orléans aux Tuileries, mourait un souverain qui aurait pu jouer un grand rôle de conciliation, et qui était, plus que personne, capable d'apaiser les rancunes de la Prusse et de la France. Le roi Frédéric-Guillaume III, qui n'avait cessé de témoigner à Louis-Philippe une sympathie réelle, et qui était l'auteur du mariage du duc d'Orléans, eut pour successeur son frère Frédéric-Guillaume IV, dont les sentiments étaient tout opposés. Il exécrait la France, et la regardait comme la détentrice d'une partie de la terre germanique. Faisant allusion aux barricades de 1830, il appelait la couronne du roi des Français une couronne de pavés. « En France, disait-il au baron Stockmar, il n'y a plus ni religion, ni morale. C'est un état social entièrement pourri, comme celui des Romains avant la chute de l'empire; je crois que la France s'écroulera de la même manière. »

Cependant, les relations qui avaient existé entre la cour des Tuileries et la cour de Berlin produisirent encore leur effet, lors de l'avènement du roi Frédéric-Guillaume IV, et ce prince, ne laissant point paraître les sentiments secrets de son cœur, eut d'abord, à l'égard du roi Louis-Philippe, une attitude des plus correctes. Le général de Ségur envoyé à Berlin pour complimenter le nouveau monarque, reçut le plus courtois accueil. Le comte Bresson, ministre de France, écrivait à M. Thiers, le 11 juillet 1840 : « Le roi a dit au général de Ségur : Monsieur de Ségur, je suis charmé de vous voir, j'étais bien empressé de vous connaître personnellement, je me trouve heureux de pouvoir causer avec vous, avec l'auteur d'un si bel ouvrage, dont le nom est, par votre père et par vous, si célèbre. Je remercie le roi de vous avoir choisi, de m'avoir envoyé une personne d'une aussi haute distinction. Cette attention de sa part m'est bien sensible. C'est, comme vous le voyez, dans une bien triste circonstance ; mais il ne pouvait me faire un plus grand plaisir. » Le comte Bresson ajoutait dans sa dépêche : « Votre Excellence peut se féliciter pleinement de l'effet de cette mission ; il est complet et restera salutaire. »

L'entrevue du souverain et du général eut un caractère tout spécial de cordialité. Le général s'exprima ainsi : « J'ose vous dire combien je suis heureux et fier d'une mission dont le but est de renouveler et de resserrer de plus en plus une alliance si utile et si précieuse aux deux royaumes. » Le roi fit un signe d'assentiment, et dit : « Oui, en effet. — Votre Majesté me permettra-t-elle de lui dire aussi combien je me sens honoré de me trouver au pied de ce trône, élevé si haut par l'un des plus grands hommes des temps modernes, et que vient d'illustrer encore le meilleur, le plus sage et le plus regretté de tous les souverains?... Sire, le roi m'a expressément chargé de dire à Votre Majesté ce que je venais de voir à Neuilly. J'y ai vu, sire, un deuil profond, un véritable deuil de famille. J'y ai laissé la famille royale entièrement unie à votre royale famille par ses regrets, par ses vœux les plus ardents pour la prospérité de votre règne, par la vive et filiale reconnaissance de Mgr le duc d'Orléans pour le bonheur qu'il doit à votre auguste père, et pour l'inestimable présent que la Prusse a fait à la France. » Frédéric-Guillaume IV, visiblement ému, répondit qu'en effet le feu roi s'était vivement intéressé à ce mariage ; que lui-même était heureux du bonheur du prince royal ; qu'il demandait au roi de conserver pour lui les mêmes sentiments d'affection que pour son père ; que c'était tout ce qu'il désirait le plus ; que, de son côté, il ferait tout ce qu'il faudrait pour cela ; qu'enfin le roi pouvait compter sur tout son attachement.

Malgré tant de protestations, il y avait toujours entre la Prusse et la France l'éternelle question en litige, la question des frontières du Rhin. Le général de Ségur lui-même, qui échangeait avec Frédéric-Guillaume IV des paroles si amicales, était hanté par cette pensée. « Avant d'arriver à Berlin, a-t-il écrit dans ses mémoires, quel serrement de cœur j'éprouvai, en revoyant étrangères ces provinces rhénanes, que j'avais laissées françaises encore en 1814! Combien de fois je les avais triomphalement parcourues avec le premier consul ou l'empereur, alors qu'elles nous servaient de point de départ pour tant de victoires lointaines! Le Rhin lui-même, noble conquête, acquise au prix de tant d'efforts héroïques de notre jeune âge, avec quelle douleur je revis ses flots, jadis ployant sous notre grande armée victorieuse, et maintenant s'écoulant captifs sous d'autres maîtres! » La France et la Prusse pouvaient rester amies, mais à une condition, c'est que la question du Rhin ne serait pas soulevée.

Le général de Ségur quitta Berlin le 17 juillet 1840. L'avant-veille avait été signé à Londres par l'Angleterre, l'Autriche, la Prusse et la Russie un traité qui fit éclater en France une terrible explosion du dépit et de colère. Par ce traité signé contre la France et à son insu, les quatre puissances s'engageaient envers la Porte à lui donner l'appui dont elle aurait besoin pour réduire le pacha d'Égypte. Quand Paris apprit la nouvelle par les journaux du 26 juillet, l'excitation des esprits ne connut pas de bornes. Louis-Philippe, d'ordinaire si prudent et si calme, semblait exaspéré. La première fois qu'il vit les ambassadeurs d'Autriche et de Prusse, il leur dit avec un accent de colère dans la voix : « Vous êtes des ingrats. Mais cette fois ne croyez pas que je me sépare de mon ministère et de mon pays; vous voulez la guerre, vous l'aurez, et s'il le faut, je musellerai le tigre. Il me connaît, et je sais jouer avec lui. Nous verrons s'il vous respectera comme moi. » Comme, en sortant du cabinet de Louis-Philippe, l'ambassadeur d'Autriche priait la reine de calmer le roi, Marie-Amélie répondait qu'elle ne s'occupait pas de politique, mais qu'en ce qui touchait l'honneur français elle était aussi susceptible que le roi, et plus animée. M. Thiers et les autres ministres prenaient l'attitude la plus belliqueuse. Au moyen de crédits extraordinaires, et sans l'intervention des Chambres, ils faisaient des armements immenses et ordonnaient l'érection des fortifications de Paris. Les journaux ressemblaient à des clairons sonnant la charge.

L'effervescence était à son comble. Le prince Louis-Napoléon Bonaparte et le parti révolutionnaire voulurent en profiter pour l'accomplissement de leurs desseins. L'un fit sa tentative de Boulogne, le 6 août, l'autre essaya, le 7 septembre, une émeute à Paris. Les deux mouvements furent facilement étouffés dans leurs germes. Mais ils n'en étaient pas moins des symptômes extrêmement inquiétants pour l'avenir de la monarchie de Juillet.

Le patriotisme français, excité à outrance, se faisait les plus grandes illusions sur les chances de succès d'une guerre où une seule nation aurait à lutter contre quatre. Ame chaude et généreuse, le duc d'Orléans partageait les entraînements chevaleresques des jeunes Français de son époque ; la mort au champ d'honneur lui paraissait la plus belle des morts. Il y avait dans son attitude un mélange de mélancolie et d'irritation, de tristesse et d'ardeur. En songeant aux émeutes passées et aux émeutes futures : « J'aime mieux, disait-il, succomber sur les rives du Rhin ou du Danube que dans un ruisseau de la rue Saint-Denis. » Les dangers de la guerre avaient un grand attrait pour un caractère martial comme le sien. Mais, d'autre part, comme il chérissait plus que tout au monde sa fidèle et charmante compagne, il souffrait à l'idée que peut-être il devrait combattre le pays où elle était née.

Triste est la condition des femmes qui ont deux patries, quand ces deux patries sont en guerre l'une contre l'autre. Quelque sacrés que soient les liens du mariage, ils ne peuvent faire oublier à une femme sa terre natale et les souvenirs de son enfance et de sa jeunesse. La duchesse d'Orléans se rappelait avoir été princesse de Mecklembourg-Schwérin. Son cœur était déchiré quand elle entendait les invectives mutuelles que proféraient Français et Allemands. Elle qui avait tant souhaité l'apaisement, la concorde, l'amitié entre les deux grandes nations qu'elle aimait d'un égal amour, avec quelle douleur elle voyait s'évanouir ce beau rêve ! Il est regrettable qu'elle n'ait pas eu voix au conseil, lors de la crise de 1840. Elle aurait peut-être empêché des accès de chauvinisme inutiles qui, n'ayant été suivis d'aucun effet, nuisirent au prestige de la France et enhardirent ses adversaires.

Quelques journaux français avaient imprudemment débité des phrases sur les frontières du Rhin. Il n'en fallut pas davantage pour réveiller dans toute l'Allemagne les passions de 1813 et provoquer la revendication de l'Alsace et de la Lorraine. La gallophobie des Allemands devint tout de suite une véritable fureur.

Croyance à une résistance sérieuse de Méhémet-Ali, en Syrie, espoir de localiser la lutte en Turquie et de n'entrer en lice qu'avec l'Autriche, mirage d'un soulèvement des peuples opprimés, tout ne fut qu'aveuglement et illusions dans les calculs des hommes qui, en France, poussaient à la guerre. L'armée égyptienne ne fit rien de sérieux. Lord Palmerston écrivit le 22 septembre : « Une idée de Thiers semble être qu'il pourrait attaquer l'Autriche et laisser de côté les autres puissances. Je vous prie de le détromper sur ce point et de lui faire comprendre que l'Angleterre n'a pas l'habitude de lâcher ses alliés. » Les Polonais ne bougeaient pas. Les Italiens non plus. Le roi de Sardaigne, Charles-Albert, pressenti sur le rôle qu'il jouerait dans le cas d'une guerre entre les Autrichiens et les Français, ne dissimulait pas que ses préférences le porteraient plutôt vers l'Autriche absolutiste que vers la France de Louis-Philippe. Quand on a la patience de lire les journaux parisiens de 1840, quand on touche du doigt leurs erreurs, quand on compare à leurs rodomontades le résultat qu'il fallut accepter, on est stupéfait du mal que peut faire la presse lorsqu'elle substitue à la raison, au bon sens, au vrai patriotisme, ses entraînements, ses caprices, ses folies.

Le 11 septembre, une escadre anglaise, renforcée de quelques bâtiments autrichiens, jetait un corps de débarquement sur la côte de Syrie, tout près de Beyrouth. Le même jour, la flotte bombardait et détruisait à demi la ville, tandis que l'armée d'Ibrahim, campée sur les hauteurs voisines, assistait immobile au débarquement et au bombardement. Le vainqueur de Nézib était comme frappé de stupeur. Ces nouvelles parvinrent à Paris le 2 octobre, et la Bourse y baissa de quatre francs. Tout le monde croyait la guerre inévitable. On faisait queue devant les bureaux de recrutement comme devant les théâtres qui jouent une pièce en vogue. Le lendemain, Henri Heine écrivait : « Depuis hier soir, il règne ici une agitation qui surpasse toute idée. Le tonnerre du canon de Beyrouth trouve un écho dans tous les cœurs français. Moi-même j'en suis comme étourdi ; des appréhensions terribles pénètrent dans mon âme. La guerre est encore le moindre des maux que je redoute. A Paris, il peut se passer des scènes près desquelles tous les actes de l'ancienne révolution ne pourraient ressembler qu'à des rêves sereins d'une nuit d'été. L'ancienne révolution! Non il n'y a pas d'ancienne révolution, la révolution est toujours la même, nous n'en avons vu que le commencement, et beaucoup d'entre nous n'en verront pas le milieu. » Le préfet de police venait d'accorder à tous les théâtres la permission de jouer la *Marseillaise*. La colère de la population parisienne était arrivée à son paroxysme. Mais les quatre puissances alliées étaient bien résolues à n'en tenir aucun compte. Lord Palmerston avait écrit à Lord Granville : « Que les Français disent ce qu'ils voudront ; ils ne peuvent pas faire la guerre aux quatre puissances pour soutenir Méhémet-Ali. Voudraient-ils risquer une guerre maritime? Où trouveraient-ils des navires pour tenir tête à la flotte anglaise seule, sans parler de la flotte russe, qui en pareil cas, se joindrait à nous? Que deviendrait Alger, si la France était en lutte avec une puissance qui lui fût supérieure sur mer? Risqueraient-ils une guerre continentale? Pourraient-ils aider Méhémet-Ali en marchant sur le Rhin, et ne seraient-ils pas ramenés en arrière aussi vite qu'ils seraient venus? L'intérieur est-il si tranquille et si uni que Louis-Philippe aimât à voir les trois puissances du continent armées contre lui, et les deux prétendants à son trône, le Bourbon et le Bonaparte, trouvant, pour leurs prétentions, appuis au dedans et au dehors? C'est impossible... Une calme vue des choses doit nous convaincre que la France serait seule la victime d'une guerre entreprise par elle précipitamment par caprice et sans juste motif. » Le haineux ministre anglais ne se trompait pas. Tant de colères, tant de menaces aboutirent à la note du 8 octobre 1840, note si conciliante, si modérée, si terne que Lord Palmerston lui-même en fut surpris. Le Gouvernement français abandonnait la Syrie à la fortune de la guerre, sous cette seule réserve qu'il ne serait pas touché à l'Égypte. M. Thiers se reconnaissait vaincu ; il allait cesser d'être ministre, et il ne put jamais le redevenir jusqu'à la révolution du 24 février.

On frémit en pensant aux catastrophes qui, selon toutes probabilités, eussent été déchaînées sur la France si elle ne s'était pas arrêtée, en 1840, sur la pente où elle glissait. Une lutte si inégale et si mal engagée aurait pu conduire à un cataclysme, à un démembrement. La crise fut pleine d'enseignements. Si on les avait mieux étudiés, on se serait épargné de grands désastres, et l'on aurait compris une vérité qu'on oublia en 1866 et en 1870 : c'est que l'Allemagne, celle du sud aussi bien que celle du nord, était toujours, par rapport à la France, l'Allemagne de 1813. Les révolutions du 24 février et du 4 septembre, les horreurs de l'année terrible, la perte de l'Alsace et de la Lorraine, la proclamation de l'unité allemande étaient en germe dans la crise de 1840.

## XXIV

L'AFFAIRE DE BOULOGNE.

Une tentative bonapartiste avait eu lieu au moment même où la France luttait contre les plus grandes difficultés diplomatiques et se voyait menacée d'une guerre générale. Le gouvernement avait sa part de responsabilité dans cette tentative, car l'admiration enthousiaste qu'il ne cessait de professer pour les gloires napoléoniennes avait encouragé les espérances d'un parti que l'on croyait mort. Le président du conseil, M. Thiers, s'était fait l'apôtre d'un culte dont Napoléon était le Dieu. Le Dieu, c'est l'expression dont Victor Hugo s'était servi dans son Ode à la Colonne.

> Dors, nous t'irons chercher; ce jour viendra peut-être,
> Car nous t'avons pour Dieu sans t'avoir eu pour maître.

Le grand historien avait déjà conduit son œuvre jusqu'à la fin du Consulat, accompagnant, avec une ardente imagination toute méridionale, son héros à travers tant d'expéditions victorieuses et de champs de bataille. « C'est peut-être un malheur, écrivait alors Henri Heine, qu'il n'ait pas pris part aussi en esprit à la campagne de Russie et à la grande retraite. S'il était arrivé dans son livre jusqu'à Waterloo, son courage martial se serait peut-être un peu attiédi. » L'historien décida le gouvernement à une manifestation qui fut pour son œuvre la plus magnifique des réclames. Le 12 mai 1840, le comte de Rémusat, ministre de l'intérieur, montait à la tribune de la Chambre des députés, et, sans que rien eût fait prévoir une pareille communication, il déposait une demande de crédit d'un million pour le retour des cendres de l'Empereur. « Le roi, disait-il, a ordonné à S. A. R. M$^{gr}$ le prince de Joinville de se rendre, avec sa frégate, à l'île de Sainte-Hélène, pour y recueillir les restes mortels de l'empereur Napoléon... Ils seront déposés aux Invalides. Il importe que cette sépulture auguste ne demeure pas exposée sur une place publique au milieu d'une foule bruyante et distraite. Il convient qu'elle soit placée dans un lieu silencieux et sacré, où puissent la visiter avec recueillement tous ceux qui respectent la gloire et le génie, la grandeur et l'infortune. Il fut empereur et roi, il fut le souverain légitime de notre pays. A ce titre, il pourrait être inhumé à Saint-Denis. Mais il ne faut pas à Napoléon la sépulture ordinaire des rois. Il faut qu'il règne et commande encore dans l'enceinte où vont se reposer les soldats de la patrie et où iront toujours s'inspirer ceux qui seront appelés à la défendre. » M. de Rémusat termina ainsi son discours, interrompu presque à chaque phrase par des acclamations enthousiastes, sur tous les bancs de la Chambre : « La monarchie de 1830 est l'unique et légitime héritière de tous les souvenirs dont la France s'enorgueillit. Il lui appartient, sans doute, à cette monarchie qui, la première a rallié toutes les forces et concilié tous les vœux de la Révolution française, d'élever et d'honorer sans crainte la statue et la tombe d'un héros populaire, car il y a une chose, une seule, qui ne redoute pas la comparaison avec la gloire, c'est la liberté. »

Au milieu d'un engouement universel, un seul homme osa faire quelques réserves, c'était M. de Lamartine. Le poète orateur s'exprima ainsi, à la tribune, le 26 mai 1840 : « Je ne suis pas de cette religion napoléonienne, de ce culte de la force, que l'on voit, depuis quelque temps, se substituer, dans l'esprit de la nation, à la religion sérieuse de la liberté. Je ne crois pas qu'il soit bon de déifier ainsi sans cesse la guerre, de surexciter les bouillonnements déjà trop impétueux du sang français qu'on nous représente comme impatient de couler après une trêve de vingt-cinq ans, comme si la paix, qui est le bonheur et la gloire du monde, pouvait être la honte des nations. »

La reine Marie-Amélie, qui avait toujours redouté pour l'avenir de la monarchie de Juillet le développement de la légende napoléonienne, s'associait complètement aux idées de M. de Lamartine. Comme lui, elle redoutait « ces ovations, ces cortèges, ces couronnements posthumes, cet ébranlement de toutes les imaginations du peuple, ces spectacles prolongés et attendrissants, ces récits, ces publications populaires, ces bills d'indemnité donnés au despotisme heureux, ces adorations du succès. » Comme lui, elle demeurait inquiète, et comme lui elle souhaitait « qu'on ne suscitât de cette cendre ni la guerre, ni la tyrannie, ni des légitimités, ni des prétendants. »

Lord Palmerston en accordant au gouvernement français l'autorisation demandée, n'avait pu cacher un sourire quelque peu railleur. On aurait dit qu'il prévoyait que le retour des cendres de l'Empereur serait le germe du coup d'État et du second Empire.

Le 7 juillet 1840, la frégate la *Belle-Poule*, sous les ordres du prince de Joinville, avait mis à la voile pour Sainte-Hélène. Le 6 août, Louis-Napoléon Bonaparte débarquait à une lieue de Boulogne, sur la plage de Vimmereux, pour revendiquer la couronne impériale. « Boulogne-sur-Mer, a écrit le général de Ségur, n'était point comme Strasbourg une forteresse qui lui pût servir de base d'opérations. Il n'y avait point là de colonel de régiment, pas un seul officier de peloton qu'on lui eût acquis. Une offre de quatre cent mille francs au général commandant du département du Nord avait même été, dit-on, repoussée. Son unique point d'appui pour rentrer en France ne consistait donc que dans sa foi en son droit et en son nom, quelques écrits répandus dans les casernes, et une soixantaine de partisans. Ceux-ci, la plupart à Londres comme lui, se composaient moitié de domestiques qu'il déguisa en soldats du 42$^{me}$ de ligne, et moitié d'officiers supérieurs et subalternes, officiers sans troupes, tous, ou retraités, ou réformés, ou démissionnaires, ou déserteurs. »

Débarquer avant le jour, enlever les soldats du 42$^e$, publier des proclamations nommant M. Thiers président du gouvernement provisoire et le maréchal Clausel commandant en chef de l'armée de Paris, s'emparer de Boulogne et des cinq mille fusils enfermés dans le château ; se porter ensuite sur les places du Nord où l'on se croyait assuré du concours du général Magnan (l'un des futurs auteurs du coup d'État de 1851) et enfin marcher sur Paris, tel était le plan du prince. La partie, à peine commencée, fut perdue. Débarquement sur la plage de Vimmereux entre trois et quatre heures du matin; refus des douaniers de se joindre à l'expédition ; arrivée à Boulogne-sur-Mer deux heures plus tard; premier échec devant le petit poste d'Alton; second échec à la caserne du 42$^e$; coup de pistolet tiré par Louis-Napoléon (la balle va se loger dans le cou d'un grenadier) ; marche vers la ville haute ; troisième échec au pied de la colonne élevée à la gloire de la Grande-Armée ; réunion de la garnison, de la garde nationale et de la population aux cris de : Vive le Roi ! dispersion des conjurés, les uns allant se cacher dans la ville, les autres dans la campagne ; le prince et cinq de ses complices se jetant dans une barque, l'un est tué par une balle, l'autre est blessé, le troisième se noie ; Louis Napoléon se voyant près d'être pris et s'écriant : « J'aime mieux me laisser disparaître au fond des flots que de reparaître captif en France » ; M. de Persigny, son futur ministre, le rendant à la vie par ce seul mot : Et l'Empire donc ! — le prince se jetant à la mer, dans l'espoir de gagner à la nage le paquebot sur lequel il était venu, mais arrêté au milieu des vagues, avec ses trois compagnons, par cinq canotiers et deux gendarmes : telles furent les phases d'une entreprise que le public siffla d'abord, et sans laquelle pourtant il n'y aurait peut-être pas eu de second Empire.

Le prince prisonnier fut conduit à la forteresse de Ham, sous l'escorte des gardes municipaux envoyés de Paris et d'un détachement du 2ᵉ dragons alors en garnison à Amiens. Transféré à la Conciergerie, il y arrivait le 13 août entre minuit et une heure, et y occupait la chambre qui avait été celle de Fieschi, tout près des cachots de Marie-Antoinette, des Girondins, de Philippe-Égalité, du maréchal Ney, de Lavalette. Pour installer dans la prison le prince et les dix-huit accusés qui allaient comparaître avec lui, au Luxembourg, devant la Chambre des pairs, on évacua sur Saint-Lazare un certain nombre de femmes.

Commencé le 28 septembre, le procès finit le 6 octobre. L'un des juges, le général de Ségur, a écrit à propos du prince : « Nous sûmes de ses défenseurs eux-mêmes, confondus d'étonnement jusqu'à lui croire un accès de folie, que, bien moins préoccupé de sa défense présente que de son avènement futur, il ne répondait à leurs instances qu'en les entretenant des améliorations diverses que son Gouvernement à venir nous apporterait. Pour nous, l'impression qui nous resta de l'audience fut une surprise différente. Il nous parut taciturne, sans prétentions vaniteuses, sans amour-propre apparent. Nous le vîmes même singulièrement peu soucieux de l'effet qu'il produisait sur notre Assemblée. J'ajouterai que, pendant les débats, sa physionomie nous sembla sans expression, son regard sans feu, son attitude simple, sans embarras, et d'une fermeté même assez digne, mais calme jusqu'à l'impassibilité : autre anomalie singulière, autre contraste inattendu avec l'impatiente témérité de ses coups de tête. »

Prenant la parole avant l'interrogatoire, le futur empereur s'exprima ainsi : « Je représente devant vous un principe, une cause, une défaite. Le principe, c'est la souveraineté du peuple; la cause, celle de l'empire; la défaite, Waterloo. Le principe, vous l'avez reconnu; la cause, vous l'avez servie; la défaite, vous voulez la venger. Non, il n'y a pas de désaccord entre vous et moi, et je ne veux pas croire que je puisse être voué à porter la peine des défections d'autrui. Représentant d'une cause politique, je ne puis accepter, comme juge de mes volontés et de mes actes, une juridiction politique : Vos formes n'abusent personne. Dans la lutte qui s'ouvre, il n'y a qu'un vainqueur et un vaincu. Si vous êtes les hommes du vainqueur, je n'ai pas de justice à attendre de vous, et je ne veux pas de votre générosité. » Le défenseur du prince fut le grand orateur légitimiste, Berryer. « On veut vous faire juges, s'écria-t-il dans son plaidoyer; on veut vous faire prononcer une peine contre le neveu de l'Empereur, mais qui êtes-vous donc? Comtes, barons, vous qui fûtes ministres, généraux, sénateurs, maréchaux, à qui devez-vous vos titres, vos honneurs? » Parmi les complices du prince, quatre furent acquittés et quatorze condamnés à des peines variant de la déportation à deux ans de prison. La peine du prince lui-même fut un emprisonnement perpétuel, que réduisit à cinq ans et neuf mois son évasion de Ham. Le 22 juillet 1849, revoyant, comme président de la République, la forteresse où il avait été prisonnier, il dira : « Aujourd'hui qu'élu par la France entière, je suis devenu le chef légitime d'une grande nation, je ne saurais me glorifier d'une captivité qui avait pour cause l'attaque contre un gouvernement régulier. Quand on a vu combien les révolutions les plus justes entraînent de maux après elles, on comprend à peine l'audace d'avoir voulu assumer sur soi la terrible responsabilité d'un changement. Je ne me plains donc pas d'avoir expié ici, par un emprisonnement de six années, ma témérité contre les lois de ma patrie. »

Au moment où elle se produisit, la tentative de Boulogne fut traitée d'extravagante, même par les Bonapartistes, même par le père de Louis-Napoléon, par l'ancien roi de Hollande qui déclarait, dans une lettre publique que son fils « était tombé, pour la troisième fois, dans un piège épouvantable, dans un effroyable guet-apens, puisqu'il est impossible qu'un homme qui n'est pas dépourvu de moyens et de bon sens se soit jeté de gaieté de cœur dans un tel précipice. » Si le père du prince s'exprimait ainsi, on devine le langage qui se tenait autour de Louis-Philippe. Le duc d'Orléans écrivait, au lendemain de la tentative avortée : « La scène a été d'un ridicule *fabuleux*... Vraiment, si cette bande de flibustiers s'était jetée sur le Tréport, un jour où le Roi y était, ils pouvaient l'enlever : c'est à faire dresser les cheveux sur la tête. » Les Orléanistes n'avaient point assez de lazzis, de dédain, de risées pour celui que M. Doudan appelait, en haussant les épaules, « ce petit nigaud impérial ». « Je ne vous parle pas de l'échauffourée de Louis-Bonaparte, écrivait le prince de Metternich à l'ambassadeur d'Autriche; je n'ai pas le temps de m'occuper de toutes les folies de ce bas monde. » Il ajoutait, toutefois, non sans malice : « Mais que dire du titre de souverain légitime que M. de Rémusat a si généreusement départi à Napoléon I$^{er}$? Si M. de Rémusat a eu raison, il est clair que Louis-Bonaparte n'a pas eu tort. » M. Thiers s'écria, un jour, à la tribune : l'Empire est fait. Il aurait pu dire aussi : Et personne plus que moi n'a contribué à le faire !

## XXV

L'ATTENTAT DE DARMÈS.

Le 6 octobre 1840, les membres de la Chambre des pairs, après la condamnation de Louis-Napoléon, s'étaient séparés avec l'espoir d'un peu de repos. Mais neuf jours s'étaient à peine écoulés qu'ils étaient déjà rappelés en haute cour. Une nouvelle tentative de meurtre venait d'être dirigée contre le roi.

Le 15 octobre, à cinq heures cinquante-cinq minutes du soir, une voiture dans laquelle se trouvaient Louis-Philippe, la reine et Madame Adélaïde allant des Tuileries à Saint-Cloud, passait devant le poste du Lion, sur le quai, à la hauteur de l'endroit où finit la terrasse du bord de l'eau, près du pont de la Concorde. Le roi, s'inclinant pour saluer, se montrait à la portière, quand, à douze pas de lui, près du factionnaire masqué par un poteau d'éclairage, une détonation éclata. Enveloppée d'un nuage de fumée, la voiture disparut un instant aux regards des troupes du poste. Le valet de pied, assis sur le siège de derrière, recevait une balle dans la jambe. Un des gardes nationaux à cheval de l'escorte, M. Bertolacci, était légèrement blessé à la main. Mais ni le roi, ni la reine, ni Madame Adélaïde n'avaient été atteints. Les soldats du poste, se précipitant sur le meurtrier, l'arrêtèrent. Il ne fit aucune résistance. « Me voilà! dit-il, c'est moi. Je ne m'en vais point. Ne me faites pas de mal, je suis blessé pour ma vie. » Et en effet la carabine dont il s'était servi, étant chargée jusqu'à la gueule, avait crevé, et la moitié de la main gauche du meurtrier venait d'être emportée. « Maudite carabine! s'écria-t-il. J'avais pourtant visé juste! Mais je t'avais trop chargée. »

Interrogé au poste, l'assassin répondit ainsi aux premières questions qui lui furent posées :

— Comment vous appelez-vous?

— Conspirateur.

— Quelle est votre profession?

— Exterminateur de tyrans.

— Qui a pu vous pousser à un crime si horrible?

— Je ne suis pas un conspirateur exploité. J'ai suivi l'impulsion de la nature.

— Depuis combien de temps nourrissiez-vous votre projet?

— Depuis une heure. J'ai voulu délivrer la

France du plus grand tyran qu'elle ait jamais eu.

Le général de Ségur qui jugea le meurtrier a écrit : « Ce vil assassin s'appelait Marius Darmès. C'était un Marseillais; il était âgé de quarante-trois ans, et conséquemment né sous le Directoire : prénom, lieu et date de naissance qui peuvent le faire supposer issu de quelque démagogue sanguinaire de notre première révolution. Celui-là, sans être lâche comme le premier assassin du Pont-Royal, ou mercenaire comme Fieschi, ou aussi brutalement féroce qu'Alibaud, ou stupide comme Meunier, était plus vicieux qu'eux tous. Son père était mort à l'hôpital. Lui-même, disgracié de la nature, d'une physionomie triviale, trapu, presque difforme, tantôt portier, tantôt homme de peine, il avait pourtant trouvé dans Paris une femme, et même une dot de six mille francs, qu'il avait mangée au jeu; puis cinq autres mille francs qu'il avait volés à sa mère, et dissipés pareillement. Dès lors, tel que la plupart de nos démagogues révolutionnaires, l'espoir de se sauver d'un désordre privé dans un désordre public l'avait éperdument lancé dans le communisme. » Déclamant avec fureur contre la société, surtout contre la bourgeoisie, Darmès avait, dans les banquets anarchistes que tolérait le ministère, parlé aux pauvres de la dureté des riches, aux ouvriers de l'exploitation par les patrons. Communiste exalté, il venait de passer de la propagande par la parole à la propagande par le fait. Quand il entra dans le cabanon qui lui était destiné à la Conciergerie, il demanda si c'était là la chambre du citoyen Alibaud. « Je n'ai pas de complice, dit-il, je voulais sauver la France. » Puis, parlant avec exaltation de la Pologne et de l'Italie : « Si j'avais réussi, ajouta-t-il, elles eussent été sauvées, et Soliman-Pacha eût été délivré. » Au moment du crime, Darmès était dans un dénuement extrême. L'avant-veille, il était resté près de vingt-quatre heures sans manger. Dans son fanatisme haineux, il y avait de la fureur, de la rage, de l'hallucination.

Le soir même de l'attentat, le duc d'Orléans écrivait à la reine des Belges : « Jeudi 15 octobre 1840. J'arrive à l'instant à Saint-Cloud, ma bien chère amie, mon premier besoin, en apprenant cette affreuse tentative ayant été de venir embrasser le roi si heureusement échappé encore à ce cruel danger. J'apprends que la reine t'écrit, et dans la première émotion, œuvre de cette terrible secousse, mon cœur se reporte vers toi, ma chère Louise, et te dit : La protection qui entoure le roi a encore veillé sur lui dans cette circonstance critique. Que l'amertume profonde du moment soit au moins compensée par la confiance dans l'avenir ! Cet événement va exercer une influence considérable sur l'état des esprits en France et à l'étranger. J'aurais bien à t'en dire sur ce point, mais je suis tout entier à l'émotion de savoir le roi sain et sauf. Qui peut souffrir plus que moi dans ces affreux moments? Adieu, tout à toi de cœur et d'âme; il semble que lorsqu'on est ainsi remué, on aime encore plus ceux qui nous sont chers. Présente mes hommages et mes amitiés à ton excellent mari, et embrasse les enfants pour moi. Puissent-ils avoir moins d'épreuves que nous! »

Tout en remerciant Dieu avec effusion d'avoir sauvé les jours du roi, Marie-Amélie restait profondément troublée; elle n'avait plus de sommeil.

Dans le premier moment, Louis-Philippe dit au comte Duchâtel que l'attentat était le fruit des attaques de la presse, que ses ministres paraissaient peu s'entendre, qu'il voyait bien que tout cela se détraquait, et que la première fois qu'on lui mettrait le marché à la main, il l'accepterait. Au fond, le souverain, plus ferme, plus résolu que jamais, n'était nullement découragé. Il avait tout de suite compris, avec sa perspicacité habituelle, le parti qu'il pouvait tirer de l'impression produite par l'attentat. L'indignation se manifesta dans tous les rangs de la société. Les anarchistes eux-mêmes eurent un moment de stupeur qui mit une trêve à leurs déclamations. Quant aux conservateurs, ils voulurent faire remonter la responsabilité du crime non seulement à la connivence du parti révolutionnaire, mais encore à la faiblesse du ministère qui se laissait intimider par les hommes de désordre. La nouvelle, éclatant au milieu d'un public déjà très animé et très inquiet de la situation générale, eut un retentissement immense. On lisait dans le *Constitutionnel* : « Le misérable qui tirait aujourd'hui sur le roi tirait, on peut le dire, sur la France elle-même. Si son coup de carabine eût porté juste, qui sait s'il n'eût pas été le premier coup de feu de la coalition contre la France? » Le *Temps* s'exprimait ainsi : « Dans les circonstances actuelles, une pareille tentative est un crime de lèse-nation. Lorsqu'à la veille d'une guerre, on accumule chaque jour contre le gouvernement établi les imputations les plus flétrissantes, quand on l'accuse de trahison, de lâcheté, de corruption, de toutes les infamies, et de la plus grande de toutes, de connivence avec les ennemis du pays, peut-on prétendre échapper au reproche de provocation?... Vous n'êtes point solidaires du crime, mais vous en êtes les instigateurs involontaires. Vous parlez aux passions, et les passions vous interprètent par la violence et les attentats. Et cependant l'étranger nous contemple; et ces criminelles tentatives le réjouissent et lui prêtent des forces. Ce sont pour lui des arguments contre notre ordre social, des espérances de victoires et de conquêtes, un encouragement à nous insulter, à nous opprimer, s'il le pouvait... On le voit bien aujourd'hui, un attentat contre la vie du roi est une machine infernale dirigée contre la nation. »

Le *Journal des Débats*, après avoir énuméré les actes de clémence du souverain, s'écriait : « Qu'on nous cite dans l'histoire un prince qui ait plus pardonné! Voilà le tyran, voilà l'oppresseur contre lequel depuis dix ans s'arme, à tour de rôle, le bras des assassins! Il y a une famille en France, une seule famille, qui n'a ni un jour, ni un moment de sécurité, à laquelle ni ses vertus, ni son infatigable bonté ne servent de bouclier contre la haine de quelques séides désespérés, une famille qui ne veille que pour la France, et que son dévouement même à la France expose la première aux coups des assassins; cette famille, c'est la famille royale. » La feuille du château, ajoutait : Nous avons tous intérêt à remonter à la cause d'un fléau qui attaque jusque dans son principe la vie sociale. Cette cause, quelle est-elle? nous ne la cacherons pas, c'est la licence révolutionnaire, licence des écrits, licence des discours, provocations ardentes jetées incessamment au milieu des populations... La guerre peut éclater d'un jour à l'autre, une guerre générale. Les préparatifs que le gouvernement a été forcé de faire, ces levées d'hommes, ces achats d'armes et de chevaux, ce mouvement belliqueux qui a tout à coup succédé au calme de la paix, ont profondément ébranlé les esprits. Toute la France est dans l'attente de quelque grand événement. Et voilà le moment qu'on a pris pour ajouter à l'excitation des circonstances tout ce que le langage et les passions révolutionnaires ont de plus irritant. Dans plusieurs de nos grandes villes, des rassemblements tumultueux ont commencé à troubler la paix publique. On a hautement menacé les Chambres, on s'est moqué de la légalité et de la Charte. Je ne sais quel air de révolution s'est répandu dans tout le pays. De ce moment, nous le déclarons, nous n'avons pas douté que quelque malheur ne fût imminent. Hier, à six heures du soir, un assassin tirait sur le roi. »

Louis-Philippe profita avec une rare habileté du mouvement de réaction qui se produisait. Il s'en servit non seulement pour ramener au pouvoir le parti conservateur, mais pour enrayer la politique belliqueuse vers laquelle on essayait de l'entraîner. Il comprit que la France ne pouvait lutter seule contre une coalition de l'Angleterre, de l'Autriche, de la Prusse et de la Russie. La guerre, dans de pareilles conditions, c'était, selon toutes les probabilités, l'invasion, le démembrement de la France et la chute de la dynastie.

Le 21 octobre, le roi écrivait à M. Guizot, alors ambassadeur à Londres : « Vous appréciez dignement ma position, et vous sentez combien elle est aggravée par les dangers auxquels les êtres les plus chers à mon cœur sont exposés, en m'accompagnant. La protection divine les a encore préservés, ainsi que moi ; elle me donnera la force de continuer cette résistance tenace aux fureurs de l'anarchie qui veut la guerre à tout prix. J'espère les déconcerter, et, quelles que soient leurs tentatives, je ne fléchirai pas devant elles. » Les Chambres étaient convoquées pour le 28 octobre. Il fallait prendre, sans plus tarder, une décision définitive. M. Thiers et ses collègues proposèrent au roi, pour le discours du trône, une rédaction qui aurait donné à l'opinion publique et à la diplomatie une orientation belliqueuse. Les ministres voulaient faire dire au souverain : « La France est fortement attachée à la paix, mais elle ne l'achèterait pas à un prix indigne d'elle, et votre roi, qui a mis sa gloire à la conserver au monde, veut laisser intact à son fils ce dépôt sacré d'indépendance et d'honneur national que la Révolution française a mis dans ses mains. » Un tel langage aurait fait croire que la guerre était imminente, Louis-Philippe refusa de le tenir, et le ministère donna sa démission, le 20 octobre.

L'interrègne ministériel fut agité. Les promenades nocturnes de manifestants qui chantaient la *Marseillaise* devenaient menaçantes. On annonçait des complots régicides, des émeutes, une révolution. Les journaux de gauche parlaient d'une prochaine abdication du roi. Louis-Philippe, loin de faiblir, prit une attitude énergique qui déconcerta ses ennemis. Le 29 octobre, il signa les ordonnances qui nommaient le nouveau ministère. Le maréchal Soult avait la guerre et la présidence du conseil; M. Guizot les affaires étrangères; l'amiral Duperré la marine; le comte Duchâtel l'intérieur; M. Humann les finances; M. Teste les travaux publics; M. Martin (du Nord) la justice; M. Villemain l'instruction publique; M. Cunin-Gridaine le commerce. La cause de la paix était gagnée.

Henri Heine écrivait le même jour : « De formidables projets de guerre étaient encore projetés, et voilà la raison pour laquelle le roi, avant la réunion des Chambres, devait à tout prix se débarrasser de son ministre trop belliqueux, de cet armateur malencontreux, de ce chef de tous les tambours (je m'abstiens du mot tambour-major pour des raisons que vous devinez), il devait se défaire, dis-je, de ce chef de tous les tambours qui battait le réveil de la guerre d'une façon aussi étourdie qu'étourdissante. Quelques têtes bornées de la Chambre des députés crieront maintenant, il est vrai, sur des dépenses inutiles, ne réfléchissant pas que ce sont justement ces préparatifs de guerre qui nous ont peut-être conservé la paix. Une épée tient l'autre dans le fourreau. La grande question, si la France a été offensée ou non par les procédés qui accompagnèrent le traité de Londres, sera maintenant débattue dans la Chambre. Mais pour l'instant nous avons la paix, et au roi Louis-Philippe revient le mérite d'avoir fait preuve d'autant de courage pour la conservation de la paix que Napoléon en déploya pour la guerre. Oui, ne riez pas, il est le Napoléon de la paix! » Pendant ce temps, le prince de Joinville, ramenant de Sainte-Hélène les restes de l'Empereur, traversait l'Océan.

## XXVI

LE PRINCE DE JOINVILLE A SAINTE-HÉLÈNE.

Le 7 juillet 1840 la frégate la *Belle-Poule*, sous les ordres du prince de Joinville, avait mis à la voile pour l'île de Saint-Hélène. Né à Neuilly, le 14 août 1818, le troisième fils du roi Louis-Philippe avait déjà de brillants états de services dans la marine. Agé de treize ans il s'était embarqué comme élève à bord de l'*Artémise*. En 1834, il avait passé avec succès ses examens publics à Brest. En 1835, il était à côté du roi, lors de l'attentat Fieschi, et avait, par son sang-froid et sa présence d'esprit, contribué à sauver les jours de son père. Lieutenant de vaisseau sur l'*Iphigénie* en 1836, il avait visité la Grèce, la Syrie, les Lieux-Saints. A bord de l'*Hercule*, en 1837 et en 1838, il s'était rendu au Brésil, aux Antilles, dans la Havane, dans l'Amérique du Nord. Absent de France pendant toute une année il y était de retour depuis quelque semaines seulement quand la guerre du Mexique éclata. Il prit le commandement de la corvette la *Créole*, et se couvrit de gloire. Il figure au musée de Versailles dans le tableau d'Horace Vernet, qui le représente sur le pont de son navire devant le fort de Saint-Jean-d'Ulloa. Quand, après la prise de ce fort, on jeta à terre les colonnes de débarquement, il força les portes de la Vera-Cruz, à la tête de ses matelots, engagea des combats acharnés jusque dans les maisons de la ville, et, payant de sa personne avec la plus grande intrépidité, il fit prisonnier, de sa propre main le général Arista. L'amiral Baudin le félicita devant toute l'escadre. Mis à l'ordre du jour de la flotte pour ses actions d'éclat, il fut nommé chevalier de la Légion d'honneur et capitaine de vaisseau.

La comtesse de Mirabeau a dit du troisième fils de Louis-Philippe : « Le prince de Joinville, surnommé le *Prince Charmant* par les jolies Américaines qui, en ce temps-là, ne venaient guère en France, mais qu'il alla voir chez elles, méritait bien ce surnom flatteur; intrépide marin, passionné pour son métier, instruit, artiste, spirituel, gai, aimable, il personnifiait l'esprit et l'entrain français... Plus gentleman que prince, il ne se montrait fils de roi que dans les occasions qui lui semblaient en valoir la peine; il savait alors jouer son rôle avec une aisance parfaite et une bonne grâce si naturelles que nul ne pouvait se douter qu'il n'était pas tous les jours ainsi. Quelle joie aux Tuileries, quand il revenait d'un lointain voyage durant lequel l'inquiétude n'avait cessé d'étreindre les cœurs maternels de Marie-Amélie et de Madame Adélaïde. » En juillet 1840, le prince venait d'avoir la rougeole qui l'avait séparé de sa famille, quand, à peine convalescent, il prit le commandement de la *Belle-Poule*, et s'embarqua à Toulon, pour l'île de Sainte-Hélène.

Le 8 octobre, au matin, après soixante-six jours de mer depuis Toulon et vingt-quatre depuis Bahia, la frégate la *Belle-Poule* et la corvette la *Favorite* étaient en vue de James-Town, capitale de l'île dont la captivité de Napoléon a fait l'un des endroits les plus célèbres de l'univers. Le lendemain le prince de Joinville, en grand uniforme, mit pied à terre. Il était suivi par le général Bertrand, le général Gourgaud, M. de Las Cases et M. Marchand qui tous quatre avaient été les compagnons de l'Empereur prisonnier. La garnison anglaise était sous les armes. Le prince s'empressa d'aller visiter le tombeau de Napoléon à Longwood. Les vers de Lamartine lui revenaient à l'esprit.

> Ici gît... point de nom ! demandez à la terre !
> Ce nom ? il est inscrit en sanglant caractère
> Des bords du Tanaïs au sommet du Cédar,
> Sur le bronze et le marbre, et sur le sein des braves,
> Et jusque sur le cœur de ces troupeaux d'esclaves
>     Qu'il foulait tremblants sous son char.

> Depuis les deux grands noms qu'un siècle au siècle an-
> Jamais nom qu'ici-bas toute langue prononce  [nonce
> Sur l'aile de la foudre aussi loin ne vola ;
> Jamais d'aucun mortel le pied qu'un souffle efface
> N'imprima sur la terre une plus forte trace ;
>     Et ce pied s'est arrêté là.
>
> Il est là! sous trois pas un enfant le mesure !
> Son ombre ne rend pas même un léger murmure ;
> Le pied d'un ennemi foule en paix son cercueil.
> Sur ce front foudroyant le moucheron bourdonne,
> Et son ombre n'entend que le bruit monotone
>     D'une vague contre un écueil.

Grande était l'émotion de ceux qui voyaient pour la première fois l'île légendaire, plus grande encore celle des hommes qui partout y retrouvaient la trace des pas de celui dont ils avaient partagé volontairement la captivité. Pendant trois jours ils parcoururent tous les sites où ils avaient si souvent accompagné l'Empereur. Beaucoup d'habitants les reconnaissaient, et leur témoignaient les plus respectueuses sympathies.

Le 15 octobre, vingt-cinquième anniversaire de l'arrivée de Napoléon à Sainte-Hélène, fut le jour choisi pour l'exhumation. Commencés à minuit et demi, les travaux se poursuivirent pendant neuf heures consécutives, au milieu d'un recueillement grave et silencieux. A neuf heures et demie du matin, la terre avait été entièrement retirée du caveau; toutes les couches horizontales étaient démolies, et la grande dalle qui recouvrait le sarcophage intérieur était détachée. Les quatre cercueils de chêne, d'ébène, de plomb et de fer-blanc renfermés les uns dans les autres furent alors enlevés et portés sous une tente, puis ouverts successivement. Il ne restait plus qu'à soulever le voile de satin qui, dans le dernier cercueil, recouvrait les restes du grand homme. L'anxiété des assistants arrivait à son comble. Ils se disaient que peut-être ils n'allaient trouver que quelque chose d'informe, un peu de poussière méconnaissable, quand le corps de Napoléon leur apparut intact avec son uniforme, ses épaulettes, ses décorations, son chapeau. La conservation était merveilleuse. On aurait cru que l'Empereur n'était qu'endormi. Ceux qui avaient été les témoins de sa mort fondirent en larmes comme s'ils venaient de le voir mourir pour la seconde fois.

Un char à quatre chevaux avait été préparé pour recevoir les dépouilles du vainqueur d'Austerlitz. On mit au-dessus du sarcophage un manteau impérial envoyé de Paris, et dont les quatre coins étaient portés par le général Bertrand, le général Gourgaud, M. de Las Cases, M. Marchand. A trois heures et demie le canon des forts annonçait à la rade que le cortège funèbre venait de se mettre en marche vers la ville de James-Town. Un enfant de chœur portant la croix et l'abbé Coquereau, aumônier de la *Belle-Poule*, précédaient le char. Les autorités de l'île, ses notables et la garnison tout entière le suivaient. Sur la rade, le canon du navire répondait à celui des forts, et tirait de minute en minute. Après une heure de marche, la pluie, qui avait duré depuis le commencement des travaux de l'exhumation, cessa de tomber. Quand on arriva devant James-Town, le ciel était pur, le soleil resplendissant. Les troupes en deuil, — les soldats appuyés sur leurs armes renversées, les officiers, le crêpe au bras, — se déployèrent alors en deux lignes jusqu'à l'extrémité du quai. Depuis le matin, les vergues de la *Belle-Poule* et de la *Favorite* étaient en pantenne, les pavillons à mi-mâts, et tous les bâtiments français et étrangers s'étaient associés à ces signes de deuil. A vingt pas de la mer, le char s'arrêta. Le prince de Joinville et les officiers de la division française l'attendaient. Le prince s'avança seul et reçut solennellement des mains du général Middlemore, gouverneur de l'île, les restes de l'Empereur Napoléon. Il le remercia, au nom de la France. Les dames anglaises de Sainte-Hélène avaient brodé de leurs mains le pavillon tricolore qui allait flotter sur la *Belle-Poule*, et le prince de Joinville, en acceptant une si touchante offrande, leur avait promis que leur ouvrage, ombragerait jusqu'à Paris le cercueil du grand prisonnier rendu à la France par l'Angleterre. Aussitôt que la *Belle-Poule* eut reçu les dépouilles mortelles de Napoléon, ce pavillon y fut arboré; la frégate redressa ses vergues, déploya ses pavois. Le deuil venait de cesser avec l'exil du cadavre impérial, et les navires français se paraient de leurs ornements de fête. Le cercueil fut déposé sur le gaillard d'arrière, arrangé en chapelle ardente, et le lendemain, 16 octobre, une messe solennelle fut dite sur le pont. Le dimanche 18, à huit heures du matin, la *Belle-Poule* et la *Favorite* quittaient Sainte-Hélène.

Depuis que le prince de Joinville était parti de France, les choses avaient pris un caractère très inquiétant, et pendant plusieurs jours on avait pu croire qu'une conflagration générale allait éclater. Le 2 novembre 1840, comme le prince traversait l'Océan, il rencontra un bâtiment hollandais dont l'équipage lui fit connaître les nouvelles d'Europe. Beyrouth avait été bombardé, les ports de Syrie étaient bloqués. On disait que l'Angleterre et la France venaient de se déclarer la guerre. Cette fausse nouvelle suggéra au prince de Joinville une résolution héroïque à laquelle l'équipage entier s'associa avec enthousiasme. Tous jurèrent de se faire sauter en pleine mer et de s'y engloutir plutôt que de laisser retomber prisonnière en des mains anglaises la relique qui leur était confiée.

En arrivant dans la rade de Cherbourg, le 30 novembre, le prince apprit que la paix n'avait pas été troublée et que la France ne s'occupait que du retour des cendres de l'Empereur. Le

3 décembre, l'abbé Rauline, aumônier des invalides de la ville, disait au commandant de la *Belle-Poule* : « Votre Altesse Royale permettra-t-elle au fils d'un laboureur, devenu aumônier de la marine, d'offrir ses respectueux hommages au fils de son roi? Vous me pardonnerez peut-être d'unir ma faible voix à la grande voix de la France et de préluder au jugement de la postérité qui vous tiendra compte de votre expédition de Sainte-Hélène, et gravera votre nom à côté du nom du roi, votre auguste père, sur le cercueil glorieux du grand homme. Honneur à vous, prince! Honneur au roi dont vous êtes le digne fils. Ce cri n'est pas de moi seul; je vous l'apporte fraîchement sorti de la bouche de deux cents braves invalides que les fatigues de la mer retiennent dans l'enceinte de l'hôpital maritime de Cherbourg. C'est le vivat dont ils ont salué, avec le canon national, votre entrée dans notre port. » La *Belle-Poule* resta huit jours en rade, pendant qu'on faisait sur la route du Havre à Paris et à Paris même, les préparatifs nécessaires pour la réception triomphale des restes de Napoléon.

Le 8 décembre, le cercueil fut transporté de la *Belle-Poule* sur le bateau à vapeur la *Normandie*, qui partit aussitôt pour le Havre. Il y arriva le lendemain par un soleil splendide, dont les rayons dorés, tombant sur la chapelle ardente, en faisaient jaillir des milliers d'étincelles. Le 9, entre le Havre et Rouen, au Val de la Haye, la

*Normandie* ne pouvant plus remonter le cours de la Seine, on procéda à un nouveau transbordement, et le cercueil, toujours sous la garde du prince de Joinville, fut mis à bord de la *Dorade*. Le 10, il traversa la ville de Rouen, et passa sous un arc de triomphe dressé au milieu de la Seine, pendant qu'un service religieux était célébré par le cardinal prince de Croï et deux cents prêtres. Suivie de dix autres petits bateaux à vapeur, la *Dorade* arrivait le 12 à Poissy. A dix heures du soir, le duc d'Aumale, s'étant fait reconnaître par les sentinelles, se rendait à bord de ce navire, où il passait la nuit auprès de son frère. Partout, dans les campagnes, comme dans les villes, les populations se pressaient sur les deux rives du fleuve, et saluaient avec un pieux respect le passage du convoi funèbre. L'avant-dernière station de la *Dorade* fut Maisons, le 13 décembre, et la dernière Coubevoie, le 14. Le prince de Joinville n'avait voulu d'aucun ornement pour le navire. Ses prescriptions étaient celles-ci : « Le bateau sera peint en noir, à la tête du mât flottera le pavillon impérial, sur le pont, à l'avant, reposera le cercueil couvert du poêle funèbre rapporté de Sainte-Hélène l'encens fumera ; à la tête s'élèvera la croix ; le prêtre se tiendra devant l'autel ; mon état-major et moi derrière ; les matelots seront en armes ; le canon tiré à l'arrière annoncera le bateau portant les dépouilles mortelles de l'Empereur. Point d'autre décoration. » Cette majestueuse simplicité produisait une grande impression. Comme on l'a très bien dit, le prince avait pensé que le pont d'un navire est assez dignement paré quand il porte le cercueil d'un Empereur et la croix d'un Dieu.

Le 14 décembre, au moment où la *Dorade* était près de Neuilly, les passagers aperçurent un groupe de personnes qui sur la rive, agitaient leurs mouchoirs. « C'est ma mère ! » s'écria le prince de Joinville. En effet, c était la reine Marie-Amélie qui, accompagnée de la princesse Clémentine, du duc de Nemours et du duc de Montpensier, saluait, de loin, le retour de son fils. Le prince, très ému, tendit les bras du côté de sa mère, puis il reprit son attitude impassible de marin. Tout le monde était attendri. Pendant que cette scène se passait, le vent soufflait du nord avec une violence rare. Ce jour-là et le 15 décembre furent deux des journées les plus froides qu'il y ait jamais eu à Paris. La reine rentra aux Tuileries avec le frisson de la fièvre ; elle eut cependant le courage d'assister le lendemain à la cérémonie des Invalides, malgré sa médiocre sympathie pour la légende bonapartiste.

## XXVII

LE RETOUR DES CENDRES DE NAPOLÉON.

Le mardi 15 décembre 1840, à sept heures du matin, les tambours de la garde nationale parisienne battent le rappel dans chacune des légions. Une heure après la garde nationale tout entière est sous les armes. Bientôt l'avenue des Champs-Élysées et celle de Neuilly jusqu'au pont sont encombrées d'une foule qui s'élève à plusieurs centaines de milliers de personnes. Il fait un froid de Sibérie. Un vent du nord-est coupe les visages. Il gèle à quatorze degrés, et la Seine charrie des glaçons. Pendant de longues heures, la foule, les pieds dans la neige, attendra, sans se plaindre, le passage du cercueil de l'Empereur. Elle s'agite bien un peu pour se réchauffer, son attitude n'est pas très recueillie, mais la foule a raison, car le recueillement sous la neige, ce serait la mort.

Le voilà donc commencé ce jour que Victor Hugo décrira ainsi, en revenant de la solennité :

> Ciel glacé ! Soleil pur ! Oh ! brille dans l'histoire,
> Du funèbre triomphe impérial flambeau !
> Que le peuple à jamais te garde en sa mémoire !
>     Jour beau comme la gloire,
>     Froid comme le tombeau !

Depuis la veille la *Dorade* a débarqué à Courbevoie les restes de l'Empereur. Ce ne sera plus jusqu'à l'Hôtel des Invalides qu'une succession de décors magnifiques : A Courbevoie un vaste débarcadère en forme de temple grec, orné de trépieds et de guirlandes, près du pont de Neuilly une colonne centrale, au pied de cette colonne une statue représentant Notre-Dame-de-Grâce, patronne des marins, sur le pont de Neuilly des piédestaux supportant des trophées ; l'Arc de Triomphe de l'Étoile entouré d'une rangée de mâts, et décoré de guirlandes et de festons depuis la base jusqu'au sommet ; sur la plate-forme du monument, l'apothéose de Napoléon : l'empereur, en costume de sacre, debout devant son trône, à ses côtés deux figures représentant le génie de la guerre et celui de la paix ; à chaque angle du socle un énorme trépied avec des flammes multicolores ; aux angles deux statues équestres, allégories de la Gloire et de la Grandeur, depuis la barrière de l'Étoile jusqu'au pont de la Concorde trente-six statues, dix-huit de chaque côté, représentant des victoires ; sur le pont de la Concorde, à chaque angle une colonne triomphale surmontée d'un aigle, et sur les piédestaux du milieu huit statues : la Prudence, la Force, la Justice, la Guerre, l'Agriculture, les Beaux-Arts, l'Éloquence, le Commerce ; sur l'Esplanade des Invalides, depuis le quai d'Orsay jusqu'à la grille de l'hôtel, trente-deux statues qui avec le piédestal ont chacune près de sept mètres de hauteur ; sur le rang de droite : Charlemagne, Hugues Capet, Saint Louis, Charles VII, du Guesclin, François I$^{er}$, Henri IV, Condé, Vauban, Marceau, Desaix, Kléber, Lannes, Masséna, Mortier et Macdonald ; sur le rang de gauche : Clovis, Charles Martel, Philippe-Auguste, Charles V, Jeanne d'Arc, Louis XII, Bayard, Louis XIV, Turenne, Duguay-Trouin, Hoche, La Tour d'Auvergne, Kellermann, Ney, Jourdan et Lobau ; au bout de cette double rangée, et faisant face aux Invalides, la statue colossale de Napoléon.

Ainsi que l'a dit M. Guizot, le gouvernement a résolu, avec la pleine adhésion du roi, de donner à la cérémonie la plus grande solennité et la plus grande liberté aux manifestations populaires. Rien n'a été négligé de ce qui peut éblouir les yeux et frapper les imaginations. Jamais Napoléon vivant n'a eu pareil triomphe que Napoléon mort.

Il est dix heures. Le cortège funèbre va se mettre en marche à Courbevoie. Voici le char à la fois funèbre et triomphal. Long de vingt-cinq pieds, haut de six, le socle, reposant sur les quatre roues massives et dorées, a la forme d'un carré long avec une plate-forme semi-circulaire sur le devant. Il y a sur cette plate-forme un groupe de génies supportant la couronne de Charlemagne. Aux quatre angles, en bas-reliefs, quatre autres génies soutiennent, d'une main, des guirlandes, et de l'autre, embouchent la trompette de la Renommée; au dessous sont des faisceaux, au milieu : des aigles et le chiffre de l'Empereur entouré de couronnes. Le piédestal posé sur ce socle a dix-huit pieds de long, sept de haut; il est tendu d'étoffes violettes et or. De chaque côté du piédestal deux manteaux impériaux de velours parsemé d'abeilles; derrière, une masse de drapeaux; sur le piédestal, quatorze cariatides plus grandes que nature et entièrement dorées, supportant de la tête et des mains un immense bouclier d'or; sur ce bouclier, le sarcophage; au milieu, sur un riche coussin, le sceptre, la main de justice et la couronne impériale en pierres précieuses. L'ensemble de ce char monumental a près de cinquante pieds de haut. Il est traîné par seize chevaux noirs, rangés quatre par quatre, dont les caparaçons de drap d'or, taillés dans le goût de ceux des chevaux de tournoi du moyen âge, ne laissent voir que les pieds, et qui sont conduits à la main par des valets à la livrée de l'Empereur. Les anciens compagnons d'armes du géant des batailles, ses maréchaux, ses généraux, ses aides de camp, ses officiers d'ordonnance, ses vieux soldats dans leurs uniformes légendaires suivent à pied l'immense catafalque ambulant qui s'avance, fantastique, à travers le brouillard. Il s'arrête sous l'Arc de triomphe de l'Étoile, puis reprend sa route, et descend avec une majestueuse lenteur toute l'avenue des Champs-Élysées. Au moment où il arrive devant le pont de la Concorde, le brouillard se dissipe comme par miracle. Écoutons Henri Heine. « Le soleil, dit le poète, perce les sombres nuages et baise pour la dernière fois son favori, versant des reflets roses sur les aigles impériales et rayonnant comme avec tendresse et compassion sur les pauvres et rares débris de ces légions formidables qui ont jadis conquis le monde au pas de charge, et qui maintenant, dans des uniformes vieillis, avec des membres débiles et des manières surannées, suivent en chancelant le corbillard victorieux comme des parents en deuil. » Ce soleil de décembre c'est le soleil d'Austerlitz qui reparaît. Les baïonnettes, les casques, les lances, les caparaçons de drap d'or des chevaux étincellent, le char rayonne comme illuminé par les flammes d'une apothéose. Le voilà sur l'Esplanade des Invalides, puis devant la grille de l'hôtel. Il s'arrête sous un immense dais, à une heure et demie. Trente-six hommes du détachement de la marine royale retirent le cercueil du char et le portent à bras jusqu'au porche élevé dans la cour Napoléon, où l'attend l'archevêque de Paris assisté de tout son clergé. De chaque côté de la cour sont des estrades contenant six mille personnes. Après l'aspersion de l'eau bénite, trente-six sous-officiers de la garde nationale et de la ligne prennent aux marins le cercueil impérial et le portent à l'église. Tout le dôme depuis le sol jusqu'au premier ordre d'architecture est tendu d'une draperie en velours violet et or, parsemée de tous les insignes impériaux; au milieu de l'emplacement où plus tard doit être érigé le tombeau de Napoléon, apparaît un énorme catafalque orné de plumes d'aigle, et rehaussé de quatre rideaux de velours bordés d'hermine que soutient une couronne octogone. Au fond de l'église est un autel au-dessus duquel, à droite et à gauche, on a construit deux tribunes destinées au roi et à sa famille. Trois bannières portant le chiffre de Napoléon sont placées l'une contre les deux tribunes, les deux autres en face des tombeaux de Vauban et de Turenne. L'église, dont les bas côtés sont également garnis d'estrades où se tiennent les corps constitués, est transformée en une vaste chapelle ardente, resplendissant de l'éclat des bougies, des lampes et des lustres. Au son d'une marche funèbre et au bruit du canon qui tonne au dehors, le cercueil fait son entrée dans l'église, où le roi l'attend. « Sire, dit alors le prince de Joinville, je vous présente le corps de l'empereur Napoléon. » Louis-Philippe répond : « Je le reçois au nom de la

France. » Le général Atthalin porte sur un coussin l'épée de l'empereur. Il la donne au maréchal Soult qui la remet au roi. « Général Bertrand, s'écrie alors le souverain, je vous charge de placer la glorieuse épée de l'Empereur sur son cercueil. » Puis on célèbre l'office des morts qui est terminé à quatre heures, et des salves d'artillerie annoncent le départ du roi et de la famille royale.

Les ennemis du Gouvernement avaient prédit que la solennité serait accompagnée de manifestations hostiles au roi et à ses ministres. De pareils pronostics ne s'étaient pas réalisés. Il n'y eut dans la garde nationale et dans le peuple que quelques cris séditieux ! A bas Guizot ! à bas l'homme de Gand ! A bas les ministres ! A bas les forts détachés ! A bas les Anglais ! Mais c'est à peine si, au milieu de six cent mille spectateurs paisibles, il y avait deux cents tapageurs. « De tous les cris inventés pour cette mémorable journée, disait M*me* de Girardin, voici sans contredit le plus étrange : *L'abolition de la peine de mort et tous les traîtres à la guillotine!* Qu'est-ce donc que ces nouveaux légistes entendent par l'abolition de la peine de mort ? Le droit de tuer sans être tué peut-être ? »

La cérémonie ne fut marquée par aucun trouble sérieux. Mais comme si la destinée de Napoléon eût été de faire périr ses semblables, même après sa mort, la température fit de nombreuses victimes. Le général de Ségur qui, en sa qualité d'ancien aide de camp de l'Empereur, suivit le char funèbre depuis Courbevoie jusqu'aux Invalides, a écrit. « Nous fîmes tout ce trajet par un froid cruel. Un vent d'est violent et glacial le rendait tellement incisif, qu'il nous rappela le ciel russe de 1812, et toutes les douleurs de la Retraite ! Ce fut en dépit de cet ouragan, s'opposant de front à notre marche, et de cette atroce température, mortelle à beaucoup de spectateurs, que rentra dans Paris, en face du trône qu'il avait si glorieusement occupé, ce mort illustre ! Comme si le ciel, non apaisé encore, eût voulu, par cette rigueur, rappeler l'une des fatales entreprises qui l'en avaient fait tomber. » La reine, déjà souffrante lors de la cérémonie, prit froid dans les appartements et dans l'église des Invalides. En rentrant aux Tuileries, elle dut s'aliter, tout à fait malade, et l'on conçut pour elle des inquiétudes qui, heureusement, ne furent pas de longue durée.

Quant au gouvernement, il se félicitait du calme de la journée. Trois jours après, M. Guizot écrivait au baron Mounier : « Napoléon et un million de Français se sont trouvés en contact, sous le feu d'une presse conjurée, et il n'en est sorti aucune étincelle... Les bouffées révolutionnaires sont factices et courtes. Elles emporteraient toutes choses si on ne leur résistait pas, mais, quand on leur résiste, elles s'arrêtent, comme ces grands feux de paille que les enfants attisent dans les rues et où personne n'apporte de solides aliments. Le spectacle de mardi était beau. C'était un pur spectacle. Nos adversaires s'en étaient promis deux choses, une émeute contre moi et une démonstration d'humeur guerrière. L'un et l'autre dessein ont échoué... Mardi soir, personne n'aurait pu se douter de ce qui s'était passé le matin. On n'en parle déjà plus. Les difficultés générales du gouvernement subsistent, toujours les mêmes et immenses. Les incidents menaçants se sont dissipés, Méhémet-Ali reste en Egypte, et Napoléon est aux Invalides.

Quelques années plus tard, sous le second Empire, M. Guizot faisait les réflexions suivantes : « Mon premier mouvement, en relisant aujourd'hui cette lettre, est de sourire tristement de ma confiance. L'âme et la vie des peuples ont des profondeurs infinies où le jour ne pénètre que par des explosions imprévues, et rien ne trompe plus, sur ce qui s'y cache, qu'un succès à la surface et du moment. En décembre 1840, les amis du régime de la liberté et de la paix eurent droit de croire que le régime impérial était tout entier dans le cercueil de l'Empereur. Je ne regrette pas notre méprise : elle n'a pas fait les événements qui l'ont révélée ; ce n'est point parce que le roi Louis-Philippe et ses conseillers ont relevé la statue de Napoléon et ramené de Sainte-Hélène son cercueil, que le nom de Napoléon s'est trouvé puissant au milieu de la perturbation sociale de 1848. La monarchie de 1830 n'eût pas gagné un jour à se montrer jalouse et craintive, et empressée à étouffer les souvenirs de l'Empire. Et dans cette tentative subalterne, elle aurait perdu la gloire de la liberté qu'elle a respectée et de la générosité qu'elle a déployée envers ses ennemis. Gloire qui lui reste après ses revers, et qui est aussi une puissance que la mort n'atteint point. »

Ce qu'il y a de certain, c'est que beaucoup des partisans de la monarchie de Juillet ne comprirent pas la véritable portée du retour des cendres de l'Empereur. Quelques jours avant la cérémonie du 15 décembre, l'un des plus spirituels d'entre eux, M. Doudan écrivait : « Le directeur de l'Opéra, se mettant à la tête du sentiment public, lui ôtera toujours de sa gravité. Si une voiture de poste s'arrêtait à la porte des Invalides pour y déposer le cercueil de l'Empereur, repris après une bataille à Sainte-Hélène, cela serait grand; mais les statues de l'éloquence, de la justice et l'idéologie, exécutées en plâtre et en osier sur des dimensions gigantesques, seront l'image parfaite de nos impressions et de nos idées. Toutes ces émotions tirées du vieux garde-meuble de l'Empire, ne pourront pas supporter le grand air. Vous pouvez bien vous vanter de faire partie d'une nation de baladins et de baladins de la plus mauvaise école, mêlant tous les genres et exagérant tout, faute d'éprouver quelque chose. »

M. Doudan se trompait. Les ornements dont il se moquait supportèrent très bien le grand air. Ceux-là aussi se trompaient qui croyaient que la légende bonapartiste n'avait rien de redoutable pour l'avenir de la monarchie de Juillet, et que ce n'était pas une imprudence de traiter Napoléon comme un demi-dieu, tandis que son héritier était emprisonné au fort de Ham. Plus perspicace que ces hommes politiques à courte vue, une femme d'esprit, Mᵐᵉ de Girardin, dans sa *Lettre parisienne* du 20 décembre 1840, avait eu comme une intuition de l'avenir : « Le peuple a beaucoup crié : Vive le prince de Joinville ! dit un habitué du château. — Oui, son voyage à Sainte-Hélène l'a rendu très populaire, reprend un vieux général. C'est un brave jeune homme, loyal et franc du collier. L'Empereur l'aurait beaucoup aimé. — C'est possible ? mais l'Empereur, à sa place, ne *se serait pas ramené*. — Vous dites toujours des folies. — J'appelle cela des vérités. »

Et Mᵐᵉ de Girardin ajoutait cette remarque pleine de sens : « Le temps est un bien grand philosophe, et l'histoire une bien excellente mère de famille, l'un arrange tout, explique tout, pardonne tout, l'autre finit toujours par réconcilier ses enfants avec tout le monde. Voyez cet infâme usurpateur, ce Corse perfide, ce tyran odieux, cet ogre insatiable, ce *crocodile !* On l'a maudit, on l'a haï, on l'a trahi ; bien plus, on l'a oublié... Et maintenant ceux qui l'ont maudit l'admirent, ceux qui l'ont haï l'adorent, ceux qui l'ont trahi le pleurent, et ceux qui l'ont jugé le chantent!... Et pour opérer un changement si extraordinaire, il n'a fallu que vingt années! Quoi! la haine la plus farouche ne peut durer que vingt ans! Quoi! la haine est aussi frivole!... Voilà une découverte qui fait bien valoir l'amour. » Si Louis-Napoléon avait réussi, au lieu d'échouer dans sa tentative de Boulogne, il n'aurait pas pu décerner à la mémoire de son oncle des hommages plus pompeux que ceux qui furent ordonnés par un Bourbon, un ancien émigré, cousin du duc d'Enghien, mari d'une nièce de Marie-Antoinette. Que de surprises, que d'anomalies, que de bizarreries dans l'histoire!

## XXVIII

LE BAPTÊME DU COMTE DE PARIS.

Le comte de Paris, né le 24 août 1838, avait été ondoyé aux Tuileries, le jour de sa naissance. Il ne fut baptisé à Notre-Dame que près de trois ans plus tard : le 2 mai 1841. On entoura la cérémonie d'une grande pompe. Mgr Affre, archevêque de Paris, adressa, le 20 avril, la circulaire suivante aux curés de son diocèse : « L'Église prie pour les princes, afin qu'ils règnent pour le bonheur des peuples. Cette grâce, nous la solliciterons avec plus d'empressement cette année où le Roi a voulu consacrer le lendemain de sa fête par une solennité bien chère à son cœur. Le 2 mai, les cérémonies du baptême seront suppléées à M. le comte de Paris. Nous prierons le Seigneur de bénir cet auguste enfant, nous le prierons de bénir le monarque, de le protéger, de lui envoyer le secours du Ciel, de le défendre, de le soutenir dans tous ses desseins pour la paix et la prospérité de la France. Tels sont les vœux que nous ferons monter vers Dieu, en chantant le cantique du roi prophète consacré à les exprimer. En conséquence, le samedi 1ᵉʳ mai on chantera dans toutes les églises paroissiales du diocèse la messe des apôtres Saint-Philippe et Saint-Jacques, du rit solennel mineur. On ajoutera à la messe des oraisons pour le Roi et sa famille. » Le *Moniteur* du 24 avril annonçait que depuis l'avant-veille un grand nombre d'ouvriers travaillaient, dans l'église métropolitaine, aux travaux nécessaires pour donner à la cérémonie le plus grand éclat. Tous les piliers de la nef devaient être enveloppés, dans toute leur longueur, d'une riche draperie en velours cramoisi à broderies d'or. On élevait des tribunes, une estrade, et, devant la principale porte d'entrée, une haute marquise en forme de tente, décorée, comme l'intérieur de la cathédrale, avec des trophées. C'est là que l'archevêque et le clergé viendraient recevoir le cortège.

A l'approche de la solennité, la duchesse d'Orléans écrivait : « Voici le printemps établi dans toute sa magnificence ; il fera le plus bel ornement des fêtes que nous attendons. Ces heures passées à Notre-Dame seront des heures d'émotion, de prière et d'espérance. Je voudrais que de petites préoccupations ne s'associassent pas à ces émotions. Cependant la crainte de voir mon enfant inquiet, intimidé, peut-être même obstiné dans ce moment solennel, me tourmente beaucoup. Lisez, je vous prie, ce que Fénelon dit au sujet du baptême; ces pages sont belles et instructives. »

Le 1$^{er}$ mai, jour de la fête du roi, le comte d'Apponyi, ambassadeur d'Autriche, dit à Louis-Philippe, au nom du corps diplomatique : « Le baptême de M$^{gr}$ le comte de Paris sera pour Votre Majesté et pour son auguste famille un vif sujet de joie et d'espérance, et, pour nous, un gage de la continuation des bienfaits que la Providence s'est plu à leur départir. » — Le roi répondit : « Le Corps diplomatique conanît le prix que j'attache aux sentiments que vous venez d'exprimer en son nom. Il m'est bien doux de les entendre au moment où, comme vous le dites, la célébration du baptême de mon petit-fils est pour ma famille et pour moi le nouveau gage de la protection divine dont nous avons recueilli tant de témoignages. » Marie-Amélie se réjouissait tout particulièrement de voir que les choses se passeraient comme dans les cours les plus catholiques.

Le dimanche 2 mai 1841, jour fixé pour la célébration du baptême, le roi et sa famille sortirent des Tuileries, à dix heures et demie du matin, escortés d'un escadron de la garde nationale à cheval et d'un escadron de cuirassiers. A onze heures, une salve d'artillerie annonça son arrivée à la cathédrale. Sur la place du Parvis stationnaient un bataillon de la 9ᵉ légion et deux bataillons d'infanterie de ligne. L'archevêque de Paris, entouré de ses archidiacres, de son chapitre et de tous les curés de la ville, vint au portail pour y recevoir le roi, et lui adressa le discours suivant : « Sire, Jésus-Christ, par le premier de ses sacrements, imprime le même caractère au descendant des rois et au fils du citoyen le plus obscur. Après leur avoir révélé, par sa doctrine, les droits et les devoirs qui leur sont communs, il prépare, par sa grâce, celui qui est né dans la condition la plus humble à la chérir comme plus heureuse ; il prépare le prince à remplir avec bonté et avec justice ses hautes mais difficiles destinées. Cette double disposition est le lien le plus durable entre les peuples et les rois, elle est le gage le plus sûr de leur mutuelle sécurité. Voilà pourquoi, Sire, les saints engagements que va prendre, par la bouche de Votre Majesté, un nouveau rejeton de la race de saint Louis, appellent au pied des autels de cette antique basilique le roi, la famille royale, les grands corps de l'État, d'illustres pontifes et le clergé de la capitale. L'archevêque de Paris est heureux d'implorer pour votre auguste petit-fils les bénédictions du Ciel, et d'unir ses supplications et ses vœux à ceux de cette imposante assemblée. » Louis-Philippe répondit : « En venant au pied des autels contracter pour mon petit-fils les saints engagements qui accompagnent le baptême, je ne puis former de meilleur vœu pour son avenir que celui de lui voir prendre pour guides les sentiments que vous venez de m'exprimer, et que je partage du fond de mon cœur. Il m'est bien doux de voir que vous entendiez d'une manière aussi conforme à la mienne les devoirs que la religion impose à tous les chrétiens dans les diverses positions où la Providence les a placés. Je m'unis à vos prières pour appeler sur mon petit-fils, sur ma famille et sur moi les bénédictions du Ciel. Je les invoque pour le bonheur de la France, et pour obtenir de Dieu la continuation de cette protection tutélaire dont nous avons déjà reçu tant de marques. »

La cathédrale resplendissait. Treize trophées entourés de drapeaux rappelaient les treize légions de la garde nationale. Chaque pilier de l'église était orné d'un écusson de laurier doré, avec le chiffre et les armoiries du jeune prince. Les tentures de velours cramoisi et toutes les décorations de l'édifice rayonnaient à la clarté des lampes et des bougies s'étendant par milliers depuis le portail jusqu'au maître-autel.

Entouré de la famille royale, et précédé par le clergé, le souverain s'avança, en saluant sur son passage de chaque côté de la nef, et alla prendre place sur une estrade surmontée d'un dais de velours et ornée de tapisseries des Gobelins. Il avait à sa droite le roi des Belges, le duc d'Orléans, le prince de Joinville, le duc de Montpensier et le duc Alexandre de Wurtemberg ; à sa gauche, la reine Marie-Amélie, la reine des Belges, la duchesse d'Orléans, le comte de Paris, la duchesse de Nemours, la princesse Clémentine, Madame Adélaïde, et la grande-duchesse douairière de Mecklembourg-Schwérin. (Le duc de Nemours et le duc d'Aumale, étaient absents pour le service du roi.)

En face de l'estrade il y avait un autel élevé pour la cérémonie près de la grille du chœur. C'est là qu'étaient placés les fonts baptismaux. A la droite du roi se tenaient, dans la croix de l'église, le corps diplomatique, les ministres, la Chambre des pairs et le Conseil d'État; à la gauche, les maréchaux de France et les amiraux, la Chambre des députés, le Corps municipal ayant à sa tête le préfet de la Seine et le préfet de police. Des tribunes étaient réservées aux dames du corps diplomatique, aux femmes des ministres et des hauts fonctionnaires. Près de l'autel, du côté de l'Évangile, se tenaient le cardinal prince de Croï, archevêque de Rouen, le cardinal de Bonald, archevêque de Lyon, le cardinal de la Tour d'Auvergne Lauraguais, évêque d'Arras, ainsi que les évêques suffragants de Paris et, derrière eux, les chanoines du chapitre de Saint-Denis. Du côté de l'épître se trouvaient tous les curés de la ville; dans les deux jubés les chanoines honoraires, et au bas de l'autel les chanoines titulaires revêtus de chapes d'or.

Tous les regards étaient fixés sur la duchesse

d'Orléans, tenant son fils par la main. Vêtu de blanc, l'enfant, à la mine éveillée et intelligente, laissait voir sur ses traits gracieux une légère émotion. L'archevêque entonna le *Veni Creator*, suivi du psaume *Quemadmodum*, exécuté alternativement en faux bourdon et par l'orgue. Puis la cérémonie du baptême fut célébrée. Le roi Louis-Philippe était parrain, et la reine Marie-Amélie marraine. L'Archevêque dit ensuite la messe. L'orchestre et la *Société des Concerts* dirigés par Habeneck exécutèrent un *Credo*, un *Sanctus*, un *Benedictus* et un *Domine salvum fac regem* composés par M. Elwart pour la solennité. Après la messe, l'archevêque entonna le *Te Deum*. Puis l'acte de baptême fut signé, et le roi et sa famille, reconduits processionnellement jusqu'au portail, retournèrent aux Tuileries.

Dans la journée, le Corps municipal se rendit au château pour présenter au jeune prince l'épée qui lui était offerte par la ville de Paris. Commencée en 1838, cette épée n'avait été terminée qu'au mois de mai 1841. C'était un véritable chef d'œuvre artistique, dont la composition avait été confiée au sculpteur Jules Klagmann, et la fabrication à MM. Fossin et Lepage. Sur la poignée en acier fondu, forgé et sculpté, des figures d'or repoussé ou incrusté, représentent l'une la Prudence, l'autre la Force. Au milieu de la coquille un enfant (le jeune prince) repose sur le vaisseau, symbole de la ville de Paris. Il y a sur le devant de la garde un coq gaulois, et trois pierres précieuses, un rubis, un saphir, un diamant, emblêmes du drapeau tricolore. La couronne de prince royal en or plein, supportée par quatre petits génies, ferme le pommeau, et la garde se termine par un dragon protégeant l'écu où les armes du prince sont gravées et émaillées. Sous la poignée et sur la lame se trouve cette inscription en lettres d'or : *Au comte de Paris, sa ville natale*, 24 août 1838, et sur le revers cette devise en relief : *Urbs dedit. Patriæ prosit*. Ce n'est point seulement une arme de parade, c'est aussi une épée de combat.

Le comte de Rambuteau, préfet de la Seine, parlant au nom du Corps municipal, dit : « Sire, hier nous apportions au roi les hommages de la cité ; aujourd'hui, nous venons exprimer à l'auguste père de famille nos félicitations et les sentiments de joie d'une population fidèle et dévouée. La cérémonie à laquelle nous assistions, il y a peu d'instants, a laissé dans nos cœurs une impression profonde. Quel grand spectacle dans la basilique ! Ce roi, ce chef de dynastie, qui a sauvé son pays de tant de maux, et qui lui a fait tant de bien ; cette belle famille, où toutes les vertus sont enseignées et transmises par l'exemple ; ce prince sur le front duquel la valeur rayonne autour d'une sagesse précoce ; cette jeune mère, dont le regard noble, pénétrant et gracieux, révèle la destinée pour laquelle la Providence a voulu la douer; ce royal enfant, inclinant sa jeune tête sous la grâce céleste; Sire, tout cela était saint, touchant et beau. Voilà l'enfant qui sera le roi de nos enfants! Cette ville, dont Votre Majesté a voulu qu'il portât le nom, désire qu'il conserve un souvenir du bonheur causé par sa naissance et le choix de son nom. Elle lui offre cette épée. Sire, c'est la cité qui la lui donne pour le service du pays. Quand l'âge sera venu pour lui de la ceindre, il ne manquera pas d'exemples pour l'usage qu'il en devra faire. Il peut remonter haut dans sa race; mais il n'aura pas à chercher loin ses modèles. »

Louis-Philippe répondit : « Je vois avec une grande satisfaction ma famille s'identifier avec la population parisienne, je reçois pour mon petit-fils l'épée que lui présente le Corps municipal au nom de la ville de Paris. Fasse le ciel qu'il ne soit pas appelé à en faire usage, mais si jamais il doit la tirer du fourreau, ce ne sera qu'à bonnes enseignes, et pour défendre l'honneur de la France et l'indépendance nationale; mais j'ai lieu d'espérer, et c'est à quoi je travaille, que le règne de mon petit-fils ne sera pas troublé par la guerre, et qu'il recueillera une gloire plus douce, celle d'assurer le repos et la prospérité de la France. » Puis, s'adressant au petit prince : « Donne la main au préfet, dit le roi, en signe que tu la donnes à toute la ville de Paris. » Pendant cette journée la population fut en fête, et le soir on tira deux feux d'artifice, l'un sur le quai d'Orsay, l'autre à la barrière du Trône.

Parmi les spectateurs qui venaient d'assister au baptême du comte de Paris plus d'un se souvenait d'avoir vu aussi à Notre-Dame, deux baptêmes plus magnifiques encore, celui du roi de Rome et celui du duc de Bordeaux, tous les deux cousins du jeune prince. Au baptême du petit-fils de Louis-Philippe il n'y avait eu que quelques prélats et trois cardinaux. Il y avait eu à celui du roi de Rome vingt cardinaux et cent archevêques ou évêques. Le baptême du duc de Bordeaux, célébré vingt ans presque jour pour jour avant celui du comte de Paris, avait excité un enthousiasme plus vif encore. Victor Hugo s'était écrié :

> Peuples, ne doutez pas ! Chantez votre victoire !
> Un sauveur naît, vêtu de puissance et de gloire.
> Il réunit le glaive et le sceptre en faisceau.
> Des leçons du malheur naîtront des jours prospères,
> Car de soixante rois, ses pères,
> Les ombres sans cercueil veillent sur son berceau.

Mais en même temps, Béranger composait sa chanson prophétique : *Les Deux Cousins ou Lettre d'un Petit Roi à un Petit Duc* :

> Je fus bercé par tes faiseurs
> De vers, de chansons, de poèmes.
> Ils sont comme les confiseurs
> Partisans de tous les baptêmes.
> Les eaux d'un fleuve bien mondain
> Vont laver ton âme chrétienne ;
> On m'offrit de l'eau du Jourdain,
> Et cependant je suis à Vienne.

> Près du trône si tu grandis,
> Si je végète sans puissance,
> Confonds ces courtisans maudits
> En leur rappelant ma naissance.
> Dis leur : Je puis avoir mon tour.
> De mon cousin qu'il vous souvienne.
> Vous lui promettiez votre amour,
> Et cependant je suis à Vienne.

Le lendemain du baptême de son fils, la duchesse d'Orléans écrivait : « Rien de plus beau que la fête d'hier. Rien de plus touchant, de plus pur que mon petit ange présenté à l'autel. Rien de plus profondément ému que mon pauvre cœur de mère en ce moment. Je ne sais si je me trompe; mais je croyais voir dans tous les yeux des assistants un regard de tendre affection pour cet enfant. » La duchesse ne se trompait pas. Il y avait eu, en effet, dans tous les yeux un regard d'affection pour son fils. Mais il y en eut également pour le roi de Rome et pour le duc de Bordeaux; et il y en aura aussi pour le prince impérial. Quatre enfants ont été dans notre siècle pompeusement baptisés à Notre-Dame, et tous quatre ont eu, au lieu du brillant avenir qui leur était promis, l'exil. Leur naissance avait été saluée comme un gage de durée pour leurs dynasties, et leurs dynasties ont été victimes de semblables catastrophes. Les quatre baptêmes furent l'occasion du même cérémonial, des mêmes acclamations, des mêmes hommages, et les princes baptisés avec tant de magnificence eurent une triste destinée. Cependant leurs mères avaient adressé à Dieu des prières ferventes. L'impératrice Marie-Louise, le 7 juin 1811; la duchesse de Berry, le 1ᵉʳ mai 1821; la duchesse d'Orléans, le 2 mai 1841; l'impératrice Eugénie, le 14 juin 1856, étaient pleines d'espérance, à l'heure du baptême de leur fils. On dirait qu'au XIXᵉ siècle un sort est jeté en France sur toutes les dynasties, sur tous les princes, et que les mêmes illusions aboutissent fatalement aux mêmes déceptions.

## XXIX

LE DUC D'AUMALE.

Au moment où le baptême du comte de Paris était célébré à Notre-Dame, le duc d'Aumale, oncle du jeune prince, faisait une seconde campagne en Algérie. Le duc, avant-dernier des cinq fils du roi Louis-Philippe, avait dix-neuf ans, depuis le 22 janvier 1841; il était colonel depuis le mois de mai suivant. Après avoir fait d'excellentes études sous la direction d'un homme supérieur, M. Cuvillier-Fleury, et obtenu de grands succès au lycée Henri IV et au concours général, il avait débuté comme officier d'infanterie, en 1839, au camp de Fontainebleau, où il servait sous les ordres du duc de Nemours, et où il commandait une compagnie du 4ᵉ léger. Le camp était installé dans la plaine de Chailly, — la plaine qui est reproduite dans le célèbre tableau de Millet, l'*Angelus*. Chef de bataillon en 1840, il avait reçu brillamment le baptême du feu en Afrique, lors de l'expédition qui fut marquée par l'enlèvement du col de Mouzaïa.

A l'issue de la campagne, le maréchal avait écrit au roi, le 25 mai : « Sire, je prie Votre Majesté de lui faire connaître la belle conduite de M<sup>gr</sup> le duc d'Aumale, pendant la longue expédition à laquelle il vient de prendre part. Il a couru, dans plusieurs occasions, les plus grands périls, en marchant au premier rang de nos soldats, et sa bienveillance pour tous lui a concilié l'affection et le dévouement des troupes. Son Altesse est portée sur le tableau d'avancement pour le grade de lieutenant-colonel; mais l'armée serait heureuse de lui voir obtenir, en outre, la décoration de chevalier de la Légion d'honneur, qu'il a méritée par ses services personnels. Cette faveur, Sire, lui ferait prendre le rang à côté de ses frères d'armes, dans l'ordre dont sa naissance l'appelle à porter le grand cordon, mais dont Votre Majesté a voulu que les princes ses fils méritassent le premier grade en servant dans les rangs de ses armées. J'ose espérer, Sire, que Votre Majesté daignera accueillir avec bienveillance la demande que je lui adresse, et qu'Elle me pardonnera de n'avoir pas suivi les formes ordinaires dans cette circonstance tout exceptionnelle. » Le duc d'Aumale obtint le grade et la croix, et fit la campagne d'Afrique de 1841, d'abord comme lieutenant-colonel du

23e de ligne, puis comme colonel du 17e léger.

La situation de l'Algérie ne laissait pas alors que d'être inquiétante. L'occupation de Médéah, de Miliana et des autres postes établis dans la province d'Alger coûtait de grands sacrifices. Rien de plus insalubre que ces retranchements. Tel bataillon qui, en arrivant, comptait sept cents hommes se trouvait bientôt réduit à deux cents. C'est aux souffrances, aux privations, aux maladies plus encore qu'aux combats qu'il fallut attribuer le chiffre très élevé des pertes de l'armée en 1840 : neuf mille trois cents morts sur un effectif de soixante mille hommes (le chiffre fut avoué par le gouvernement lui-même). Malgré l'occupation de Médéah et de Miliana, les Arabes demeuraient à peu près maîtres de la plaine, et les communications entre les différents postes étaient on ne peut plus difficiles. Miliana avait été ravitaillé le 23 juin 1840, pour trois mois, et, depuis lors, on n'avait plus eu de communication avec la ville, quand une colonne organisée par le général Changarnier, y pénétra le 4 octobre, après plusieurs petits combats. Il trouva la moitié de la garnison dans la ville, un quart dans les hôpitaux, le reste triste et découragé. La fièvre faisait des ravages effrayants. Des douze cent trente-six hommes laissés dans cette ville en juin 1840 soixante-dix seulement survivaient au 31 décembre. Louis-Philippe voulut que deux de ses fils vinssent relever par leur présence le moral des troupes et donner l'exemple du courage et de la résignation.

Le duc d'Aumale précéda de quelques semaines le duc de Nemours en Afrique. Parti de Toulon le 16 mars 1841, il arriva le 19, à Alger, et prit une part brillante à l'expédition chargée de ravitailler Médéah. Le 10 avril, jour où il rentrait à Alger, à la tête du bataillon du 24ᵉ de ligne qu'il venait de commander pendant l'expédition, le duc de Nemours arrivait dans cette ville, et y prenait le commandement de la 1ʳᵉ division du corps d'armée destiné à opérer dans la province d'Alger.

Depuis le mois de février, le gouverneur général de l'Algérie était le général Bugeaud. Après le ravitaillement de Médéah, il s'occupa de celui de Miliana et fit, pour parvenir à ce but, une campagne dans laquelle les deux fils du roi se distinguèrent. Il y eut, près de Miliana, un combat important contre Abd-el-Kader, qui avait réuni sur ce point environ vingt mille hommes. L'émir fut repoussé. Dans son rapport adressé de Miliana, le 13 mai, au ministre de la guerre, le général Bugeaud écrivait : « S. A. R. Mᵍʳ le duc de Nemours, qui, en toute circonstance pourrait servir d'exemple à l'armée pour la discipline comme pour le courage, a chargé, le 3, à la tête de deux bataillons, et a bien vite mis en fuite les Kabyles qui se trouvaient devant lui. » Quelques jours après, le gouverneur général et les princes s'embarquaient, à Alger pour Mostaganem, d'où ils commencèrent, le 18 mai, une nouvelle expédition. Au bout de huit jours, l'armée arrivait devant Takdempt dans une région où les troupes françaises n'avaient jamais pénétré. Après avoir occupé Takdempt, le général Bugeaud revint sur Mascara, où il laissa des garnisons et des vivres, puis retourna à Mostaganem, où il arriva le 3 juin, non sans que son arrière-garde eût à soutenir des combats contre les Arabes. A partir de ce moment le sud de la province d'Alger fut à peu près perdu pour Abd-el-Kader.

Du quartier général de Mostaganem, le général Bugeaud adressa, le 5 juin, cet ordre du jour à l'armée : « S. A. R. M$^{gr}$ le duc de Nemours rentre en France, après avoir partagé pendant deux expéditions les fatigues et la gloire de nos soldats. L'armée avait déjà appris à connaître le prince à Constantine. Son nouveau séjour dans ses rangs n'a pu que resserrer les liens qui l'unissent à elle. » Le 15 juin, le duc de Nemours était à Marseille, et on lisait dans le *Sud*, journal de cette ville : « Le duc de Nemours est bruni par le soleil d'Afrique, il porte l'uniforme de lieutenant général avec cette distinction qui n'exclut nullement un air martial et aguerri. Aussi doit-on dire qu'on entendait partout dans la foule des exclamations d'intérêt et d'admiration pour la belle et noble figure du prince. »

Le duc d'Aumale, atteint de la fièvre, ne partit pas avec son frère. Une ordonnance royale du 27 mai l'avait nommé colonel du 24ᵉ léger en remplacement du général Bedeau. Le 10 juin, il bivouaquait au col de Mouzaïa, sur le plateau des Réguliers, et y était reconnu comme colonel de son nouveau régiment. Le 17ᵉ léger faisait depuis huit ans la guerre en Afrique. C'était un des numéros les plus illustres de l'infanterie. Il fut rappelé en France au mois de juillet, et débarqua, le 29, à Marseille, avec son colonel. La garnison prit les armes. Le canon des forts tonna. Une foule immense salua le prince et le drapeau déchiré, noir de fumée, criblé de balles. Le 2 août, le duc d'Aumale se rendit au théâtre, où dans un entr'acte on applaudit une pièce de vers de M. Autran intitulée *le Retour d'Afrique*. Le prince continua sa route à petites journées, à la tête de son régiment. Le 22 août il arrivait à Lyon, où le canon annonçait son entrée dans la ville ; il passait en revue la garnison, entendait la messe à l'église de Saint-Jean et assistait à un banquet de quinze cents couverts que la ville offrait aux officiers, sous-officiers et soldats du 17ᵉ léger, dans le Cours du Midi. Le 3 septembre, à Auxerre, il ouvrait le bal de la préfecture avec la vicomtesse de Bondy, femme du préfet, et, le lendemain, les habitants de la ville lui offraient un banquet. Le 7, à la limite du canton de Montereau, le vicomte de Germiny, préfet de Seine-et-Marne, lui disait : « Monseigneur, votre heureux retour nous permet de renouveler ici les hommages que naguère nous portions respectueusement dans votre première tente au camp de Fontainebleau. Alors vous prépariez vos armes ; aujourd'hui vous revenez vainqueur. Honneur au fils du roi, gloire à ses nobles compagnons ! Leur présence va réveiller en ces lieux de brillants souvenirs. Les échos de Surville et de Montereau résonneront de guerre et courage, comme l'Afrique, Monseigneur, retentit de votre illustre nom. Entrez donc, vous, et vos vaillants soldats ; le sol de ces contrées, jadis foulé par des héros, reconnaîtra les pas de la victoire. » Le prince-colonel répondit qu'il n'avait encore rien fait pour mériter les honneurs d'un tel rapprochement, mais que la bravoure de son régiment était digne de cette comparaison. Un peu avant Melun, le 9 septembre, il fut rejoint, à sa grande surprise, par le duc d'Orléans, et les deux frères firent leur entrée dans la ville à la tête du 17$^e$ léger. Le même jour, on inaugura un pont qui reçut le nom de pont d'Aumale. Le soir il y eut banquet et bal à la préfecture. Le séjour à Corbeil dura du 10 au 13. Le duc de Nemours qui venait de quitter le camp de Compiègne pour aller au-devant de son frère le rencontra à Vitry.

Le 13 septembre, toute la population de Paris est sur pied. On sait que le 17$^e$ léger, ayant à sa tête son brillant colonel de dix-neuf ans, fera son entrée dans la capitale par la barrière du Trône. La foule aime les spectacles militaires. Celui qui se prépare est pour elle une fête. La veille, dans la soirée, il y a eu sur la place du Châtelet et dans la rue Saint-Denis des rassemblements dirigés par des hommes connus pour faire partie des sociétés secrètes. On a crié : A bas Louis-Philippe! Vive la République! A bas Guizot! Mais le 13 septembre, dans la matinée, la population parisienne ne songe plus qu'au plaisir qu'elle aura d'acclamer le duc d'Aumale et les soldats d'Afrique. Plus de quatre cent mille personnes se sont portées sur le passage du régiment. Les boulevards et la rue Saint-Antoine regorgent de monde. Il est une heure de l'après-midi. Voilà le régiment qui s'avance au bruit des tambours, au son de la musique militaire. Le duc d'Orléans, le duc de Nemours et plusieurs généraux sont venus à sa rencontre, à la barrière du Trône. Ils défilent à sa tête, avec le colonel dont la physionomie juvénile et martiale attire tous les regards. Les visages hâlés des soldats, leurs habits usés, leur tenue de campagne, leur allure énergique et fière, leur drapeau troué par les balles produisent une impression profonde. La foule est bienveillante, sympathique ; elle applaudit. Le régiment est déjà dans la rue Saint-Antoine quand, à la hauteur de la rue Traversière, une détonation se fait entendre. Un coup de pistolet vient d'être tiré presque à bout portant sur le duc d'Aumale qui est en avant de ses frères d'environ deux pas. Mais la balle, au lieu de l'atteindre, frappe à la tête le cheval du lieutenant-colonel Levaillant qui marche auprès du prince, et ce cheval tombe mort. La foule indignée se précipite sur l'assassin, un nommé Quénisset, ouvrier scieur de long et voudrait le mettre en pièces. Le duc d'Orléans, voyant les soldats hors d'eux-mêmes, s'écrie : — L'arme au pied ! que personne ne bouge ! — Le meurtrier est remis aux mains de la force armée, et le régiment continue sa marche. Les cris de : « Vive le Roi ! Vivent les princes ! Vive le 17ᵉ léger ! » retentissent de toutes parts. Le duc d'Aumale, resté parfaitement calme, dit en souriant à ses frères : « Il paraît qu'on commence à me compter pour quelque chose puisqu'on veut me tuer. »

Cependant Louis-Philippe attend son fils. A cheval, ayant auprès de lui le roi des Belges, le duc Ferdinand de Saxe-Cobourg, père de la duchesse de Nemours, le duc de Montpensier, le maréchal Soult et un nombreux état-major, il se place sous le pavillon de l'Horloge, en face de l'arc de triomphe du Carrousel. Marie-Amélie, la reine des Belges et les princesses sont au balcon de la salle des maréchaux. La grille s'ouvre. Voilà le duc d'Aumale qui, devançant le régiment, arrive au grand galop sur un cheval arabe, dont la longue crinière touche le sol. Le roi s'avance jusqu'au milieu de la cour des Tuileries, et serre avec effusion la main de son fils. Quelques instants après, le 17º léger entre dans la cour. Le roi le passe en revue, au milieu des acclamations. Il s'incline devant le drapeau, et donne de sa main la croix de la Légion d'honneur à plusieurs officiers et à trois soldats.

A quatre heures de l'après-midi, le régiment se remet en marche pour Neuilly dans le même ordre qu'il a suivi depuis la barrière du Trône, et au milieu de la même affluence. Il y retrouve le roi qui lui donne un dîner en plein air, dans une vaste clairière située au milieu des massifs ombragés et des vertes allées du grand parc, à quelque distance de la grille des Deux Pavillons. Il y a cinq mille trois cents couverts. La table du souverain est dressée sur une estrade. En face de cette estrade, à une distance de cent cinquante mètres, est une tente destinée à la reine. A cinq heures du soir, le roi, en uniforme de général, arrive à cheval dans l'enceinte du banquet. Les acclamations, qui se prolongent pendant quelques minutes, couvrent le bruit des tambours et des clairons. Un temps magnifique favorise cette fête militaire. A la fin du repas, le maréchal Soult, le verre en main, crie d'une voix éclatante : L'Armée Française au Roi ! — Puis Louis-Philippe se lève, et, au milieu d'un profond silence, il prononce ces paroles : « Mes chers camarades, c'est comme roi et chef de l'armée que je porte à tous les régiments, à tous les corps de terre et de mer qui la composent, en France, en Afrique et par delà les mers, ce toast de reconnaissance et de satisfaction. »

Le même soir les rassemblements recommencèrent sur la place du Châtelet. Trois cents individus environ la traversèrent en chantant la *Marseillaise*. Les groupes se dirigèrent par la rue Saint-Denis vers les boulevards, où ils lancèrent des pierres sur les reverbères. A onze heures du soir le désordre avait cessé.

Le lendemain, les journaux fidèles organes de l'opinion publique, exprimèrent l'horreur qu'inspirait la tentative criminelle dont le duc d'Aumale avait failli être victime. « Qu'a donc fait le duc d'Aumale pour exciter la rage des factions? était-il dit dans l'article des *Débats*. Qui donc peut avoir à se venger de lui? Et que pouvait-on gagner à le tuer? S'il eût succombé en Afrique à la maladie qu'il avait gagnée au bivouac des Mines de cuivre, ou si le feu de l'ennemi l'eût atteint, sa royale famille eût pleuré sa mort. La France eût perdu un bon soldat, le Roi un fils chéri, un serviteur loyal. Mais la mort du duc d'Aumale n'aurait fait courir à l'État aucun risque. Elle n'aurait ni ébranlé le trône, ni compromis les institutions. Elle n'aurait rien ajouté aux bonnes chances que les factions se permettent du déchirement et de la perturbation de l'État. Pourquoi donc le tuer? Pourquoi ce crime sauvage

qui a effrayé la population de Paris ? Pourquoi ? »
Dans un article reproduit par le *Moniteur*, le
*Temps* s'exprimait ainsi : « On se demande où
s'arrêtera ce fanatisme furieux et insensé qui va
jusqu'à s'attaquer au quatrième fils du chef de
l'Etat, et qui veut par conséquent tuer pour tuer.
La nation n'est point responsable du crime de
quelques-uns de ses membres. Mais on ne peut
néanmoins se défendre d'un profond sentiment
de tristesse et d'humiliation en songeant qu'il a
pu se former dans son sein une secte qui professe
l'assassinat comme dogme, et dont les exécrables martyrs se succèdent avec autant de promptitude que de dévouement absolu. »

Quénisset n'avait été que l'instrument de suborneurs. Pendant l'instruction, il les dénonça.
Dix-sept individus furent inculpés dans l'accusation. Le 23 décembre 1841, trois furent condamnés à mort, trois à la déportation, six à la
réclusion et cinq acquittés faute de preuves suffisantes. En raison des aveux et du repentir de
Quénisset, le roi commua sa peine, ce qui entraîna la même faveur pour ses deux principaux
complices. Non seulement le meurtrier eut la
vie sauve, mais le duc d'Aumale lui accorda des
secours pécuniaires.

## XXX

UN BAL COSTUMÉ.

L'existence des princes abonde en contrastes shakespeariens. Avant d'avoir à raconter une des catastrophes les plus imprévues, un des événements les plus lugubres de l'histoire du XIX$^e$ siècle, nous allons évoquer le souvenir d'une fête, une fête toute joyeuse, toute charmante donnée au château des Tuileries, dans ce pavillon Marsan, que le prince royal devait quitter quelques mois plus tard, pour ne jamais revenir.

C'est le 5 février 1842; depuis plusieurs jours le tout Paris élégant ne s'entretient que de ce bal costumé. A huit heures du soir ceux des invités qui doivent former des quadrilles sont déjà réunis dans la grande galerie Louis-Philippe, pour y composer leur cortège.

A neuf heures, le roi et la reine arrivent au pavillon Marsan, où le duc d'Orléans va les recevoir en haut de l'escalier. Ils ne sont déguisés ni l'un ni l'autre. Le prince royal ne l'est pas non plus. Le roi porte l'uniforme de général et le prince celui de pair de France. La reine Christine, qui accompagne Louis-Philippe et Marie-Amélie, porte une robe de cour toute chargée de pierreries. Sur sa tête brille un magnifique diadème de diamants. Leurs Majestés sont conduites dans la galerie de tableaux du prince royal. Il y a de bien belles toiles dans cette galerie. Les peintres protégés par le prince et honorés de son amitié y sont représentés par des chefs-d'œuvre. On y remarque particulièrement deux tableaux d'égale dimension qui se font pendant. L'un est de Paul Delaroche : c'est la mort du duc de Guise; l'autre d'Ingres : c'est la Stratonice. (Ces deux toiles sont actuellement à Chantilly, chez le duc d'Aumale). Il y a aussi deux tableaux d'Ary Scheffer. Le duc d'Orléans en a parlé ainsi dans son testament daté de Toulon, le 9 avril 1840 : « Comme c'est le comte Molé qui m'a marié, qui a reçu mon fils aîné à sa naissance; comme il a rattaché à mon mariage le grand acte de l'amnistie, ce premier pas vers la fusion de tous les Français par l'oubli du passé et un intérêt commun dans l'avenir, je veux lui léguer un témoignage spécial de mes sentiments, et je le prie d'accepter les deux tableaux de *Mignon*, de mon ami M. Scheffer, qui sont parmi ceux de ma galerie que j'aime le mieux. »

Le bal commence par le défilé des costumes dans la galerie. Les deux orchestres de Tolbecque jouent une marche de Lulli. Voici que s'avancent, en se donnant la main, la duchesse d'Orléans et le duc Alexandre de Wurtemberg, veuf de la princesse Marie, puis la duchesse de Nemours et le prince de Joinville. Leurs Altesses et leur suite sont en costume Louis XIII. Le prince de Joinville est superbe avec sa cuirasse d'or. Derrière la duchesse d'Orléans marchent ses dames pour accompagner : la comtesse Anatole de Montesquiou, la comtesse de Chanaleilles, la comtesse d'Hautpoul, et sa dame lectrice la marquise de Vins de Peysac; derrière la duchesse de Nemours, sa dame pour accompagner, la marquise d'Oraison. Les cavaliers de ces dames sont le comte de Grave, lieutenant de vaisseau, le comte de Perthuis, chef d'escadron, tous deux officiers d'ordonnance du roi, le général comte Anatole de Montesquiou, chevalier d'honneur de la reine, le comte d'Hautpoul et le comte de Failly. Tous ont la fraise haute, le pourpoint rembourré, le manteau brillant de soie et d'or.

Voici le duc de Nemours. Comme il a grand air avec l'uniforme rouge, galonné d'or, de colonel-général des hussards de Lauzun! Voilà le duc d'Aumale. Comme il est élégant, et quel joli garçon! Il a pris le costume que portait le duc de

Guise en 1588, sur la poitrine un admirable collier en pierres précieuses, une toque sur la tête, à la ceinture un vieux poignard richement ciselé, au côté une épée historique. Le duc de Montpensier a revêtu le costume de chasse de la maison d'Orléans. La princesse Clémentine est charmante dans sa toilette de cour de la fin du règne de Louis XV. Quand elle était enfant, elle avait porté un costume de la même époque, à la grande joie de Charles X, à qui elle rappelait sa jeunesse. Derrière les princes s'avancent la duchesse de Massa, dame d'honneur de la princesse Clémentine, la comtesse Maurice d'Hulst, sa dame pour accompagner, la comtesse Scipion du Roure, la comtesse Louise de Chanterac, la baronne Mathilde de Finguerlin, dame lectrice de la duchesse de Nemours, les commandants Thiéry et de Lasalle, officiers d'ordonnance du roi, le baron Jamin, chef de bataillon, officier d'ordonnance du duc d'Aumale, le comte de Massa, le comte de Chanterac, les hommes en gardes françaises, les dames avec le costume de cour de la fin du règne de Louis XV, les coiffures montées sur fil d'archal et d'une dimension démesurée.

Voici maintenant le quadrille des étrangers, où figurent femmes et filles des ambassadeurs et ministres plénipotentiaires accrédités à la cour des Tuileries. Lord Cantalupe est en chevalier du temps des Croisades, le comte de Losbeck et le baron de Schlepenbach en hommes d'armes de la guerre de Trente ans. Très remarquées dans ce quadrille la comtesse de Toreno, la marquise de Casariera, la comtesse de Luxbourg, la comtesse de Kœneritz, M^me de Kisseleff, les filles de Lord Cowley.

Après le premier quadrille (celui des princes) et le second (celui des étrangers), troisième quadrille (celui des bergères Pompadour) ainsi composé : la comtesse Duchâtel et le vicomte Dejean ; M^me Martin (du Nord) et le vicomte de Montozon ; M^me Liadières et M. Hochet ; la comtesse de Ségur et M. de Courpon ; M^me Moulton et M. de Montalvo ; M^me de Lespérut et M. Prosper Vigier ; M^me Cuvillier-Fleury (femme de l'ancien précepteur du duc d'Aumale) et M. Trubert. Le costume des bergères se compose de deux jupes de soie, l'une blanche et l'autre rose, celle-ci ouverte sur le côté droit et entourée de bouquets de roses et d'argent, la coiffure poudrée, le pouf à gauche, sur la tête un chapeau de paille de riz, une profusion de guirlandes de roses et de rubans sur la jupe, sur le corsage, sur les épaules. Leurs cavaliers sont en chevau-légers du temps de Louis XV, habit de velours azur, rehaussé d'agréments d'argent, culotte de satin blanc, tricorne à plumes blanches et à galons d'or, le nœud rose à l'épée.

Puis voici le quadrille des chasseurs et chasseresses conduit par la marquise de Plaisance ; puis le quadrille espagnol où brille la jolie baronne de Saint-Didier, et enfin celui des gardes françaises et des grisettes du temps de Louis XV, dans les costumes d'une pièce alors en vogue : *la Permission de dix heures*. On y remarque la comtesse Berthier, la comtesse Duhesme, Mme Nivière, Mme Ernest André. Toutes les autres personnes suivent deux à deux, s'arrêtant devant le roi et la reine et faisant un profond salut.

A qui donner le prix d'élégance et de beauté ? A la comtesse d'Haussonville, fille du duc de Broglie, petite-fille de Mme de Staël, superbe en Orientale, les cheveux dénoués et lui tombant jusqu'aux chevilles ? A la comtesse Fernand Foy et à sa belle-sœur, Mme Piscatory, portant toutes deux le même costume, celui de dames du temps de la Fronde ? A la marquise de Blocqueville, fille du maréchal Davout, éblouissante dans son costume de juive ? A la belle Mme Schickler en toilette de cour du temps de Louis XIII ? Aux deux charmantes sœurs, la marquise de Contades (actuellement comtesse de Beaulaincourt) et Mlle Pauline de Castellane (qui a épousé en premières noces le comte de Hatzfeldt, en secondes le duc de Talleyrand actuel) ?

Comme costumes historiques citons la comtesse de Montalivet : Claude de France ; la duchesse de Valençay, née Montmorency : en Mlle de Montmorency, fille du connétable ; la comtesse Mortier : Jeanne d'Aragon ; la baronne de Barante :

sainte Clotilde; M<sup>me</sup> de Béhague : Isabeau de Bavière; la comtesse de Colbert : M<sup>me</sup> de Maintenon.

Voici la comtesse de Bondy en Diane chasseresse ; M<sup>me</sup> Thiers en costume moyen âge; la duchesse d'Estissac en dame de la cour de Louis XIV ; la comtesse Napoléon Duchâtel et la duchesse Decazes en toilettes de cour du XIII<sup>e</sup> siècle; la baronne de Berthois, la comtesse Rœderer et la comtesse de Salvandy en costumes Louis XVI ; la comtesse de Thorigny, une des femmes les plus admirées de l'époque, superbe dans un fastueux costume oriental, rehaussé d'émeraudes et de diamants.

Voici le comte Walewski et le comte de Morny (les futurs ministres de Napoléon III) en costumes de cour du XVI<sup>e</sup> siècle; le prince de la Moskowa, en capitaine de hussards canaries, jaune et argent, créés en 1800 par le général Mathieu Dumas; son frère M. Edgar Ney (le futur grand veneur du second Empire), dans l'uniforme de chef tunisien envoyé par le bey de Tunis au duc d'Orléans ; le général Gourgaud en Sully; le comte Greffulhe en officier du temps de Louis XV, le duc d'Albuféra en chef de clan écossais; le marquis de Perreux en Robert le Diable; le comte de Mornay en Oriental; le comte d'Hédouville en Don Quichotte; son frère, le capitaine d'Hédouville, un géant, en tambour-major des gardes françaises; le comte de Beaumont en maître des cérémonies de la cour de Louis XV; un jeune officier, M. Charles Bocher, dans un costume persan que le duc d'Orléans lui a donné en souvenir d'une campagne d'Afrique où il l'avait remarqué.

Les lettres et les arts sont brillamment représentés dans cette fête, car le prince royal est l'ami des littérateurs et des artistes. On remarque les peintres Eugène Delacroix en soldat marocain; Horace Vernet en cheik arabe; Raffet en montagnard du Caucase; Biard en Lapon; Winterhalter en Florentin du XVIe siècle; Eugène Lamy en volontaire français partant pour la guerre d'indépendance de l'Amérique; Gudin en officier des Musulmans de la garde impériale de Russie, costume qui est un présent de l'empereur Nicolas. Le romancier Eugène Sue est en seigneur du temps de Louis XIII, ainsi que le graveur Henriquel Dupont, et les peintres Tony Johannot et Louis Boulanger; Halévy, l'auteur de la *Juive*, directeur de la musique de Mme la duchesse d'Orléans, est en maître de chapelle du règne de Louis XIV; le sculpteur Marochetti en Florentin de la Renaissance; un autre sculpteur, Triquetty, qui a pris le costume de Benvenuto Cellini, dont il est l'émule, s'approche de la princesse royale et lui offre, comme souvenir de la fête, une coupe de bronze ciselé, dans le style du XVIe siècle.

Les costumes historiques, tous d'une parfaite exactitude, ressemblent à des tableaux du musée de Versailles, qui, descendus de leurs cadres, seraient animés tout à coup par le souffle de la vie.

Après le défilé, les princes et les princesses ouvrent le bal par une contredanse dans la galerie de tableaux.

On passe ensuite au salon rouge où est dansé avec un grand succès le quadrille des bergères Pompadour.

Le souper est servi dans les appartements du roi et de la reine des Belges. L'escalier, par lequel on y monte, a l'aspect d'une haie vive parsemée de roses, de jasmins et de camélias. Les statues du péristyle reflètent sur le marbre les rayons d'un foyer de lumière ménagé sous le feuillage. Au premier étage, en arrière de la rampe, un orchestre joue une marche arabe. A voir les musiciens avec leurs burnous attachés sur la tête, on prendrait les exécutants pour des Bédouins. Ce sont les musiciens d'un régiment français qui ont appris en Afrique la marche qu'ils jouent aux Tuileries. Un très habile sonneur de trompe nommé Baptiste Varet sonne ensuite des fanfares de chasse. On soupe dans sept grandes salles où plus de deux cents personnes sont servies à la fois. Le roi s'est retiré à minuit. Mais la reine reste encore au bal. Après le souper elle redescend au salon rouge où le quadrille des bergères Pompadour est dansé pour la seconde fois. Après le départ de la reine, le bal continue avec animation devant la duchesse d'Orléans et la princesse Clémentine. Le cotillon, conduit par M. de Courpon, ne se termine qu'à six heures du matin.

Plusieurs des assistants, le prince royal à leur tête, se souvenaient d'un autre bal costumé qui, à la fin de la Restauration, avait été donné dans le même local. C'était le fameux bal Marie Stuart où la duchesse de Berry représentait la jeune reine de France et d'Ecosse, et le duc d'Orléans, alors duc de Chartres, son époux le roi François II. Au point de vue aristocratique, le premier des deux bals était celui qui avait eu le plus d'éclat, mais comme luxe, comme animation, le second ne fut pas moins brillant. La monarchie de Juillet voulait rivaliser d'élégance avec la royauté de Charles X.

## XXXI

LA DUCHESSE D'ORLÉANS.

Nous avons admiré la duchesse d'Orléans enfant, jeune fille, jeune femme. C'est bientôt comme veuve que nous aurons à la contempler. Auparavant, étudions en elle la princesse, l'épouse, la mère, la chrétienne, à la veille du jour où la Providence, dans ses décrets impénétrables, va la condamner à un deuil éternel.

Femme supérieure, intelligence d'élite, grande dame dans la meilleure acception de ce mot, pleine de simplicité et de dignité, de tact et de mesure, ne se mêlant à aucune intrigue, n'éveillant ni les jalousies, ni les susceptibilités, comprenant tout en politique, et cependant n'essayant pas de jouer un rôle, la duchesse d'Orléans inspire la sympathie et commande le respect. Tenant son salon avec l'amabilité et l'autorité d'une princesse accomplie, elle évitait les coteries si funestes dans les cours, et habitant, aux Tuileries, ce pavillon Marsan qui fut depuis 1820 jusqu'à la fin de la Restauration la résidence de la duchesse de Berry, elle eut grand soin de n'y pas faire renaître ce qu'on appelait, sous le règne de Charles X, le « petit château ». Au lieu de grouper autour d'elle une société distincte, elle vivait de la même vie que ses jeunes belles-sœurs. Une partie de ses matinées se passait avec elles dans la chambre de la reine, où chaque princesse avait sa table de travail. Le roi venait souvent dans ce petit cercle de famille, se faisait lire les écrits du jour les plus remarquables. Le soir, la duchesse prenait sa place auprès de la reine, puis, alors que celle-ci s'était retirée, elle rentrait dans ses appartements, seule avec son mari.

En politique, le duc et la duchesse d'Orléans avaient absolument les même idées. Avant son mariage, la duchesse avait pris parti pour la France de Juillet contre la France de Charles X. Ses sentiments d'épouse et de mère vinrent ensuite augmenter son ardent désir de voir se consolider le nouveau trône. Elle aidait son mari dans l'accomplissement d'une tâche difficile. On peut constater par le testament du prince quel prix il attachait à cette collaboration si précieuse, et combien il désirait qu'alors même qu'il ne serait plus là, sa veuve restât fidèle au programme de la maison d'Orléans. « J'ai la confiance, dit-il en exprimant ses dernières volontés, que lors même que ses devoirs vis-à-vis des enfants que je lui aurais laissés n'enchaîneraient plus Hélène au sort de notre famille, le souvenir de celui qui l'a aimée plus que tout au monde l'associerait à toutes les chances diverses de notre avenir et de la cause que nous servons. Hélène connaît mes idées ardentes et absolues à cet égard, et sait ce que j'aurais à souffrir de la savoir dans un autre camp que celui où sont mes sympathies et où furent mes devoirs. » Le duc d'Orléans n'avait rien à craindre à cet égard. La duchesse devait être et rester la servante passionnée de la dynastie de Juillet, dont elle représenta jusqu'à sa mort les tendances, et, l'on peut ajouter, les rancunes. Moderne dans ses aspirations, et libérale dans ses idées, elle ne conserva rien des préjugés habituels aux petites cours d'Allemagne. Son esprit, comme son cœur, s'était façonné à l'image de son mari. Très ambitieuse pour lui, elle écrivait : « Le prince voit chaque jour ses occupations se multiplier à ma grande satisfaction, quoiqu'elles me séparent souvent de lui ; je le dis avec joie, car j'ai beaucoup d'ambition pour lui, et lorsque je le vois réussir dans toutes les choses qu'il entreprend, lorsque je vois que la confiance en la sagesse de ses vues augmente de jour en jour, lorsque je vois enfin le roi le charger des choses qui lui tiennent à cœur, j'en suis fière et cela me tient parfois lieu de lui-même. »

La duchesse d'Orléans s'était très vite familiarisée avec le caractère français. Connaissant à fond la langue des classiques du xviie siècle, elle s'était promptement assimilée les idées, les goûts, les modes, la littérature de sa nouvelle patrie. Elle se rattachait par ses aspirations politiques à la société nouvelle, et par ses manières à l'ancien régime. Tout en ne formant point de coterie, elle donnait au pavillon Marsan des fêtes beaucoup plus élégantes que les fêtes royales, et l'on peut dire que les bals de la princesse étaient à ceux du roi, ce que furent, sous le second Empire, les Lundis de l'Impératrice aux grands bals des Tuileries. Mme de Girardin écrivait dans ses *Lettres parisiennes*, le 8 février 1840 : « La semaine a commencé par deux grands bals. Lundi, bal chez Mme la duchesse d'Orléans. Mercredi, bal aux Tuileries. Le premier était un vrai bal de prince, tout y était du meilleur goût; beaucoup de monde et point de foule; un peu d'étiquette, mais point de froideur. De grands personnages causant dans de charmants salons artistement ornés; des hommes distingués osant avoir de bonnes manières au risque de passer pour des courtisans imitant le maître, beaucoup de jeunes femmes, toutes jolies et admirablement mises. On le sait, aux fêtes de Mme la duchesse d'Orléans on ne porte que des robes neuves; c'est pour ces jours-là que se réservent les parures les plus fraîches, les diamants les plus beaux et les fleurs les plus nouvelles. Comme ce sont des réunions d'élite, chacun est fier d'en faire partie, et chacun se met en frais pour y venir. Quand on se voit l'objet d'un choix si flatteur, on devient tout de suite très difficile pour soi-même; les préférences ont cela de bon qu'elles inspirent toujours un peu le désir de les mériter... Le bal donné aux Tuileries était un vrai bal de charité; la plupart des invités l'avaient été par complaisance. »

La princesse se mêlait au mouvement mondain, mais avec calme. « M$^{me}$ la duchesse d'Orléans, a écrit la marquise d'Harcourt, portait aux fêtes sa jeunesse et sa gaieté, mais alors comme toujours, elle craignait de se laisser entraîner au courant du bonheur, et s'inquiétait d'une vie si brillante. Un jour, à la veille d'un bal costumé qu'elle devait donner au pavillon de Marsan, elle fit venir une amie, la priant de lui dire, avec toute sincérité, si elle ne croyait pas blâmable d'encourager des amusements trop frivoles, dangereux peut-être. Avec une naïveté charmante elle demandait et craignait une réponse. » Les côtés frivoles de la vie ne troublaient point la jeune princesse; elle en aimait et pratiquait les côtés sérieux : les vertus, les devoirs.

Epouse, la duchesse d'Orléans fut le modèle de ce qu'on pourrait appeler la piété conjugale. Jamais foyer domestique ne fut plus respectable, plus sacré que le sien. Goûts, idées, opinions, sentiments, tout était commun entre le mari et la femme. Ils formaient comme les deux moitiés d'une même âme. Aucune ombre de jalousie ne traversa leur bonheur ; leur confiance mutuelle était absolue. La duchesse ne se permit jamais un de ces petits mouvements de coquetterie qui sont familiers même à des femmes honnêtes, et lui si beau, si adulé, si à la mode, ne donna jamais à sa compagne un instant d'ombrage. Les deux époux réalisèrent cette belle expression : *ascensiones in corde.* Leur affection allait toujours en grandissant. Heureuses et rares les âmes privilégiées, les âmes vraiment aimantes, vraiment aimées, qui savent inspirer une tendresse chaque jour plus vive, plus profonde, plus enthousiaste que la veille ! Telle fut celle que la duchesse d'Orléans inspira au jeune et charmant prince dont elle faisait le bonheur.

La duchesse d'Orléans n'était pas moins heureuse comme mère que comme épouse. En 1842, ses deux fils le comte de Paris et le duc de Chartres, nés tous deux aux Tuileries, dans le pavillon Marsan, l'un le 24 août 1838, l'autre le 9 novembre 1840, n'étaient encore que de tout petits enfants. La princesse se préoccupait déjà de leur avenir avec une sollicitude incessante, et veillait sur eux jour et nuit. Nous avons déjà cité ce qu'elle écrivait à propos du baptême de son fils aîné. Quelle belle pensée dans cette autre lettre

« Vous savez que la nature a eu de tout temps une grande influence sur moi. Je trouve que nous ne pouvons pas assez nous identifier avec elle par l'observation, car elle est de ces manifestations admirables, par lesquelles Dieu parle à notre cœur. Je crois qu'il est bon de favoriser ce goût dans les enfants; car, en admirant la nature, ils apprennent à aimer son créateur. Aussi vous pensez bien que je ne laisse pas échapper un beau couchant, un clair de lune, sans lui parler de celui qui a fait ces merveilles. Il faut que le sentiment du beau se développe sous toutes ses formes dans ces jeunes âmes. »

Quel joli petit tableau de famille que celui-ci : « Hier, j'ai pris mon grand courage pour me séparer de Robert (le duc de Chartres) et l'établir dans son nouveau logement. C'était une espèce de promenade triomphale qui me serrait le cœur. Paris courait joyeusement en avant; je portais le petit, puis venait ma mère, et ensuite toutes les femmes. J'eus la première le bonheur d'endormir le pauvre enfant. Je le recommandai bien à M$^{me}$ G..., qui a pris la surintendance de tout cet intérieur, et j'ai été donner sa soupe à Paris, qui était gentil comme un ange. C'était là une de ces soirées comme je les aime, qui laissent tant de calme au fond du cœur; elles sont rares maintenant, car je réponds, autant que je le peux, aux nombreuses exigences du monde. »

Quel profond sentiment maternel dans ces lignes :

« L'âme des enfants s'ouvre plus facilement lorsque nous sommes seuls avec eux. Je tâche d'être autant que possible seule avec mon fils. Aujourd'hui je l'ai ramené de Neuilly ; il s'endormit dans mes bras, je le couchai sur son lit, je lui rendis mille petits soins. Vous eussiez dû voir comme il était caressant et tendre. Oh ! que la mère bourgeoise est heureuse ! » Comme la femme d'intérieur apparaît dans cette lettre écrite en juin 1840 au moment où le duc d'Orléans venait de faire en Afrique une expédition qui fut sa dernière campagne : « Voilà mon protecteur, mon ami, ma vie rentré dans mon petit intérieur... Son absence me semble avoir été un long rêve. C'était une belle journée que celle d'hier ; je ne puis la comparer qu'à celle de la naissance de Paris. Mon cœur était plein de reconnaissance et palpitait de joie. Il vint des visites ; puis on nous laissa seuls quelques instants. Le petit était enfermé dans ma chambre à coucher. La porte s'entr'ouvrit ; il entra un peu intimidé. La famille partit, et nous dînâmes en tête-à-tête. Le petit trottait autour de nous, chantant, riant et ravissant le cœur de son père qui ne voulait pas en faire semblant. Ce fut une bonne chère soirée de causerie intime. »

Chrétienne, la duchesse d'Orléans avait toutes les vertus évangéliques : la bonté, la charité, la soumission à Dieu. On reconnaît dans sa correspondance la femme élevée à l'école de la Bible.

Jetant un coup d'œil rétrospectif sur l'année qui venait de s'écouler, elle écrivait le 31 décembre 1840 : « Voici cette année bientôt écoulée ; elle a été riche en bénédictions. Que Dieu nous donne des cœurs reconnaissants et fidèles ! qu'il nous fortifie dans sa sagesse pour résister à nos ennemis, à ceux que le monde suggère, et à ceux que notre propre cœur nous dévoile ! Puissions-nous le servir, ce Dieu de miséricorde, par nos paroles, nos actions, notre vie entière ! Qu'il soit avec tous ceux que nous aimons, qu'il les attire à lui, qu'il les protège et les bénisse ! Ah ! comme le cœur est rempli de vœux, comme chaque année en augmente le nombre ! C'est une heure si solennelle dans laquelle on ne peut penser qu'à Dieu et à ceux qu'on aime ! » Hélas ! la pieuse princesse n'avait plus à passer que deux fois le jour de l'an avec son mari. Les nuages, d'une tristesse qui était un pressentiment, traversaient quelquefois le ciel de son bonheur. A Dreux, le 7 juillet 1841, elle écrivait, après avoir visité la chapelle : « J'ai vu là pour la première fois le tombeau de ma pauvre belle-sœur... Là, j'ai vu les caveaux qui doivent nous réunir tous un jour ; où tant de larmes devront couler, où les miennes peut-être précéderont mes cendres. Toutes ces pensées, en me donnant une teinte très sérieuse, me portèrent à me remettre de nouveau entièrement et avec une pleine confiance entre les mains du Seigneur. » La princesse, qui avait supporté avec modestie et reconnaissance la prospérité, devait supporter l'adversité avec l'esprit de résignation et de sacrifice. Elle était déjà prête à se courber pieusement sous la main de Dieu qui allait la frapper. *Sacrificium Deo spiritus contribulatus. Cor contritum et humiliatum, Deus, non despicies.*

## XXXII

### LE DUC D'ORLÉANS.

La catastrophe du chemin de la Révolte est proche. Pendant qu'il en est temps encore, jetons les yeux sur le prince éblouissant de jeunesse, plein de force morale et physique, paré de tous les dons du ciel et de la fortune. Examinons en lui l'homme de famille, l'homme politique, le militaire, l'écrivain.

La vénération du duc d'Orléans pour sa mère est un culte. C'est du fond de son cœur qu'il l'appelle *cherissime Majesté*. C'est pour passer encore quelques minutes auprès d'elle qu'il trouvera la mort. Jamais prince héritier ne fut plus respectueux que lui pour son père. Henri Heine a écrit : « Louis-Philippe, ce bon homme et ce bon père de famille, exige dans le cercle des siens une obéissance aveugle, telle que le plus furieux despote ne l'a peut-être jamais obtenue à force de cruautés. Le respect et l'amour enchaînent la langue de sa famille et de ses amis. » Quand le duc d'Orléans ne partage point en politique une opinion du roi, il a soin de le cacher. C'est le plus dévoué des sujets, c'est le plus obéissant des fils. Il saisit toutes les occasions de rendre hommage à l'habileté, au courage, à la bonté de son père.

Le prince a pour sa femme une fidélité absolue, une tendresse mêlée d'admiration et de reconnaissance. M. de Pontmartin a fait dans ses *Derniers samedis* les réflexions suivantes : « Le bonheur complet et absolu dans le mariage, rare partout et toujours, est encore plus difficile chez les princes. Pas n'est besoin de remonter aux chroniques mondaines des années antérieures à 1837 pour deviner que la première jeunesse du duc d'Orléans fut exposée à des séductions d'autant plus puissantes qu'il les exerçait encore plus qu'il ne les subissait. En pareil cas lorsque survient le mariage, même avec une personne supérieure et charmante, on peut craindre que le souvenir des passions plus ou moins sincères, mais très bien jouées, ne fasse tort à l'amour légitime, que le bonheur régulier, limpide et paisible ne paraisse fade au héros de roman. La droiture du duc d'Orléans, les perfections de sa compagne, l'habitude de ne voir autour de soi que des vertus et des affections de famille dont il prenait délicieusement sa part, le dérobèrent à ce péril, et ce ne fut pas le moindre de ses titres de gloire. » Le prince suit l'exemple paternel. Il a pour la duchesse d'Orléans les mêmes sentiments que Louis-Philippe pour Marie-Amélie. Le cavalier à bonne fortune est devenu l'époux irréprochable.

Par la sollicitude qu'il montre pour ses enfants encore tout petits, on peut se rendre compte du soin qu'il aurait apporté à leur éducation. Nous allons citer un récit d'Alexandre Dumas père, qui est un tableau de famille à la fois plein de charme et de tristesse.

« Le 2 janvier 1840, j'étais allé faire ma visite de bonne année au prince royal. Après quelques instants de causerie : « Connaissez-vous le comte de Paris ? me demanda-t-il.

— Oui, Monseigneur, répondis-je, j'ai eu l'honneur de voir Son Altesse déjà deux fois.

— N'importe, me dit-il, je vais aller le chercher, pour que vous lui fassiez vos compliments.

Le comte de Paris me donna sa petite main, que je baisai.

— Que souhaitez-vous à mon fils ? me dit alors le prince.

— D'être roi le plus tard possible, Monseigneur.

— Vous avez raison, c'est un vilain métier.

— Ce n'est point pour cela, Monseigneur,

repris-je; mais c'est parce qu'il ne peut être roi qu'à la mort de Votre Altesse.

— Oh! je puis mourir maintenant, dit-il avec cette expression de mélancolie qui revenait si souvent sur son visage et dans sa voix. Avec la mère qu'il a, il sera élevé comme si j'y étais.

Puis étendant la main vers la chambre de la duchesse, comme s'il pouvait deviner à travers la muraille la place où elle était : — C'est un quine que j'ai gagné à la loterie, me dit-il. »

Le duc d'Orléans est le meilleur des frères. Rien de plus touchant que la manière dont il s'exprime sur chacun d'eux, dans son testament: « Je commence par Nemours, écrit-il, parce qu'il sera le chef de la jeune famille; je l'ai aimé encore plus qu'on aime un frère, c'est avec la confiance que m'inspire son loyal caractère que je le vais charger d'un avenir aussi grand que celui qui s'ouvre devant lui, et je sais qu'il justifiera la devise : *Uno avulso non deficit alter.* » Dans l'affection que le duc d'Orléans témoigne au duc de Nemours, il y a une nuance spéciale de respect. La vie exemplaire de ce prince, ses sentiments religieux, la modestie, la dignité de son attitude inspirent à son aîné une haute estime qui se traduit un jour par cette phrase. « J'ai plus de confiance dans son jugement que dans le mien. » Si profonde que soit la tendresse du prince royal pour sa femme, ce n'est point à elle, c'est au duc de Nemours qu'il désire que, le cas échéant, la régence soit dévolue. « En laissant, dit-il, comme c'est son intérêt et son devoir, tous les soins du gouvernement à des mains viriles et habituées à manier l'épée, Hélène se dévouerait tout entière à l'éducation de ses enfants, comme elle s'est dévouée à moi. » Le prince s'exprime avec attendrissement sur chacun de ses frères et sœurs : — « Je dis adieu à ma sœur Louise, qui a toujours été une amie si tendre et si sûre pour moi ;... à ma sœur Clémentine, si digne d'être heureuse, et qui retrouvera dans nos frères l'appui qu'elle eût eu en moi, à mon frère Joinville, à qui je recommande de joindre de l'esprit de travail et de conduite aux nobles qualités qui me l'ont rendu si cher; à mon frère Aumale, qui, s'il développe par des travaux sérieux et élevés tout ce dont il a le germe en lui, pourra rendre de bien grands services à la France; — à mon frère Montpensier, qui doit aussi se rendre utile au service commun de la famille. » Toute la pensée du prince se résume dans cet appel suprême à la concorde entre les siens : « Je recommande à mes frères et sœurs de tous se sacrifier mutuellement à la conservation de l'union étroite qui règne entre nous, et que j'aurais tant cherché à maintenir. Que tout soit commun entre eux, bourse, genre de vie, plaisirs, peines, pensées et émotions de tout genre; qu'ils ne soient que les différents membres d'un même corps animé par une seule âme; que leur principe soit : « Tous pour un, un pour tous » ; et qu'ils ne songent plus désormais à moi que pour remplacer ce que la famille aura perdu de force, en ajoutant à leur valeur individuelle par leur travail et leur honorable conduite. »

Homme politique, le duc d'Orléans était attaché aux idées nouvelles. On lui a beaucoup reproché de s'être prononcé pour la Révolution. Dans le portrait qu'il a tracé du prince, M. de Pontmartin a dit : « J'arrive au testament pathétique, aimable, et que je qualifierais presque de sublime dans sa simplicité et sa modestie touchantes, dans ses douloureux pressentiments, si le mot ne devait être réservé à un autre testament d'un autre Bourbon. Je ne voudrais en retrancher que deux ou trois lignes qui m'attristent : — « Il faut que mon fils soit, avant tout, un homme de son temps et de sa nation ; qu'il soit catholique et serviteur *passionné, exclusif*, de la France et *de la Révolution*. » Si le duc d'Orléans avait vécu plus longtemps, il aurait reconnu que servir la Révolution, c'est desservir et démolir la France.

« Plus loin : — Ma chère Hélène sait que ma *foi politique m'est encore plus chère* que mon *drapeau religieux*, mes convictions étant, après mes affections, ce que j'ai de plus précieux au monde. » Le grand critique légitimiste, après avoir cité ces phrases, ajoute : « Il en est de votre loi religieuse, placée à une hauteur plus voisine du ciel et de la terre, comme de la probité et de l'honneur. Dès l'instant qu'on leur préfère *quelque chose*, autant vaudrait s'avouer sceptique. La tristesse redouble quand on se rappelle ce fatal *quelque chose*, que le prince préférait à la religion de sa mère et de ses sœurs, et qui, sous divers pseudonymes ou euphémismes, préparait dans l'ombre la révolution de Février. »

Il est certain que le duc d'Orléans au lieu de dire : *ma foi politique* et *mon drapeau religieux*, aurait mieux fait de dire : mon drapeau politique et ma foi religieuse. Mais par le mot de Révolution il n'entendait parler ni des bouleversements, ni des changements de régime dont il avait plus que personne à craindre les résultats. A ses yeux ce mot de Révolution signifiait la société nouvelle telle que l'ont constituée les principes de 1789. Il en voulait non pas aux idées conservatrices et monarchiques, mais aux vices, aux erreurs, aux préjugés de l'ancien régime et au système rétrograde des oligarchies européennes. On peut dire qu'il penchait vers ces théories de socialisme chrétien qui sont maintenant à l'ordre du jour. Nous en trouvons la preuve dans cette phrase de son testament : « Je suis certain que, tout en restant personnellement fidèle à ses convictions religieuses, Hélène élèvera scrupuleusement nos enfants dans la religion de leurs pères, dans cette religion catholique qui fut de tout temps celle que la France a professée et défendue, et dont le principe est si parfaitement d'accord avec les idées sociales nouvelles au triomphe desquelles mon fils doit se consacrer. » Pour le duc d'Orléans le régime censitaire n'est pas le dernier mot de la politique. Le prince croit à la nécessité de réformes. Il déclare qu'on devra « reconstruire sur de nouvelles bases une société qui ne repose aujourd'hui que sur [les débris mal assortis et chaque jour mutilés de ses organisations précédentes », et c'est la régénération sociale qu'il qualifie de « la cause la plus belle qui, depuis le christianisme, ait été plaidée devant le genre humain ». Il demande que son héritier soit « l'apôtre de cette cause et au besoin son martyr ». Les libéraux aimaient un prince qui croyait à la marche ascendante, envisageait la politique extérieure, comme la politique intérieure, à un point de vue libéral et démocratique. Entraîné vers le principe des nationalités, comme le fut Napoléon III, il avait les élans de chauvinisme familiers aux jeunes gens de sa génération. Persuadé qu'un duel était inévitable entre la France nouvelle et les vieilles monarchies européennes, il parle, dans son testament, de l'infanterie comme « de l'arme où le peuple tout entier devra entrer le jour où l'on tentera d'exécuter contre la France, contre ses idées et sa dynastie la sentence depuis longtemps rendue contre ces illustres contumaces ».

Edgar Quinet a raconté une très curieuse conversation qu'il eut avec le duc d'Orléans, quelques mois avant la mort du prince. Il avait publié une brochure dans laquelle il réclamait la revanche de Waterloo et la conquête des frontières du Rhin : « Vous avez foi en la France, lui dit le prince royal. J'ai été frappé du profond sentiment national qui vit dans tout ce que vous avez écrit. Mais les cosmopolites nous perdent. Ils émoussent, ils énervent tout. Malheureusement le pays leur prête souvent la main... Vous avez bien raison, la grande question pour nous, c'est celle des frontières, c'est le besoin de se relever. Au lieu de tant parler des victoires de l'Empire, je voudrais que l'on instituât des fêtes funèbres, commémoratives de Waterloo, pour obliger le pays à s'en souvenir, et à tout réparer. Au lieu de cela, on perd le sentiment de l'action. Tout le monde veut jouir. Personne ne veut faire crédit à la patrie. Si je me suis occupé de l'armée, ce n'est pas que je veuille jouer au soldat ; je crois être au-dessus de cela. Mais c'est que je pense que là encore se trouve la tradition de l'honneur du pays. Il ne faut pas tomber ; il ne faut pas ruiner, comme Samson, nos ennemis, en périssant nous-mêmes. Il faut les détruire et vivre. Quand nous serions acculés à Bayonne, il faut être décidé à reprendre tout le reste. Pendant que les autres amollissent tout, vous êtes le clairon. Ne désespérons pas. »

En 1840, le prince avait un moment partagé les illusions de M. Thiers et cru que la France seule pouvait être en mesure de résister aux grandes puissances coalisées. Le 19 septembre, il avait écrit, après avoir énuméré les immenses préparatifs en cours d'opération : « Alors nous serons libres de faire ce qui nous plaira à l'égard de ceux qui font la carte du monde d'après leur passion aveugle et qui rêvent une Europe dans la France. » La réflexion une fois venue, le prince ne put s'empêcher d'approuver la politique pacifique de son père, qui arrêta si à propos le ministère sur une pente menant à l'abîme. Tout en conservant ses aspirations nationales et ses rêves de grandeur et de gloire pour son pays, le duc d'Orléans sut observer une sage réserve diplomatique. Ainsi que l'a dit M. Guizot : « il était capable d'apprécier la juste mesure des choses, la vraie valeur des hommes, et d'apporter dans le gouvernement plus de sagacité froide et de prudence que son attitude et son langage ne l'auraient fait conjecturer. Depuis 1840, il avait fait dans ce sens de notables progrès. » Les ardeurs juvéniles du prince s'étaient calmées. Au lendemain de la catastrophe, le prince de Metternich disait au général de Flahault, alors ambassadeur de France à Vienne : « C'était une grande tâche pour votre roi que de former son successeur. Il y avait mis tous ses soins, et je sais que, depuis un an surtout, *il était parfaitement content du résultat qu'il avait obtenu; il avait éprouvé une grande tranquillité, en voyant que son fils était entré dans ses idées, et qu'il pourrait s'endormir sans trouble, certain que le système d'ordre et de paix qu'il a établi ne serait point abandonné après lui.* » A l'école de son père, le prince avait acquis une expérience précoce, et l'on reconnaissait en lui les qualités d'un homme politique supérieur.

Le duc d'Orléans ne fut pas moins remarquable comme militaire. Il avait non seulement le goût, mais la passion de la carrière des armes, celle à l'ombre de laquelle, comme a dit Bossuet, s'exercent toutes les autres. Il l'aima, cette noble carrière, en chevalier, en paladin, on peut dire aussi en poète. Il en comprit tous les côtés élevés. Il y vit une mission, une sorte d'apostolat armé, une école de patriotisme, de dévouement, d'esprit de sacrifice. Il s'y adonna avec ardeur, avec enthousiasme. Ce prince si brillant dans les salons, se trouvait mieux encore dans les camps. Ce dandy n'était pas seulement un bon général, c'était un troupier dans la meilleure et la plus martiale acception de ce mot. Il aimait les soldats; il en était aimé. Homme de guerre, mais homme de guerre essentiellement humain, préoccupé à toute minute, du bien-être matériel et moral de ses troupes, partageant de grand cœur leurs dangers, leurs privations, leurs souffrances, leur donnant partout le bon exemple, il n'ambitionnait rien autant que leur suffrage. Il eut l'honneur de l'obtenir. Défenseur de l'armée dans les sphères politiques, il écrivait d'Alger à son père, le 4 novembre 1839 : « Si j'ai été assez heureux pour mériter votre approbation, le gage le plus précieux que vous puissiez en donner sera de récompenser le soldat d'Afrique, ce soldat qui souffre, travaille et meurt obscurément sans se plaindre, ce soldat que j'admire parce que j'ai vécu avec lui et appris à le connaître. » C'était un de ces chefs militaires qui, dans leurs rapports avec leurs subordonnés, se souviennent des paroles appliquées par Bossuet au grand Condé : « Lorsque Dieu forma le cœur et les entrailles de l'homme, il y mit premièrement la bonté comme le propre caractère de la nature divine, et pour être comme la marque de cette main bienfaisante dont nous sortons. La bonté devait donc faire comme le fonds de notre cœur, et devait, en même temps, être le premier attrait que nous aurions en nous-mêmes pour gagner les autres hommes. La grandeur qui vient par-dessus, loin d'affaiblir la bonté, n'est faite que pour l'aider à se communiquer davantage, comme une fontaine pure qu'on élève pour la répandre. » Quoi de plus touchant que cette lettre écrite par le duc d'Orléans à Louis-Philippe, le 14 novembre 1839 : « On peut dépenser la vie des hommes de toute manière pour un intérêt public, on ne peut pas par économie, ou par d'autres motifs pires encore, condamner à mort chaque année des milliers de soldats ; quand on déclare qu'on est en Afrique pour des siècles, on ne peut laisser pour des siècles une armée sans lits, sans abris, sans matelas, sans hôpitaux, sans médicaments, sans ustensiles et presque sans médecins. C'est surtout là ce que je tiens à faire changer, et vous comprendrez, Sire, que je ne néglige aucun effort pour y parvenir. J'attacherai ma gloire à ce que l'amélioration du sort des soldats date du voyage du prince royal ; je mettrai plus d'ambition à la conquête d'un matelas et d'un toit pour les malades qu'à la prise d'une place forte. Ma plus belle campagne sera celle qui me fera obtenir quelques milliers de lits et de mètres courants de baraques pour les soldats français servant activement leur patrie. »

A la fin de 1839, il fut question de changer les drapeaux sous prétexte qu'ils étaient usés. Alors le prince royal éleva la voix pour réclamer leur conservation. La lettre adressée par lui, le 27 décembre, au général Schneider, ministre de la guerre, est un chef-d'œuvre. Le prince se demande « ce que deviendrait avec des étendards éphémères et sans prestige cette religion du drapeau qui à Fontenoy, à Arcole, à Ulm, enfanta tant de prodiges d'héroïsme, et à laquelle la France dut toujours sa gloire et souvent son salut. » Il s'écrie : « Vous n'enlèverez pas au 65ᵉ régiment le drapeau avec lequel il monta à l'assaut du fort Saint-Laurent, ni à tous les régiments de l'armée du Nord les drapeaux devant lesquels la garnison d'Anvers mit bas les armes. Vous ne reprendrez pas au 2ᵉ chasseurs d'Afrique un étendard veuf de son colonel tué à la tête du régiment (le colonel Oudinot). Vous ne voudrez pas séparer le 47ᵉ du drapeau qui porta, sur la brèche même de Constantine, le deuil de son brave colonel (le colonel Combes). Vous laisserez à l'armée d'Afrique ces étendards témoins de tant de courage, de dévouement et de résignation... Vous ne voudrez pas que ces symboles de l'honneur et de la patrie, après avoir été arrachés à ceux dont le dévouement les a noblement portés depuis dix ans soient traités comme des effets de réforme vendus à l'encan ou jetés au magasin. » Le duc d'Orléans gagna sa cause. Les drapeaux furent sauvés.

L'instruction militaire égalait chez le prince la bravoure. Ainsi que l'a dit son digne frère le duc d'Aumale, dans son traité si remarquable sur *les Zouaves et les Chasseurs à pied*, « aux plus heureuses facultés naturelles, à un fonds de bonnes et fortes études, il avait sans cesse ajouté par l'observation et le travail; il avait beaucoup lu, beaucoup médité sur la guerre... L'organisation des armées étrangères lui était aussi familière que celle de notre armée même aux rangs de laquelle il était mêlé depuis son adolescence... Usant de la légitime influence qui appartient dans une monarchie à l'héritier du trône, mais n'en usant jamais que dans l'intérêt public, et n'ayant jamais essayé de l'exercer au delà des limites constitutionnelles, il propageait les idées qui lui paraissaient justes avec toute l'ardeur de sa nature, avec le tour d'esprit le plus vif et la parole la plus animée ; car rarement on vit tant de qualités séduisantes unies à un mérite aussi solide. » Ce fut lui qui décida la création des chasseurs à pied, la première troupe recevant des armes de précision. Le 10 mai 1841, par une belle matinée de printemps, les dix bataillons, réunis pour la première et la dernière fois, traversaient Paris au pas gymnastique, avec leur uniforme sombre, et leurs clairons pour toute musique. Arrivés dans la cour du palais des Tuileries, ils étaient présentés par le prince royal au roi, qui leur remettait un drapeau. Le soir même, quatre de ces bataillons partaient pour l'Afrique.

Le duc d'Orléans avait la passion de l'Algérie. La colonisation ne l'intéressa pas moins que la conquête. Il prépara l'avenir de cette France nouvelle. Une statue a été élevée au prince sur une des places d'Alger. Sa mémoire méritait cet honneur. Il n'a pas été seulement le défenseur de l'Algérie, il en a été aussi l'historien. Ses deux volumes, publiés par ses fils, l'un en 1870,

*Campagnes de l'armée d'Afrique*, 1835-1839, l'autre en 1890, *Récits de Campagne*, 1833-1841, avec deux belles préfaces du comte de Paris et du duc de Chartres, prouvent que le prince royal savait manier la plume aussi bien que l'épée. Ses récits militaires, vifs, alertes, essentiellement français, font songer aux tableaux de son ami Horace Vernet. C'est le même naturel, la même facilité, la même verve.

Quand il s'occupait de choses militaires, tenant l'épée ou la plume, le duc d'Orléans échappait aux pensées de tristesse qui souvent assombrissaient son âme. Il se reprenait à espérer, mais la mélancolie revenait vite. Ce nuage qui passait sur son front donnait un attrait de plus au prince dont Alexandre Dumas a dit : « Il y avait dans sa voix, dans son sourire, dans son regard, un charme magnétique qui fascinait. Je n'ai jamais trouvé chez personne, même chez la femme la plus séduisante, rien qui se rapprochât de ce regard, de ce sourire, de cette voix. » La modestie du prince royal, sa défiance de lui-même et de l'avenir le rendaient encore plus attachant. Il avait le pressentiment d'une fin prochaine, et, se demandant si son fils aîné ne serait pas « un de ces instruments brisés avant qu'ils n'aient servi », il prononçait pour cet enfant le mot de martyr.

Nous venons de jeter les yeux sur la victime. Nous allons raconter maintenant la catastrophe.

## XXXIII

PLOMBIÈRES.

La santé de la duchesse d'Orléans laissait à désirer. La princesse n'en prenait elle-même aucun souci, toujours prête à abuser de ses forces dès qu'elle les sentait revenir. Les médecins insistèrent pour qu'elle allât prendre les eaux de Plombières, au mois de juillet 1842. Il fallut toute l'autorité de son mari pour l'y décider. « Je suis si heureuse, disait-elle alors, que je n'ai pas le moindre désir de guérir. Si je n'avais pas cette épreuve, j'en aurais peut-être une plus pénible; de toutes les peines, cette souffrance physique est la plus supportable; aussi ne vais-je à Plombières que parce que ma famille le désire. » Il en coûtait à la duchesse de quitter ses enfants et Neuilly, où la vie de famille lui était si douce. « Si vous saviez, écrivait-elle quelques jours avant son départ, combien je jouis de l'été à la campagne, du beau temps, et bien plus des enfants, qui sont si frais, si roses, si gentils, et qui passent leurs journées sur le gazon ! Ils ont l'air de petites fleurs au milieu des herbes qui les dépassent. » Le duc d'Orléans, retenu par les manœuvres du camp de Saint-Omer, ne pouvait rester à Plombières pendant tout le temps que la duchesse ferait sa cure. Mais il voulut l'y conduire, y passer deux jours auprès d'elle, et il se proposait de venir la rechercher. Tous deux partirent de Neuilly, le 3 juillet 1842. Ils étaient accompagnés du général Baudrand, du colonel de Montguyon et de la comtesse Anatole de Montesquiou, dame de la duchesse.

Au moment de quitter Paris, le duc, en traversant le boulevard extérieur, fixa les yeux sur un cimetière, dont l'entrée était bordée par des petites boutiques garnies de couronnes et d'ornements funèbres. Il dit alors à la duchesse : « Je n'aime pas ces marchands qui exploitent la douleur. Voyez ; ils ont tout prévu ; voici des couronnes pour une jeune fille, en voici une autre pour un enfant en bas âge. » A ces mots, la pensée de la princesse se reporta sur le comte de Paris et le duc de Chartres ; elle eut des larmes dans les yeux. « Eh bien ! non, reprit le duc, ce ne sera pas pour un enfant, ce sera peut-être pour un homme de trente-deux ans. » Trente-deux ans! Pauvre prince, il n'atteindra pas même cet âge.

Le duc d'Orléans n'avait jamais eu ni dans l'avenir de sa dynastie, ni dans la durée de sa propre existence la confiance où se complaît d'ordinaire la jeunesse heureuse et triomphante. M. de Pontmartin a écrit, à propos du testament du duc daté de 1840 : « Il suffit de lire entre les lignes pour deviner que ce prince de trente ans, dans tout l'éclat de sa radieuse jeunesse, jouissant d'une santé robuste qui a bravé le climat africain, comblé de tous les dons de la fortune et de la nature, idéalement heureux en ménage et en famille, père de deux fils et fort décidé à ne pas s'en tenir là, type du *Prince Charmant*, dont le berceau n'a été visité que par de bonnes fées, éprouvait de temps à autre une impression étrange, presque funèbre, comme s'il avait senti l'ange de la mort l'effleurer de son aile. Intrépide sans ostentation, jusqu'à la témérité, se croyait-il destiné à mourir, comme le colonel Combes et le général Damrémont, un jour de bataille, dans cette Algérie qu'il aimait tant, et que, sans lui, la France parlementaire aurait peut-être abandonnée ? » Le duc d'Orléans parlait souvent de sa mort, non qu'il crût devoir mourir d'un accident vulgaire, comme celui qui mit fin à ses jours, mais avec la pensée que, tout jeune encore, il périrait ou à la guerre, ou, ce qui lui paraissait beaucoup plus triste, au milieu d'une émeute.

Dans la physionomie, comme dans le caractère du prince, même aux heures les plus éblouissantes de sa vie, il y eut toujours quelque chose d'attristé. Alexandre Dumas père a signalé « cette expression de mélancolie qui revenait si souvent sur son visage et dans sa voix ». De pareilles observations ne furent pas toutes faites après coup. Henri Heine avait écrit à la *Gazette d'Augsbourg* le 25 mars 1832 : On croit lire dans les linéaments de la figure du duc d'Orléans un avenir peu serein... S'il ne pénètre pas avec l'esprit les événements futurs, il semble en avoir au moins un pressentiment instinctif... Il laisse quelquefois tomber avec une tristesse rêveuse sa longue tête du haut de son long cou. Sa démarche est endormie et tardive comme celle d'un homme qui croit encore arriver trop tôt, sa parole traînante ou entrecoupée comme dans un demi-sommeil. Là se révèle encore la même mélancolie, ou plutôt le sceau mélancolique de l'avenir. » La correspondance suivante, également adressée par Henri Heine à la *Gazette d'Augsbourg*, et datée du 25 février 1840, n'a-t-elle pas quelque chose de saisissant? « Ce jeune homme, magnanime et chevaleresque, dit le poète en parlant du prince, a des moments mélancoliques dans lesquels il raconte que sa tante, Madame d'Angoulême, la fille non guillotinée de Louis XVI, lui avait, de sa voix rauque de corbeau, prophétisé une mort malheureuse et prématurée ; c'était pendant les journées de Juillet, lorsque dans sa fuite cet oiseau de mauvais augure avait rencontré dans le voisinage de Paris le prince qui retournait tout joyeux dans la capitale. Chose singulière ! quelques heures après cette rencontre, le prince fut en danger d'être fusillé par les républicains qui le firent prisonnier, et il n'échappa à cet horrible sort pour ainsi dire que par un miracle. » Et Henri Heine ajoutait, attendri d'avance par la destinée réservée au duc d'Orléans : « Le prince royal est généralement aimé ; il a gagné tous les cœurs, et sa perte serait plus que pernicieuse pour la dynastie actuelle. La popularité du prince est peut-être la seule garantie de la durée de cette dernière. Mais ce prince héritier de la couronne est aussi une des plus nobles et des plus magnifiques fleurs humaines qui se soient épanouies sur le sol de ce beau jardin qui se nomme la France. »

Le duc et la duchesse étaient arrivés à Plombières le 5 juillet. Attristé au début par les paroles que le prince avait prononcées, en passant devant le cimetière, ce voyage — le dernier qu'ils aient fait ensemble — se terminait gaiement. Partout, dans le département des Vosges, ils avaient trouvé des arcs de triomphe préparés sur leur route, et une foule empressée suivait leur voiture en les acclamant. Le lendemain, le prince employa sa journée à s'occuper de tout ce qui pouvait rendre le séjour de Plombières agréable à sa femme. Vers le soir, il parcourut avec elle la vallée de Saint-Loup, et cueillit une touffe de scabieuses sauvages qu'il lui offrit — tristes fleurs qui étaient un présage. Le 7 juillet, il partit de grand matin disant aux personnes qui entouraient la duchesse d'Orléans : « Je vous confie ce que j'ai de plus cher au monde. » La princesse eut le cœur aussi serré que lorsqu'à Port-Vendres, trois ans auparavant, elle avait fait ses adieux à son mari, s'embarquant pour l'Afrique. Et cependant les manœuvres du camp de Saint-Omer ne présentaient aucun des dangers auxquels le prince avait été exposé en Algérie. « Heureusement, dit-elle, notre séparation ne sera pas longue, mais le premier moment est toujours pénible à passer. »

On ne peut dire pourtant que la princesse ait eu alors le pressentiment de la catastrophe imminente. Une correspondance de Plombières, datée du 9 juillet, et adressée au *Moniteur*, qui ne l'inséra que dans son numéro du 14, contenait les détails suivants : « Madame la duchesse d'Orléans semble se trouver bien du premier usage qu'elle a fait des bains de Plombières, et tout permet d'espérer que la santé de la princesse ne tardera pas à en ressentir les heureux effets. Chaque jour, chaque heure offre aux habitants et aux baigneurs de Plombières de nouvelles occasions d'admirer l'extrême bienveillance de Son Altesse Royale, et en même temps de reconnaître en elle cette justesse de vues et d'appréciations qui justifie ce que l'on a dit souvent ailleurs de son esprit élevé et de ses connaissances variées. Madame la duchesse d'Orléans n'a pu faire encore que quelques promenades dans les environs de Plombières; mais elles ont suffi pour lui faire apprécier les charmes de cette contrée si belle en cette saison, si riche de verdure, de ruisseaux, de cours d'eau intarissables. La princesse a visité l'hôpital Stanislas, cette maison où des lits fondés par le bon roi reçoivent chaque année pendant la saison des eaux plus de quatre-vingts malades. C'est à pied, sans garde et sans suite, que la princesse se montre dans les rues de Plombières, où des marques nombreuses de respect et d'amour l'accueillent toujours, mais avec une discrétion délicate qui lui laisse le charme d'une douce liberté. »

Le duc d'Orléans était parti depuis une semaine, et sa femme, qui attendait impatiemment son retour, croyait le revoir avant la fin du mois. Elle écrivait, le 14 juillet, à la grande-duchesse douairière de Mecklembourg-Schwérin : « Ma bien chère mère, me voici dans une paisible et solitaire vallée des Vosges, où je pense souvent à vous. Depuis que vous n'avez eu de mes nouvelles, nous avons très heureusement fait le voyage, mais à petites journées, car mon bon duc me soigne comme un enfant nouveau-né. Nous avons traversé la Champagne en passant à Vitry et à Toul, où se trouve une ancienne et fort belle église. Nous avons vu Nancy, où le souvenir du bon Stanislas est encore vivant; de là nous sommes arrivés par Épinal à Plombières. Les Vosges, au milieu desquelles je vis, me rappellent fort la forêt de Thuringe, les fraîches et vertes vallées d'Eisenach, et parfois la vallée de Schwarzbourg. La population est bonne, tranquille, paisible, brave, fidèle, et encore très monarchique... Depuis huit jours, je suis seule ici. J'ai de fréquents moments de mélancolie à la pensée d'être ainsi séparée du duc, de mes enfants et de tous ceux que j'aime; mais cette vie retirée où je trouve le repos et le recueillement a aussi ses charmes. Je prie Dieu de bénir pour mon âme ce séjour. Je crois que les bains auront d'heureux effets sur mon estomac dérangé. Savez-vous ce que je mange depuis le mois de mai? Trois potages au lait par jour; toute autre nourriture me fait mal; avec celle-là je me porte bien. Mais comme je ne puis en rester là toute ma vie et que je m'affaiblirais enfin, on m'a envoyée ici pour m'habituer insensiblement à un autre régime. Pensez à moi le 25 de ce mois, chère mère; j'arriverai ce jour-là à Strasbourg, et j'y resterai une semaine avec le duc. Cette excursion interrompra, il est vrai, ma cure; mais elle me sera très agréable. Sans la connaître, l'Alsace m'a toujours été chère, parce que la population est à la fois française et allemande; il y a là de si excellentes gens que je suis heureuse d'étudier cette partie de la France. J'éprouve un sentiment tout particulier à l'idée d'être si près de cette bonne Allemagne. » La duchesse d'Orléans, quand elle écrivait cette lettre, ne se doutait guère de ce qui s'était passé la veille.

## XXXIV

LA MORT DU DUC D'ORLÉANS.

Le duc d'Orléans, venant de Plombières, était arrivé à Paris, le 8 juillet 1842, et se proposait d'y rester jusqu'au 13, jour où il partirait pour le camp de Saint-Omer. La journée du 9 fut en partie consacrée à l'expédition d'ordres nombreux et importants préparés d'après ses instructions pendant son absence. Le prince alla dîner chez le roi à Neuilly. Très occupé des élections générales qui avaient eu lieu le jour même pour le renouvellement de la Chambre des députés, il en parla avec beaucoup de chaleur. Le lendemain 10 juillet, il eut une longue conférence avec le général Durocheret, directeur du personnel au ministère de la guerre, et l'intendant M. Evrard. Il alla ensuite à Neuilly. C'était le jour de la fête de sa mère. Il lui apporta un énorme bouquet, en disant qu'il l'offrait au nom de toute la famille.

Il entendit la messe, et déjeuna avec ses parents. Assis, au déjeuner, à côté de la reine, il but à sa santé, et fit jouer par la musique militaire une marche particulière en l'honneur de cette mère, objet de sa vénération et de sa tendresse. Le 11, il eut une seconde conférence avec l'intendant Evrard. Il donna de nouvelles instructions pour l'essai, au camp de Saint-Omer, d'abris-vent destinés aux troupes qui ne pourraient être logées chez l'habitant. Il s'assura que les approvisionnements de toute nature seraient faits sur tous les points, le soldat ne devant manquer de rien. Les troupes allaient exécuter de grandes manœuvres qui intéressaient beaucoup le prince, et auxquelles il pensait depuis un an. Il dîna et passa la soirée à Neuilly, toujours très occupé de son camp et des élections.

Le 12 juillet, le prince proposa d'affecter une artillerie suffisante aux troupes qui, lors de la petite guerre, devaient figurer les lignes ennemies, sous la direction du général de Marbot, et il soumit à l'approbation du ministre de la guerre le projet d'organisation de cette artillerie. « Vous viendrez demain à neuf heures, dit-il au général Aupick ; je verrai le travail sur la tunique de l'infanterie ; je le signerai. Nous déjeunerons ; je prendrai congé du roi, et nous partirons à midi pour Saint-Omer. »

Le résultat des élections générales venait d'être connu. Henri Heine écrivait le 12 juillet : « A

Paris, on n'a pas besoin de consulter là-dessus les feuilles, on lit le résultat sur tous les visages. Hier tout avait un air très orageux, et les cœurs laissaient entrevoir une agitation telle que je ne l'ai remarquée que dans les grandes crises. Les anciens oiseaux de tempête traversaient de nouveau bruyamment et invisiblement les airs, et les têtes les plus somnolentes furent tout à coup réveillées de leur repos de dix-huit mois. J'avoue que moi-même, secrètement effleuré de ce terrible battement d'aile, je sentis une violente palpitation. » A Paris, sur douze députés élus, l'opposition en avait dix dont deux républicains avoués. Le *National* proclamait que le pouvoir venait d'être condamné par « la ville qui était en possession de juger et d'exécuter les gouvernements ». Le ministère était loin d'avoir obtenu le succès sur lequel il comptait; il avait encore la majorité, mais une majorité composite et précaire.

Le prince arriva à Neuilly, vers quatre heures. Il causa de plusieurs choses : la santé de sa femme, dont il était inquiet, les projets de mariage de sa sœur, la princesse Clémentine, les élections, etc. Après le dîner il fit le tour du parc avec la reine, la duchesse de Nemours, la princesse Clémentine et le duc d'Aumale. Marie-Amélie a écrit : « Jamais il n'avait été si gai, si brillant, si affectueux pour moi. Il me parlait de ses dispositions pour les troupes, de l'époque où le roi devait aller avec nous à Sainte-Menehould, du temps qu'il y passerait, de l'emploi des journées; il se faisait une fête de lui donner pour bouquet une représentation de la bataille de Valmy. Je lui ai donné le bras, en lui disant : « Viens, cher appui de ma vieillesse... » Nous sommes rentrés au salon un peu plus tard; il est arrivé beaucoup de monde. Il est resté à causer jusqu'à dix heures, et, en s'en allant, il est venu me souhaiter le bonsoir. Je lui ai donné la main, et lui ai dit : « Tu viendras nous voir demain avant de partir. — Il a répondu : Peut-être. »

Le 13 juillet, le duc d'Orléans s'était levé plus tôt que d'habitude. Il avait donné tous les ordres pour le départ qui devait alors avoir lieu dans la journée. Jamais, au dire du général Aupick, le prince n'avait été de meilleure humeur; jamais sa physionomie n'avait eu une expression plus gaie. Le général lui présenta le travail préparé. Les dernières lettres étaient celles qui prescrivaient le raccourcissement des tuniques de l'infanterie. — Eh bien! dit le prince, êtes-vous converti? — Non vraiment, répondit le général qui aurait désiré que rien ne fût changé aux tuniques. — Oh! je n'en suis pas surpris, répliqua le duc d'Orléans. Vous tenez à vos idées que d'autres, au surplus, partagent dans cette circonstance, et, pour mon compte, j'ai encore un scrupule. Écrivez un mot à Rostolan pour lui demander son opinion. Faites monter un piqueur à cheval; il ne reviendra qu'avec la réponse.

Nous terminerons le travail; la réponse arrivera pendant le déjeuner. » Le piqueur partit.

Vers les dix heures, M. Guérard, maître de mathématiques du duc d'Orléans, et traité par le prince en ami, vint partager son déjeuner. Avant de se mettre à table, le prince proposa à son professeur un de ces difficiles problèmes dans lesquels se complaisent les savants algébristes. Cependant, comme il avait un peu de temps disponible, il se dit qu'il pourrait encore aller à Neuilly, et il donna l'ordre d'atteler pour onze heures précises, ajoutant que si la voiture ne pouvait être prête aussi vite, il n'irait pas à Neuilly, son départ pour Saint-Omer devant avoir lieu entre midi et une heure. Hélas! la voiture fut exacte.

Sur ces entrefaites la réponse du général Rostolan arriva. Le prince dit alors au général Aupick : « Vraiment, vous êtes battu, et maintenant je signerai sans hésiter... Rostolan est passé maître en pareille matière. » Laissons la parole au général Aupick. « Là-dessus, Monseigneur se rend dans sa chambre à coucher, et revient bientôt en uniforme. Déjà, depuis quelque temps, j'avais remarqué le cabriolet à quatre roues sous la fenêtre, la tête des chevaux à la hauteur de la porte du vestibule. Alors seulement j'avais compris que ce serait à Neuilly que Monseigneur irait prendre congé du roi. Jusque-là j'avais pensé que le roi, venant habituellement à Paris vers midi, ce serait aux Tuileries que Monseigneur le verrait. A son retour dans le salon de service, je lui présentai les lettres; il les signa, et me dit : « Expédiez-les, je vais prendre congé du roi. » Et il sortit. Si ces malheureuses lettres eussent été signées et expédiées le matin, Monseigneur m'aurait sans doute permis de l'accompagner. »

Il est onze heures. Voici le prince en route, seul dans la voiture, attelée à la Daumont, que traînent deux chevaux de sang; sur l'un des chevaux est le postillon, sur le siège de derrière un valet de pied. Le cheval sous-main est calme, mais l'autre, le porteur, est un des chevaux les plus difficiles de l'écurie du duc d'Orléans. Excité par une marche rapide depuis les Tuileries, à la hauteur de la Porte-Maillot il s'anime outre mesure. Deux routes se trouvent à cet endroit, l'une diagonale, la rue de Chartres, l'autre perpendiculaire à la Porte-Maillot, le chemin de la Révolte. Quand on prend la première, on traverse Sablonville jusqu'à la vieille route de Neuilly, et de là jusqu'à l'entrée d'honneur du parc. C'est la seconde qu'on prend d'ordinaire, quand on se rend au petit château de Villiers, habitation du duc d'Orléans, et dépendance du château de Neuilly. Comme cette fois le prince se rend non pas chez lui, mais chez son père, c'est la route diagonale qu'il voudrait suivre, comme étant la plus courte. Mais les chevaux, entraînés par l'habitude et par l'approche de l'écurie, s'engagent dans l'autre route : le chemin de la Révolte. Le porteur donne quelques ruades dans son palonnier. Attaché très court, comme c'est l'usage pour les attelages à la Daumont, il se sent gêné, il s'irrite, et entraînant le cheval sous-main, qui était resté jusque là tranquille, il prend le mors aux dents. Le postillon n'a cependant perdu ni les arçons, ni les étriers; il tient vigoureusement les guides; il espère qu'une fois au bout du chemin de la Révolte, qui est très court, il pourra détourner ses chevaux, par la gauche, dans la vieille route de Neuilly. Debout dans la voiture, le prince lui crie : — Tu ne peux donc pas retenir tes chevaux ? — Non, Monseigneur, lui répond-il. Des fossés et un amas de pierre sont au bout du chemin de la Révolte. La voiture va-t-elle être précipitée dans les fossés, ou se heurtera-t-elle contre les pierres ? Fort agile, et d'une adresse extraordinaire, le prince, se confiant dans le peu d'élévation du marchepied, se décide alors à sauter par terre à pieds joints. Ses deux talons portent avec violence. Poussé par la puissance d'impulsion qui de la voiture, s'est communiquée à sa personne, il tombe lourdement sur le pavé. Fatalité ! Non pas quelques minutes, mais seulement quelques secondes après, les chevaux se calment, la voiture s'arrête. Le postillon revient se mettre à la disposition du prince. Il le trouve étendu inanimé au milieu du chemin. On accourt du voisinage, et on transporte le blessé dans la plus proche maison. C'est la boutique d'un épicier, située, à droite du chemin de la Révolte, sur l'emplacement où plus tard on élèvera une chapelle commémorative. Dans une des pièces du rez-de chaussée, on étend sur un lit le prince tout habillé; il n'a pas repris connaissance. Un médecin des environs, le docteur Baumy, accourt, et lui donne les premiers soins. Une saignée est pratiquée, sans produire aucun bien.

Au même moment, le roi s'apprêtait à partir de Neuilly, pour les Tuileries, où il devait présider, à midi, le conseil des ministres. La reine, voyant que le duc d'Orléans n'avait pas eu le temps de venir déjeuner à Neuilly, et ne l'y attendant plus, venait de se décider à accompagner le roi. Tout à coup elle aperçoit le commissaire de police Trouessard qui entre effaré dans le salon rouge, et parle à l'oreille du général Gourgaud. Le général fait un geste d'effroi, et redit tout bas à Louis-Philippe ce qu'il vient d'entendre. Le roi s'écrie : « Ah! mon Dieu! » Alors la reine : — Il est arrivé quelque chose à un de mes enfants. Je veux savoir la vérité. Qu'on ne me cache rien! — Oui, ma chère, dit alors Louis-Philippe, Chartres (c'est le nom que le duc d'Orléans portait sous la Restauration, et que sa famille lui donnait encore) Chartres, en venant ici, a fait une chute, et on l'a porté dans une maison de

Sablonville. A ces mots, Marie-Amélie descend dans le parc, et se met à courir du côté de Sablonville, malgré les cris du roi et du colonel de Chabannes, qui la suit. Mais ses forces ne sont pas d'accord avec son cœur. Arrivée à la hauteur de la ferme, elle est obligée de s'arrêter. A ce moment passe la voiture où se trouve le roi, Madame Adélaïde et la princesse Clémentine. Elle y monte avec eux, et tous quatre se rendent ainsi dans la boutique de l'épicier où est le duc d'Orléans.

Louis-Philippe, espérant que l'accident n'était pas grave et ne voulant pas inquiéter la duchesse de Nemours, qui était d'une nature très impressionnable, n'avait rien dit à la princesse. Elle était en train d'écrire à son mari la lettre suivante :

Neuilly, 13 juillet 1842.

« D'après tes ordres, mon cher ami, je t'adresse cette lettre à Plombières, en te remerciant de tout mon cœur de la tienne du 11, que j'ai eu le bonheur de recevoir ce matin, et qui m'a fait le plus grand plaisir pour tous les bons détails que tu me donnes sur ton voyage et les fonctions qui s'y rattachent. Je suis bien aise de te savoir bien ; il en est de même de nous... Malo et Zoé entrent dans ce moment pour me dire que les chevaux de Chartres qui venait à Neuilly avaient pris le mors aux dents près de Sablonville, et que Chartres ayant sauté hors de la voiture, s'était fait une forte contusion au front. Je te laisse à penser combien j'ai été saisie de cette nouvelle. Il n'y a, grâce à Dieu, rien de fracturé. Il a été saigné sur place, et on va maintenant le transporter ici le plus tôt possible et l'établir dans ton appartement. Le roi et la reine, qui allaient à Paris, l'ont rencontré sur la route... Il est sûr que dans ce bas monde on n'a jamais un instant de repos et de tranquillité; mais il faut encore remercier le bon Dieu qu'il n'y ait rien de plus. Je crains le saisissement pour Hélène, et je suis bien aise de penser que tu seras là au moment de l'arrivée de la nouvelle. Adieu, cher ami, ne te tourmente pas. J'espère pouvoir te donner demain de meilleures nouvelles. Pardon de mon griffonnage, l'agitation me fait trembler la main. Tout à toi de cœur. » La duchesse de Nemours allait mettre sa lettre sous enveloppe, lorsque quelqu'un vint chercher la princesse et la conduisit dans la maison où le duc d'Orléans agonisait.

Le duc d'Aumale et le duc de Montpensier étaient accourus, l'un de Courbevoie, où il commandait son régiment, l'autre de Vincennes, où il suivait ses études d'artillerie. Le roi, la reine, la princesse Adélaïde, la duchesse de Nemours, la princesse Clémentine, les ministres, le maréchal Gérard, les officiers des maisons du roi, de la reine, des princes et des princesses étaient là. La pauvre chambre ne pouvant contenir tant de monde, la plupart des personnes se tenaient dehors devant la boutique, dans un espace maintenu libre par un cordon de factionnaires. Au delà se pressait une foule profondément émue.

Le râle vient de commencer. — Qu'est-ce que cela? dit Louis-Philippe. — La reine lui répond. — Mon ami, c'est le râle. De grâce, qu'on aille chercher un prêtre, que mon pauvre enfant ne meure pas comme un chien! — La malheureuse mère se jette à genoux, demandant à Dieu du fond de son âme, s'il veut une victime, de la prendre, et de conserver son enfant. Le docteur Pasquier fils arrive; c'est le chirurgien et l'ami du duc d'Orléans, il l'a accompagné dans ses campagnes d'Afrique. « Monsieur, s'écrie la reine, vous êtes un homme d'honneur, si vous croyez le danger imminent, je vous prie de me le dire, pour que mon enfant reçoive l'extrême-onction. — Le docteur, baissant la tête, répond : — Madame, il en est temps.

On alla chercher le curé de Neuilly. Il administra l'extrême-onction au prince toujours sans mouvement, et ne donnant aucun signe de connaissance. Les assistants, tous à genoux, gardaient un religieux silence pour entendre la respiration qui révélait seule un reste de vie. La reine détacha de son cou un petit crucifix contenant une parcelle de la vraie croix, et le mit dans la main de son enfant.

La vie se retirait, mais lentement, et non sans

lutter contre la destruction qui allait emporter une si belle jeunesse. On eut même un instant une lueur d'espérance. Le pouls devint sensible, et le prince prononça en allemand quelques paroles à peine articulées — peut-être une pensée d'adieu à sa femme. — Comme une *mater dolorosa*,

> Cujus animam gementem
> Contristatam et dolentem
> Pertransivit gladius,

la reine continuait à prier, suppliant Dieu d'accorder au mourant un instant de connaissance qui lui permît de penser au salut de son âme, et, en échange de cette grâce, la pauvre mère offrait sa propre vie. Pendant que le prince respirait encore, son père l'embrassa tendrement, et s'écria : « Ah ! si c'était moi, au lieu de lui ! » Puis sa mère l'embrassa trois fois : pour elle, pour sa femme et pour ses enfants. Tous les membres de la famille qui étaient agenouillés se levèrent, allèrent chacun à leur tour embrasser le mourant, puis retournèrent à leur place. Alors la reine demanda que le curé de Neuilly rentrât dans la chambre pour dire les prières des agonisants. A peine les avait-il commencées que le prince exhala un dernier soupir, et rendit à Dieu sa belle âme. Commencée à onze heures et demie du matin, l'agonie avait duré quatre heures.

Marie-Amélie a écrit : « Le prêtre, sur ma demande, a dit un *De profundis*, le roi a voulu m'entraîner, mais je l'ai prié de me permettre d'embrasser une dernière fois ce fils chéri, objet de ma plus vive tendresse. J'ai pris dans mes mains cette tête si chère, j'ai posé dessus la petite croix, et je l'ai emportée, en disant un dernier adieu à celui que j'aimais tant, que j'avais peut-être trop aimé. Le roi m'a emmenée dans la chambre voisine; je me suis jetée à son cou; notre irréparable perte nous était commune, et je souffrais autant pour lui que pour moi. Il y avait foule dans cette petite chambre; je pleurais, je parlais, j'étais hors de moi. Je ne me souviens que du maréchal Gérard, dont je comprenais alors toute l'infortune. » (Le maréchal avait récemment perdu son fils aîné.)

Quelques instants après la mort du prince, des sous-officiers arrivèrent de Courbevoie. Leur régiment, alors commandé par le duc d'Aumale, était le 17ᵉ léger, celui qui avait combattu sous les ordres du duc Orléans lors de l'expédition des Portes de Fer et de la campagne du col de Mouzaïa. Ils placèrent sur un brancard le corps de leur ancien général, le couvrirent d'un manteau blanc et le transportèrent jusqu'à la chapelle du château de Neuilly. Le roi, la reine, les princes, les princesses suivirent à pied ce convoi funèbre. Des soldats du 17ᵉ léger formaient une double haie. Beaucoup d'entre eux versaient des larmes. Au moment où l'on se mit en marche, la foule respectueuse et attendrie, s'associant à la douleur du père, cria : Vive le roi ! Beaucoup de spectateurs de cette scène croyaient que le prince était encore vivant, et qu'on le portait à Neuilly pour le mieux soigner. Le trajet dura une demi-heure. Le convoi parcourut l'avenue de Sablonville, franchit la vieille route de Neuilly, entra dans le parc royal qu'il traversa dans toute sa longueur, et arriva, à cinq heures et demie, à la chapelle du château, où le prince avait entendu la messe trois jours auparavant, et où son corps fut déposé.

Le bruit de l'accident s'était répandu à Paris dans la journée. On disait que la vie du prince n'était pas en danger, et cependant, à deux heures de l'après-midi, la nouvelle fit baisser la Bourse de trois francs. A l'heure du dîner, la plupart des Parisiens ne savaient pas encore que l'héritier du trône n'existait plus. Mais lorsque devant les théâtres une bande de papier blanc fut collée pour annoncer qu'il y avait relâche, chacun comprit la vérité. Écoutons Henri Heine. « Quand, en sautillant, arrivèrent les dames parées, et qu'au lieu du spectacle espéré, elles ne virent que les portes closes, et qu'elles apprirent le malheur arrivé près de Neuilly sur la route qu'on appelle le chemin de la Révolte, alors des pleurs tombèrent de bien des beaux yeux, et il n'y eut que sanglots et lamentations sur le compte du beau prince qui venait de s'éteindre si jeune et si charmant, ce caractère chevaleresque, ce Français dans la plus aimable acception du mot. Oui, il fut moissonné dans la fleur de sa vie, ce jeune homme au cœur héroïque et serein, et il vit couler son sang si pur, si irréprochable, si fortuné, au milieu des fleurs du printemps, comme autrefois Adonis. »

Le comte de Paris et le duc de Chartres étaient à Eu. Le commandant de Larue, officier d'ordonnance du roi, alla les y chercher pour les ramener à Neuilly. Un courrier fut expédié au duc de Nemours, qui inspectait la cavalerie de Lunéville et de Nancy. On envoya à Toulon l'ordre de diriger un bateau à vapeur vers les côtes de Sicile, où l'on supposait que l'escadre de l'amiral Hugon, dont faisait partie le prince de Joinville, devait se trouver en ce moment. A sept heures du soir, le commandant Bertin de Vaux, officier d'ordonnance du duc d'Orléans, et M. Chomel, son premier médecin, partirent pour Plombières, afin de ramener sa veuve. Deux heures plus tard, la duchesse de Nemours et la princesse Clémentine, accompagnée de M$^{me}$ Angelet et du général de Rumigny, prirent la même route. Avant de monter en voiture, la duchesse de Nemours ajouta à sa lettre à son mari ce post-scriptum, écrit d'une main tremblante : « Cher ami, Clémentine et moi nous avons ordre de partir pour Plombières, pour annoncer un coup cruel, affreux. Notre Chartres, notre bien-aimé frère, nous est ravi. Je t'en dirai plus en te voyant. Du courage, mon ami, beaucoup de courage. Je te verrai sous peu, ainsi que cette malheureuse Hélène, pour partager de si près une si cruelle douleur. » A dix heures, le duc d'Aumale, accompagné du colonel de Montguyon, fut envoyé par le roi aux Tuileries, pour mettre au pavillon Marsan les scellés sur les papiers de son frère. Cette entrée, la nuit, dans la demeure vide, quittée le matin par le défunt, fit tressaillir le jeune prince. Il trouva le journal déplié, le livre entr'ouvert, la page commencée, l'aumône toute préparée pour les pauvres du chemin, et une lettre de huit pages, une lettre pleine d'effusion et de tendresse, que le duc d'Orléans adressait à la plus heureuse des épouses, et qui fut reçue par la plus malheureuse des veuves.

## XXXV

LE RETOUR DE PLOMBIÈRES.

Pendant que Paris et une partie de la France étaient déjà en deuil, la petite ville de Plombières, heureuse de posséder la duchesse d'Orléans, voyait avec bonheur le bon effet des eaux et de l'air des montagnes sur la santé de la princesse. Elle avait employé la journée du 13 juillet, comme la plupart des autres journées, à faire du bien, à donner des audiences à des malheureux, puis à se promener dans les montagnes. Le soir, pendant que son mari était déjà mort, elle avait dîné, heureuse et tranquille, avec les curés de Remiremont, de Plombières, de Sainte-Anne et plusieurs notables du pays. Le lendemain elle répandit de nouveaux bienfaits, fit des achats aux petits marchands, et combla de joie une foule de pauvres gens qui avaient été admis devant elle. Vers trois heures, elle sortit en voiture pour faire une promenade plus longue qu'à l'ordinaire. Le temps était beau, l'air très pur; le soleil splendide; toute la population élégante s'était portée du côté où devait passer la duchesse d'Orléans.

La princesse se rendit à la vallée de Gérarmé, où habitait depuis plusieurs générations une famille de paysans musiciens qui montraient avec orgueil un piano fabriqué par le grand-père. La princesse se reposa dans leur cabane, tandis qu'un jeune berger exécutait sur une mauvaise guitare toutes sortes d'airs qu'elle essayait gaiement après lui à la grande joie de la pauvre famille. Elle remonta en voiture, les mains pleines de fleurs, et, quand elle rentra dans la ville, à six heures et demie du soir, sa douce physionomie, son regard bienveillant semblait dire aux personnes qui accouraient sur son passage : Je suis heureuse au milieu de vous.

La duchesse d'Orléans avait auprès d'elle sa dame pour accompagner la comtesse de Montesquiou, femme du général Anatole de Montesquiou, chevalier d'honneur de la reine et le général Baudrand, premier aide de camp de son mari. Ce fut le général Baudrand qui, par une dépêche du duc de Nemours, apprit le premier la fatale nouvelle. Le duc de Nemours la savait lui-même depuis sept heures du matin. Il passait, à Nancy, la revue du 1er hussards, l'ancien régiment du duc d'Orléans, quand tout à coup il vit le général Vilatte accourir vers lui, pâlir et s'arrêter, la figure toute décomposée.

— Général, vous êtes malade, qu'avez-vous?

— Oh! Monseigneur, je suis porteur d'une horrible nouvelle.

— Je vous comprends, le roi est tué.

— Monseigneur, le roi est vivant ; mais le prince royal est mort ; il est mort hier, à la suite d'une chute de voiture.

« Alors, a écrit Jules Janin, on put voir les nobles et les chaleureux sentiments que cache une froideur apparente. Depuis tout ce qu'un cœur fraternel peut contenir d'angoisses et de larmes ont fait du duc de Nemours comme une espèce de fantôme qui voit sans rien voir, qui écoute sans rien entendre. » Le prince s'empressa d'expédier à Plombières au général Baudrand une dépêche qui ne contenait que ces mots : « Le prince royal est mort. »

M<sup>me</sup> la marquise d'Harcourt, fille d'un des diplomates les plus éminents du règne de Louis-Philippe, le comte de Sainte-Aulaire qui fut ambassadeur de France à Rome, puis à Vienne, était l'amie de la duchesse d'Orléans et connaissait toutes les personnes de l'entourage de la princesse. Dans le livre si poétique et si touchant qu'elle lui a consacré, elle a pu donner les détails les plus circonstanciés et les plus exacts sur les faits que nous allons raconter.

Rentrée à Plombières, la duchesse, qui attend

du monde pour dîner, monte chez elle en toute hâte, et se met à sa toilette. La comtesse de Montesquiou va commencer aussi à s'habiller, quand un domestique nommé Monnier vient lui dire que le général Baudrand la prie de descendre chez lui. Surprise de cette demande elle se la fait répéter.

— Madame, il vous prie de descendre tout de suite.

— Mais, mon Dieu, Monnier, vous avez l'air bouleversé.

— Madame, descendez tout de suite, je vous en conjure.

— Mon Dieu ! qu'est-il arrivé ? Le roi est-il assassiné ?

— Madame, vous pouvez tout prévoir ; mais ne restez pas si près de la princesse, descendez sans bruit.

La comtesse descend chez le général. Anéanti, sans parler, sans se lever, il lui tend la dépêche du duc de Nemours, cette dépêche d'une seule ligne : « Le prince royal est mort. »

Comment apprendre à la princesse l'épouvantable malheur ? Il n'y a plus qu'un quart d'heure jusqu'au dîner. Que va-t-on faire ? Le général Baudrand fait appeler le préfet des Vosges et le médecin. Celui-ci insiste pour que la princesse ne soit informée de la catastrophe que par gradation. « Il y va de sa vie, dit-il ; vous en êtes responsable ». Alors on décide que le préfet va préparer une soi-disant dépêche télégraphique, qu'il sera censé avoir reçue de Paris, et qui lui annoncera que le duc d'Orléans est gravement malade. Le préfet, se prêtant au pieux mensonge, rédige la fausse dépêche.

L'heure du dîner vient de sonner. M{ᵐᵉ} de Montesquiou monte l'escalier qui conduit à la chambre de la princesse, et qui en est séparé par un palier fermé et par une porte vitrée. A travers le rideau transparent qui recouvre les vitres, elle aperçoit la princesse, dont la toilette est terminée, et qui, gracieusement parée, la figure souriante, ouvre la porte.

Quoi ! vous n'êtes pas habillée ? Mais qu'avez-vous ? Vous êtes bien pâle, que vous est-il arrivé ? Votre mari, vos enfants sont-ils malades ?

— Non, Madame, je n'ai point éprouvé de douleur dans ma famille mais je n'en suis pas moins bien malheureuse. Je dois annoncer à Votre Altesse Royale une nouvelle...

— Grand Dieu ! qu'est-il arrivé ? mes enfants ? Le roi ?

— Hélas ! Madame, le prince royal est gravement malade.

— Oh ! mon Dieu ! il est mort, j'en suis sûr, dites-le moi... Mon Dieu, ayez pitié de moi. Ne permettez pas qu'il meure !

La princesse tombe à genoux, puis, se relevant après quelques moments de prière, elle appelle le préfet des Vosges ; elle veut voir la dépêche. L'œil fixe, elle interroge le moindre mouvement des traits du préfet. Celui-ci a le courage de retenir ses larmes. Mais, dit-elle, ce n'est point là la formule des dépêches télégraphiques. Le préfet la rassure, et lui persuade que le prince est très malade, mais qu'il n'est pas mort.

Alors la princesse dit : « Je veux partir à l'instant. Peut-être arriverai-je à temps pour le soigner encore. » Elle donne ses ordres pour un départ immédiat. « Peut-être le trouverai-je presque guéri, mais que je serai heureuse d'être grondée ! »

Puis, les angoisses la reprenant : » Il a si peur de m'inquiéter; il faut qu'il soit bien malade puisqu'il me fait avertir. » Et la duchesse d'Orléans verse des larmes abondantes.

Huit heures du soir. La voiture est prête. La princesse va partir, accompagnée du général Baudrand et de la comtesse de Montesquiou. Une foule très émue se presse autour de la voiture. La princesse parle à tout le monde; elle distribue de nombreuses aumônes; on se jette sur ses mains, sur ses vêtements pour les baiser, pour les couvrir de larmes. Elle demande aux gens de Plombières de prier pour le prince malade; ils le lui promettent tous, et la voiture se met en marche.

Quel contraste! l'arrivée et le départ. Arriver par une route triomphale! Partir par un calvaire! Ah! combien les stations vont en être douloureures! Et cependant il faut repasser sous les

21.

guirlandes de fleurs dont les rues sont encore ornées. Il y a dix jours, le comble de la félicité; aujourd'hui l'abîme du désespoir. Plongée comme dans une rêverie cruelle, la princesse a peur de préciser ses pressentiments. La crainte d'apprendre toute la vérité l'empêche de faire aucune question. Elle veut encore pouvoir espérer. Elle ne parle pas, et on ne lui parle pas. Au milieu de ce silence glacial, elle se dit à elle-même, dans son for intérieur : — Non ! ce n'est pas mon mari qui me fait faire un pareil voyage. Ce n'est pas lui qui m'appelle, c'est la mort. — Quelle nuit ! les ténèbres du ciel sont moins noires, moins épaisses que celles de son âme.

Minuit. Arrivée à Épinal. La voiture s'arrête pour relayer. Mme de Montesquiou se tient à la portière, craignant que quelque démonstration n'instruise la princesse de son malheur. Le général commandant la division s'approche d'elle. Sans le questionner, elle lui dit à voix basse : Nous retournons à Paris. — L'air grave du général la fait réfléchir : Il en sait peut-être plus qu'elle-même, — et la voiture se remet en route.

Une heure du matin. — Le courrier annonce une berline qui vient de Paris. Deux hommes en descendent. C'est le commandant Bertin de Vaux et le docteur Chomel. La princesse reconnaît le docteur dans l'ombre. Elle met pied à terre avec une vitesse extraordinaire.

Quelles nouvelles? Il est donc plus malade?

M. Chomel ne répond rien.

Il est mort! Je vous comprends!... Mais non; cela n'est pas possible. Il n'est pas mort. Nous le retrouverons, je le reverrai!

Le docteur garde encore le silence. La dernière lueur d'espoir s'éteint.

— Quelle maladie a pu l'enlever ainsi? Parlez, achevez de me faire mourir.

— Hélas! madame, une catastrophe sans exemple, une chute de voiture... Le prince n'a pas repris connaissance; quelques mots d'allemand qu'il prononçait de temps en temps ont été son seul signe de vie, sans doute c'était un souvenir pour Votre Altesse Royale.

La princesse veut parler; les sanglois étouffent ses paroles. Au bout de quelques instants, elle se retourne du côté de M<sup>me</sup> de Montesquiou.

Mais cette maladie dont vous m'aviez parlé...

— C'était pour préparer Madame.

— Comment! vous saviez la mort. Ah! quel courage vous avez eu!...

La princesse est remontée en voiture. Elle ordonne aux postillons d'aller aussi vite que possible. Pourra-t-elle donner un dernier baiser au front glacé de son époux? Arrivera-t-elle à temps? Pourra-t-elle au moins le revoir mort, puisqu'elle ne peut le revoir vivant? Ou le cercueil sera-t-il déjà fermé,... fermé et pour jamais?

L'aurore éclaire le ciel de ses premières lueurs. La veuve infortunée s'écrie : « Hélas! quel jour commence pour moi! » Puis, prenant la main du général Baudrand : — Oh! mon cher général, vous comprendrez mon malheur plus qu'un autre; vous saviez ce qu'il valait, vous qui aviez dirigé les premières années de sa jeunesse, vous qui l'aimiez tant? Oh! j'ai tout perdu! et la France, aussi, elle a perdu celui qui l'idolâtrait, celui qui la comprenait si bien. Mais vous ne saviez pas comme moi combien il était bon; quelle patience, quelle douceur, que de bon conseils il me donnait! Non non, je ne puis vivre sans lui.

Quatre heures du matin. — A Mirecourt, rencontre de la voiture où se trouvent, venant de Neuilly, la duchesse de Nemours, la princesse Clémentine, le général de Rumigny et M$^{me}$ Angelet. La duchesse d'Orléans embrasse ses belles-sœurs, monte dans leur voiture, et continue avec elles sa route sans s'arrêter.

Neuf heures et demie du matin. Arrivée au château de Villiers, dépendance de celui du roi, dans le parc de Neuilly. Louis-Philippe et sa famille sont sur le perron, ainsi que le comte de Paris et le duc de Chartres, arrivés la veille du château d'Eu. C'est le terme du voyage; il a duré plus de trente-sept heures. Le roi presse sa belle-fille entre ses bras. — Oh! ma chère Hélène, lui dit-il, le plus grand des malheurs accable ma vieillesse. — Ma fille chérie s'écrie la reine, vivez pour nous, pour vos enfants.

Au bout de quelques instants la princesse

s'achemine vers la chapelle du château de Neuilly. Au milieu de cette chapelle, toute tendue de noir, est déposé le corps du duc d'Orléans. Mais hélas! le cercueil est déjà fermé.

La lecture du testament du prince augmentera encore la douleur de sa veuve. Le testament date du 7 avril 1840, commence par ces mots : « Si le devoir sacré que je vais remplir (le prince partait pour l'Afrique) doit être le dernier acte d'une carrière sans éclat, mais sans tache, je suis certain que toute ma famille ne verra dans l'expression de mes derniers vœux qu'une manière de plus de lui témoigner l'affection et la reconnaissance dont je suis pénétré, en fournissant à tous les miens, lorsque je ne serai plus au milieu d'eux, le moyen de réaliser quelques-unes des pensées que j'aurai emportées avec moi. Mais avant d'indiquer ces vœux que je ne consigne peut-être pas ici sous la forme légale, sachant qu'entre nous cette précaution est inutile, j'éprouve le besoin de faire agréer ma respectueuse reconnaissance au roi, qui a toujours été si bon pour moi, à la reine, à qui je dois tout, et à ma tante, madame Adélaïde, qui m'a toujours traité comme son fils.

« Quoique je sois certain que toute ma famille, dont je connais l'union indissoluble, fera pour moi ce que j'aurais fait en pareil cas pour chacun de ses membres, et se regardera comme associée intimement à toute mon affection pour ma chère Hélène, cependant j'ose croire qu'en recommandant de nouveau au roi, à la reine, à mon frère Nemours, à ma tante et à tous mes frères et sœurs, celle qui m'a rendu si heureux, j'établirai encore un lien de plus entre elle et une famille dont je me flatte qu'elle partagera en tous points les destinées. »

Le testament se terminait ainsi : « La dernière ligne de cet écrit sera pour demander pardon aux personnes que j'aurais pu offenser, et pour dire encore adieu à ma famille à laquelle je lègue mon esprit d'union, trésor précieux qui les mènera loin, s'ils savent s'en servir, pour exprimer mes vœux ardents pour le triomphe de la cause française dans le monde, et mon dernier mot sera pour mes enfants et pour ma chère Hélène. » On comprend avec quelle émotion, quel attendrissement, quelle reconnaissance la malheureuse veuve lut ce testament, tout rempli d'elle.

## XXXVI

LES PREMIERS JOURS DE DEUIL.

Rarement une mort excita autant de regrets que celle du duc d'Orléans. La France s'associa au deuil de la famille royale. Les fêtes destinées à célébrer les anniversaires des trois journées de Juillet 1830 furent contremandées. On ne maintint que le service funèbre en l'honneur des victimes. Henri Heine écrivait : « Après la joie présomptueuse de la veille s'est répandu hier un effroi, une consternation impossible à décrire, et les Parisiens acquièrent, par un cas de mort imprévu, la connaissance combien les institutions sociales sont peu garanties ici... Cet accident remet en question tout l'ordre de choses existant... Le duc d'Orléans était généralement aimé et adoré. La nouvelle de sa mort frappa tout le monde comme un coup de foudre dans un ciel serein, et l'affliction règne dans toutes les classes de la population... Lorsqu'on ajourna les fêtes de Juillet et qu'on démonta sur la place de la Concorde les grands échafaudages qui devaient servir à l'illumination, ce fut un spectacle déchirant que de voir assis sur les poutres et les planches renversées le peuple qui déplorait la mort du jeune prince. »

Le maréchal Soult adressa le, 14 juillet, aux troupes cet ordre du jour : « A l'armée. Le roi et la reine de France sont plongés dans la douleur. S. A. R. M$^{gr}$ le duc d'Orléans, prince royal, est mort des suites d'une chute de voiture. L'armée partagera cette douleur. Elle déplorera d'autant plus amèrement la perte d'un prince, espoir de la patrie, comme il en était la gloire, qu'il a pris part aux fatigues et aux périls du soldat, et qu'il a donné des marques de sa sollicitude, ainsi que l'exemple de toutes les vertus militaires, même du commandement, et de la bravoure la plus éclatante. » Les régiments qui avaient servi sous les ordres du prince étaient particulièrement attristés. Le 1$^{er}$ hussards dont il avait été plusieurs années le colonel, témoigna un véritable désespoir. Partout, on rencontrait des officiers et des soldats pleurant. Le colonel de Gouy, qui commandait le régiment, aurait perdu son fils que sa douleur n'eût pas été plus profonde. « Par une étrange fatalité, a écrit la comtesse de Mirabeau, M. de Gouy, si frappé par la mort du duc d'Orléans, devait être, cinq ans après, tué de la même manière à deux lieues de Nancy, où devenu général de brigade et commandant la subdivision, je l'ai vu rapporter déjà raidi dans son grand manteau d'ordonnance. » A Alger, le général Bugeaud disait : « Le prince royal aimait notre métier ; il s'était donné la peine de l'apprendre. » De Miliana où il commandait, le colonel de Saint-Arnaud (le futur vainqueur de l'Alma), écrivait, le 22 juillet : « En faisant paraître l'ordre du jour qui annonce à la garnison la perte irréparable que l'armée vient de faire, j'ai vu des larmes dans tous les yeux. »

Le duc d'Orléans fut regretté par les hommes de lettres comme par les soldats. En présentant au roi une adresse de l'Institut, Victor Hugo s'exprima en ces termes : « Sire, l'Institut de France dépose au pied du trône l'expression de sa profonde douleur. Votre royal fils est mort... C'est une perte pour la France et pour l'Europe, c'est un vide parmi les intelligences. La nation pleure le prince, l'armée pleure le soldat ; l'Instititut regrette le penseur... Ame haute, calme, sereine, ferme et douce, noble intelligence, au niveau de tous les talents ; fils d'Henri IV par le sang, par la bravoure, par l'aménité cordiale de sa personne ; fils de la Révolution par le respect de tout droit, et l'amour de toute liberté ; entraîné vers la gloire militaire par l'instinct de sa race, ramené vers les travaux de la paix par les besoins de son esprit, capable et avide de grandes choses, populaire au dedans, national au dehors, rien ne lui a manqué, excepté le temps ; et on peut dire que tous les germes d'un grand roi se manifestaient déjà dans ce prince mort si jeune, hélas ! qui aimait les arts, comme François I, les lettres comme Louis XIV, la patrie comme vous-même. »

Alfred de Musset, le condisciple et l'ami du duc d'Orléans, a consacré à sa mémoire des strophes dont toutes ne sont peut-être pas à la hauteur du sujet, mais dont quelques-unes sont belles, entre autres celles-ci :

> Qu'avait-il fait que naître et suivre sa fortune,
> Sur les bancs avec nous venir étudier,
> Avec nous réfléchir, avec nous travailler,
> Prendre au soleil son rang sur la place commune
> De grandeur, hors du cœur, n'en connaissant aucune,
> Et, puisqu'il était prince, apprendre son métier?

> Qu'avait-il fait qu'aimer, chercher, voir par lui-même
> Ce que Dieu fit de bon dans sa bonté suprême,
> Ce qui pâlit déjà dans ce monde ennuyé?
> Patrie, honneur, vieux mots dont on rit et qu'on aime,
> Il vous savait, donnait au pauvre aide et pitié,
> Au plus sincère estime, au plus brave amitié.

> Qu'avait-il fait, enfin, que ce qu'il pouvait faire ?
> Quand le canon grondait, marcher sous la bannière ;
> Quand la France dormait s'exercer dans les camps.
> Il s'en fût souvenu peut-être avec le temps ;
> Car parfois sa pensée étant sur la frontière,
> Pendant qu'il écoutait les tambours battre aux champs.

> Que lui reprocherait même la calomnie?
> Jamais coup plus cruel fut-il moins mérité?
> A défaut de regret, qui ne l'a respecté?
> Faites parler la foule et la haine, et l'envie :
> Ni tache sur son front, ni faute dans sa vie,
> Nul n'a laissé plus pur le nom qu'il a porté.

Alexandre Dumas, en parlant du prince, fut plus lyrique en prose qu'Alfred de Musset ne le fut en vers : « Oh! s'il m'avait été permis, dit-il, d'écrire cette vie si courte et cependant si bien remplie, de raconter presque un à un, comme depuis quatorze ans, je les avais vu passer devant moi, ces jours tantôt sombres, tantôt sereins, tantôt éclatants; si de cette existence privée j'avais eu le droit de faire une existence publique, on se serait agenouillé devant ce cœur comme devant un tabernacle. Il y avait en lui trop de choses venant de Dieu; ses vertus appauvrissaient le ciel. Dieu l'a repris avec ses vertus, et maintenant c'est la terre qui est veuve. Il sentait comme Henri IV, il voyait comme Louis XIV. » Le grand romancier écrivit à la reine cette lettre de quatre lignes : « Pleurez, pleurez, Madame, toute la France pleure avec vous. Pour moi, j'ai éprouvé deux grandes douleurs dans ma vie; l'une, le jour où j'ai perdu ma mère ; l'autre, le jour où vous avez perdu votre fils. »

Le corps du duc d'Orléans resta pendant trois semaines dans la chapelle du château de Neuilly. Sa famille y priait sans cesse. L'archevêque de Paris y dit la messe le 17 juillet, en présence des archevêques d'Avignon, de Tours, de Reims, et des évêques de Versailles, de Tulle et d'Angers. Le même jour, à six heures et demie du soir, le roi et la reine des Belges arrivaient à Neuilly. La reine Louise se fit conduire immédiatement dans la chapelle ardente. Elle avait trouvé son père et sa mère vieillis d'une manière effrayante et les cheveux blanchis, à la suite de la catastrophe. Parlant d'elle, de ses frères et de sa sœur, elle écrivit à la reine Victoria : « Chartres était plus qu'un frère pour nous tous, c'était la tête, le cœur et l'âme de toute la famille. Nous le respections tous. Je ne m'attendais pas à lui survivre, ainsi qu'à ma bien-aimée Marie. Mais encore une fois, que la volonté de Dieu soit faite! » La duchesse d'Orléans s'inclinait, elle aussi, sous la main divine qui la frappait : le 16 juillet, jour de son arrivée à Neuilly, elle avait écrit à sa belle-mère, la duchesse douairière de Mecklembour-Schwerin : « Chère et tendre mère, le coup le plus affreux m'a atteinte, vous en avez déjà connaissance par la lettre de la reine. O Dieu! tu es sévère et mystérieux dans tes décrets, mais néanmoins j'ai foi en tes compassions! Chère mère, mon cœur est déchiré. Vous partagerez ma douleur, vous qui l'aimiez tant; il avait tant d'affection pour vous. Je ne puis vous écrire que mon malheur, car ma tête est faible, les yeux me brûlent; ma main tremble, et mon cœur va se fen-

dre... Mes enfants vont bien. Dieu soit loué! Le roi de même, mais dans quel état! Aucune parole ne peut le décrire. » Quant à Marie-Amélie, elle ne cessait de méditer sur ce passage des livres saints, qu'elle avait transcrit depuis la mort de son fils, et qu'elle portait toujours sur elle :
« Les jours de l'homme mortel sont comme l'herbe. Il fleurit comme les fleurs des champs. Quand l'Eternel a dit : Fils des hommes, retournez, il les emporte comme un torrent. Ils sont comme un songe au matin, comme une herbe qui sèche et qui fane. C'est par lui que vivent les princes, les grands et les juges de la terre. C'est lui qui fait les destinées des peuples, et qui gouverne les empires. C'est lui qui établit les bornes des nations, qui amène la paix et la guerre, la joie et l'affliction, c'est lui qui fait mourir et qui fait vivre, qui fait descendre au sépulcre et qui en fait remonter. »

La malheureuse mère voulut se redire à elle-même toutes les impressions de sa douleur. Elle prit la plume, et rédigea, non point en italien, langue dont elle se servait ordinairement pour son journal, mais en français, des pages qui semblent écrites avec le sang de son cœur :
« Mon Chartres, mon fils bien-aimé, celui dont la naissance avait fait mon bonheur, dont l'enfance et l'adolescence avaient fait toute mon occupation, dont la jeunesse était ma gloire et ma consolation, et qui, j'espérais, serait l'appui de mes vieux

jours, n'existe plus. Il nous a été enlevé, au milieu du plus complet bonheur et de la plus heureuse perspective pour l'avenir, lorsque chaque jour il gagnait en vertus, en raison, en sagesse, suivant les traces de son bon et excellent père. C'était pour moi plus qu'un fils, c'était mon meilleur ami. Et Dieu me l'a ôté! Que sa sainte volonté soit faite! Je méritais cette punition, j'aimais trop mon pauvre enfant! » Jamais douleur n'avait été plus profonde et plus pieuse.

Le prince de Joinville venait d'arriver. La destinée du jeune marin semblait être d'apprendre en mer les malheurs qui affligeaient sa famille. Il avait reçu, en rade de Brest, la nouvelle de la mort de sa sœur la princesse Marie, et c'est dans les eaux de la Sicile que celle de la mort de son frère lui était parvenue. La famille tout entière se trouvait réunie. M. Guizot écrivait : « Le roi, à travers des alternatives de larmes et d'abattement, est admirable de force, d'esprit et de corps. La reine est soumise à Dieu, Madame Adélaïde est dévouée à son frère, Madame la duchesse d'Orléans est haute, simple et pénétrée. Les quatre princes sont charmants d'affection réciproque, de bonté et de droiture. » Jamais famille frappée par le malheur n'avait montré une union plus touchante.

Le 26 juillet, le roi fit, au Palais-Bourbon, l'ouverture de la session des Chambres. Tout le monde était en deuil. Ceux-là mêmes qui n'aimaient pas le souverain avaient pitié du père. Quant il commença la lecture du discours du trône, troublé, les yeux pleins de larmes, c'est à peine s'il pouvait parler : « Messieurs les pairs, Messieurs les députés, dit-il, dans la douleur qui m'accable, privé de ce fils chéri que j'avais cru destiné à me remplacer sur le trône, et qui était la gloire et la consolation de mes vieux jours, j'ai éprouvé le besoin de hâter le moment de votre réunion auprès de moi. Nous avons ensemble un grand devoir à remplir. Quand il plaira à Dieu de m'appeler à lui, il faut que la France, que la monarchie constitutionnelle ne soient pas un moment exposées à un interruption dans l'exercice de l'autorité royale. Vous aurez donc à délibérer sur les mesures nécessaires pour prévenir, pendant la minorité de mon bien-aimé petit-fils, cet immense danger. Le coup qui vient de me frapper ne me rend pas ingrat envers la Providence, qui me conserve encore des enfants si dignes de toute ma tendresse et de la confiance de la France. Messieurs, assurons aujourd'hui le repos et la sécurité de notre patrie. Plus tard, je vous appellerai à reprendre sur les affaires de l'Etat le cours accoutumé de vos travaux. » La simplicité laconique de ce discours produisit une grande impression. Le roi, qui aimait tant à parer, était devenu parcimonieux de paroles.

Cependant le corps du prince royal restait déposé dans la chapelle du château de Neuilly, tout près de l'appartement de la reine, et la lugubre psalmodie de l'office des morts, les chants funèbres qui se succédaient jour et nuit berçaient la douleur de sa mère. Ce cercueil était sa consolation la plus grande. Quand il fallut l'en séparer, elle sanglota, elle cria, elle ne put retenir les emportements de son désespoir. Le roi seul parvint à l'arracher de cette chapelle, qui allait être vide.

Le duc d'Orléans avait écrit dans son testament : « Puisqu'il faut arriver à dire un mot de moi, je désire que mon enterrement ait lieu sans pompe ; j'ai évité pendant ma vie, autant que je l'ai pu, les comédies, et je ne voudrais ni ennuyer le monde après ma mort, ni surtout faire servir mon cadavre à une mascarade posthume dont le résultat serait de faire bâiller les indifférents et amuser les oisifs. Mes amis sauront bien me trouver. » De toutes les dernières volontés du prince il n'y eut que celle-là qui ne fut pas respectée. Ses funérailles furent célébrées avec une pompe royale à Notre-Dame, et sa mère n'eut pas la permission d'y assister.

## XXXVII

NOTRE-DAME ET DREUX.

Le 3 août 1842, une foule innombrable remplit, dès le matin, les abords de Neuilly, l'avenue de la Grande-Armée, les Champs-Élysées, la place de la Concorde, les quais, le parvis Notre-Dame. Le jardin des Tuileries est fermé. Aux fenêtres du palais, sur les balcons, sur les terrasses, personne. De grands préparatifs ont été faits à la cathédrale. La façade est tendue de drap noir depuis la base jusqu'à cent pieds au-dessus du sol. Sur la tenture apparaissent ces deux mots tracés en lettres colossales : *Anvers, Algérie*. Au sommet des tours flottent deux bannières en crêpe noir parsemé d'étoiles d'argent. Elles resteront sur les tours pendant toute la durée du deuil de la cour, qui ne doit finir que le 13 novembre. Dans l'intérieur de l'édifice des bannières de soie bleue portent ces noms : Médéah, Blidah, Mascara, Les Portes-de-Fer.

Le roi ne suivra pas le cortège à Notre-Dame. Mais il l'accompagne jusqu'à la grille du château de Neuilly, et traverse d'un pas ferme les allées que son fils aimait tant. Puis il s'arrête, et le convoi continue sa marche. Trois officiers du défunt, le comte de Montguyon, M. de Chabaud-Latour et M. Bertin de Vaux portent sur des coussins de velours violet, l'un la couronne ducale, l'autre l'épée, le troisième le cordon et la grand'-croix de la Légion d'honneur. En avant du char s'avance, maintenu à droite et à gauche par deux piqueurs en livrée rouge, le cheval de bataille du prince. Ce cheval, appelé Sidi-Moussa, était celui d'un chef arabe tué, le 25 avril 1840, au combat de l'Oued-Djer. Blessé de trois coups de feu par les Kabyles, au moment où sa course l'entraînait du côté des Français, ce beau coursier avait été adopté par le duc d'Orléans qui se plaisait à le monter. Derrière le corbillard, dans une voiture que traînent six chevaux couverts de longs caparaçons de laine noire, qui laissent à peine apercevoir le bout des sabots — voiture funèbre toute drapée, sans écusson, sans chiffre, sans broderie — se trouvent le duc de Nemours, le prince de Joinville, le duc d'Aumale et le duc de Montpensier. Arrivé à l'arc de triomphe de l'Étoile, le char passe sous la voûte, cette voûte sous laquelle le prince avait passé le 4 juin 1837, lors de l'entrée solennelle de sa jeune femme à Paris. Pendant tout le trajet jusqu'à Notre-Dame, la foule salue respectueusement.

Onze heures sonnent. Les cloches et une salve de vingt et un coups de canon annoncent que le cortège est devant la cathédrale. L'archevêque de Paris, à la tête de tout son clergé, reçoit le cercueil, qui est porté dans le catafalque. Au moment de l'entrée du cortège l'église est encore plongée dans une obscurité qui contraste avec l'éclatante clarté du dehors. On ne l'éclaire que graduellement. D'abord il n'y a d'illuminé que le catafalque, autour duquel on allume cinq cents cierges et vingt trépieds d'argent d'où jaillissent des flammes bleuâtres. Puis quarante lustres, deux cents lampes suspendues, cent cinquante candélabres, trois cents chandeliers d'église, dix-huit cents cierges s'allument peu à peu. C'est une immense lueur, à la fois éblouissante et sinistre. Le sarcophage d'argent resplendit; il y a en avant trois piédestaux; sur celui du milieu on aperçoit la couronne ducale et l'urne qui contient le cœur du prince; sur ceux de droite et de gauche ses décorations, et l'épée qu'il portait en Afrique; il l'avait portée aussi le 13 juillet, et l'une des trois étoiles de lieutenant général qui figurent à la garde a été presque entièrement effacée par l'effet de la chute. La messe des morts commence. La reine, en vraie chrétienne, préfère le chant grégorien à tous les autres. Pour cette solennité où rien ne doit rappeler la musique de théâtre, elle a demandé l'emploi exclusif du plain-chant. Pendant tout l'office un grand nombre de prêtres sont agenouillés sur les vingt-sept marches du catafalque gigantesque. La voix grave des basses-tailles alterne avec la voix claire des enfants. Le son des cloches, le bruit du canon, le roulement des tambours annoncent l'Élévation aux assistants, ainsi qu'aux troupes formant la haie près de la cathédrale et à la population qui se presse autour du lieu saint. La messe est terminée. L'archevêque monte les degrés du catafalque et prononce l'absoute, annoncée par une nouvelle salve d'artillerie et un nouveau roulement de tambours. Le clergé se range de chaque côté des vingt-sept marches. Le duc de Nemours les gravit lentement. Arrivé au sommet, il reçoit le goupillon des mains de l'archevêque, asperge d'eau bénite le cercueil, et redescend. Le prince de Joinville, puis le duc d'Aumale, puis le duc de Montpensier remplissent ensuite le même devoir. La cérémonie est terminée. Les quatre princes, au milieu de l'émotion générale, sont reconduits jusqu'au portail par l'archevêque et son clergé. Ils reviendront dans la nuit pour rechercher le corps de leur frère qui doit être inhumé à Dreux, le lendemain. Le roi n'a pas assisté à la cérémonie de

Notre-Dame ; il assistera à celle de Dreux, où il précédera ses fils de quelques heures.

Les secondes funérailles seront moins solennelles que les premières, mais plus émouvantes. Depuis Paris jusqu'à Dreux toutes les populations sont accourues pour saluer le cortège au passage. Partout les gardes nationaux se réunissent, les tambours sont voilés de crêpes, les drapeaux s'inclinent. A Sèvres, auprès du pont, les habitants de Saint-Cloud se découvrent respectueusement devant le cercueil de l'ancien hôte du château royal. Mêmes hommages, même douleur à Versailles, où toute la ville est sur pied; à Saint-Cyr, où, rangée des deux côtés de la route, l'École militaire, à qui le prince avait promis sa prochaine visite, présente les armes; à Houdran, où le convoi s'arrête sous une arche tendue de noir, et où les habitants s'attellent au char funèbre.

Louis-Philippe, arrivé à Dreux, depuis trois heures du matin, y attend ses quatre fils vivants et son fils mort. A une heure et demie, toutes les cloches sont en branle; des salves d'artillerie retentissent. A un quart de lieue de la ville, le convoi s'est arrêté. Les princes sont descendus de voiture. Le corps de leur frère a été placé sur le char à huit chevaux qui doit le transporter jusqu'au seuil de la chapelle. L'évêque de Chartres et trois cents prêtres de son diocèse, l'archevêque de Paris et son clergé, l'évêque d'Évreux, l'évêque de Maroc, aumônier de la reine, et le curé de Neuilly se trouvent là. Ils vont suivre le cortège qui se remet en marche. Les généraux Atthalin, de Colbert, Gourgaud et le duc de Coigny tiennent les cordons du poêle. Derrière le char un aide de camp et deux officiers d'ordonnance du prince portent ses insignes. Un peu plus loin ses quatre frères, couverts du manteau de deuil, s'avancent sur une même ligne, suivis par les officiers de la maison du roi, par ceux de leurs maisons, par les autorités, et par plusieurs personnes en frac, notamment Alexandre Dumas, arrivé de Florence la veille. Le convoi fait son entrée au milieu d'une grande foule et de nombreux gardes nationaux venus de tous les environs. Ceux de Vendôme ont fait trente-cinq lieues pour assister à la cérémonie.

Le convoi gravit lentement la rampe qui tourne autour des ruines du vieux château, franchit la grille d'entrée de la grande esplanade, et arriva, à trois heures et demie, devant le portique de la chapelle. Au bas des degrés de ce portique se trouvait le roi en habit de deuil, ayant auprès de lui le maréchal Soult et le comte de Montalivet. Les yeux pleins de larmes, il se mit à la tête du cortège, et, suivi de ses quatre fils, entra dans le sanctuaire. Le corps du duc d'Orléans fut déposé dans le cénotaphe. L'évêque de Chartres dit une messe basse. Le roi s'était placé devant l'autel, ayant à sa droite le duc de Nemours et le duc d'Aumale, à sa gauche le prince de Joinville et le duc de Montpensier. L'absoute fut prononcée après la messe, et les évêques qui, en passant, s'inclinaient devant le roi, jetèrent de l'eau bénite sur le cercueil. Les chantres entonnèrent le *De Profundis*. Puis le corps du prince royal, suivi d'une longue procession de prêtres, fut descendu dans le caveau, sa dernière demeure. Commencés à l'autel, les chants funèbres s'achevaient sous terre. Le roi, puis les princes les uns après les autres, puis tous les assistants, un par un, descendirent dans le caveau et jetèrent de l'eau bénite sur le cercueil. A quatre heures tout était terminé. Pendant toute la durée de la cérémonie, l'éblouissante clarté du soleil avait contrasté avec la sombre tristesse des assistants.

La mort du prince royal produisit une accalmie de quelques jours au milieu des haines et des luttes politiques. Les partis ne désarmaient pas, mais devant l'immense douleur du roi, ils avaient suspendu leurs insultes contre lui, décidés toutefois à les reprendre, dès que les chants de mort auraient cessé. Quelques jours avant les obsèques du prince, Henri Heine avait écrit : « J'oserais soutenir que le roi est présentement populaire. Lorsque je regardais hier devant Notre-Dame les préparatifs des funérailles, et que j'écoutais les conversations des bourgeois qui y étaient rassemblés, j'entendis entre autres cette expression naïve : — Le roi peut maintenant se promener dans Paris sans crainte. Personne ne tirera sur lui (quelle popularité!). La mort du duc d'Orléans, qui était aimé de tout le monde, a regagné à son père les cœurs les plus revêches, et l'union conjugale entre le roi et le peuple a été de nouveau bénie par un malheur commun. Mais combien durera cette noire lune de miel? » Le poète ne se trompait pas dans son pressentiment. La trêve des partis ne devait avoir que la durée d'une lune de miel. Le comte de Chambord avait fait dire à Tœplitz, où il avait appris la mort de son cousin le duc d'Orléans, une messe pour le repos de l'âme de l'infortuné prince. Mais dans la pensée des légitimistes ardents, aux yeux desquels la Révolution de 1830 n'avait été qu'une révolte coupable, la catastrophe arrivée en juillet, au moment même où commençaient les préparatifs des fêtes destinées à la célébration de l'anniversaire des trois journées, et sur une route appelée le chemin de la Révolte, était une punition du Ciel. Les partisans de la légitimité et ceux de la République savaient que le principal obstacle à la réalisation de leurs vœux était le duc d'Orléans. Ils ne se réjouirent point ostensiblement de sa mort, mais ils s'apprêtèrent à en profiter.

Le gouvernement essayait en vain de se montrer rassuré contre les éventualités de l'avenir.

Le *Moniteur* disait : « Jamais on ne vit plus que dans cette douloureuse circonstance combien sont intimes et forts les liens qui unissent la nation et la dynastie. » M. Guizot avait écrit, dans sa circulaire du 25 juillet aux agents diplomatiques : « Jamais impression n'a été plus générale et plus vive. Tout le monde a l'air et est réellement affligé et inquiet pour son propre compte. Deux choses éclatent à la fois : beaucoup de sollicitude pour l'avenir et une forte adhésion à ce qui est, à la famille royale, à la monarchie. On prévoit des orages, mais certainement les ancres se sont enfoncées et affermies. » M. Guizot se trompait. Les ancres n'étaient ni enfoncées, ni affermies. Il n'y avait plus aucun intermédiaire entre un vieillard qui allait avoir soixante-neuf ans et un enfant qui allait en avoir quatre. L'éventualité d'une régence, chose toujours grave, même pour les dynasties les plus solidement assises, apparaissait comme particulièrement redoutable pour une dynastie nouvelle et contestée.

Un des hommes qui, à son insu, peut-être, a le plus contribué à la chute du trône de Louis-Philippe, M. Odilon Barrot, a dit dans ses Mémoires : « Je fus un des premiers à aller porter au roi et à la reine mes tristes et bien sincères condoléances, d'autant plus sincères que je pressentais tout ce que notre établissement de Juillet et la cause de la liberté perdaient en perdant ce jeune prince qui, lui, avait épousé bien sincèrement et bien loyalement notre Révolution de 1830, et qui n'en avait pas peur comme son père. On peut dire que ce fut le parti libéral qui ressentit le plus vivement et le plus profondément ce coup funeste; il venait de perdre en effet la seule chance qui lui fût donnée de sauvegarder ce gouvernement de 1830, en le rajeunissant. » Le duc d'Orléans n'appartenait pas à cette race d'hommes politiques qui a fait dire si justement au vicomte Melchior de Vogüé : « Croire qu'un peuple parti en quête d'un nouveau monde avait touché au port avec la charte de 1830, c'était prolonger après Colomb l'erreur du navigateur, lorsqu'il prit la petite îles des Lucayes pour le grand continent cherché; elle n'était qu'une relâche. » Plus perspicace que les coryphées du pays censitaire, le prince ne dédaignait pas cette force immense que M. Guizot qualifiait un jour de « monde du dehors, illimité, obscur, bouillonnant », et qui, en réalité, s'appelle le peuple. Il reconnaissait mieux que personne les erreurs, les préjugés, les vices du part avec lequel on gouvernait, de ce parti que M. Guizot lui-même trouvait « trop étroit de base, trop petit de taille, trop froid ou trop faible de cœur; voulant sincèrement l'ordre dans la liberté, et n'acceptant ni les principes de l'ordre, ni les conséquences de la liberté; plein de petites jalousies et de craintes; étranger aux

grands désirs et aux grandes espérances, les repoussant même comme un trouble ou un péril pour son repos ». Nul ne jugea l'égoïsme et les courtes vues de la classe dominante avec plus de sévérité que le prince qui écrivait à sa sœur, la reine des Belges, le 29 mai 1835 : « J'ai vu trop de choses et trop de vilenies pour ne pas être imbibé de dégoût pour les hommes qui sont ou qui peuvent arriver aux affaires, et même pour les idées qui règnent aujourd'hui dans la majorité des Chambres. Je suis de ceux pour qui la Révolution de Juillet n'a pas produit tout ce qu'ils en avaient attendu, fort à tort sans doute ; et quand après cinq ans la fumée qui nous entourait s'est peu à peu dissipée, que chacun a quitté son masque et que j'ai vu clair, alors j'ai été profondément pénétré de dégoût. On s'attache à briser cet élan qu'avait la nation ; les idées les plus mesquines et les plus étroites ont seules accès dans la tête de nos législateurs. La classe que la Révolution a élevée au pouvoir fait comme les castes qui triomphent : elle s'isole en s'épeurant, et s'amollit par le succès. » Le prince terminait sa lettre par ces paroles prophétiques :
« Tu me connais assez pour savoir combien je souffre de voir ceux qui devraient entretenir le feu sacré dans le pays étouffer toute idée généreuse, toute pensée grande, et ne s'occuper qu'à éteindre une énergie qui serait notre seule ressource au moment du danger. Cette énergie

n'existera bientôt plus que dans l'esprit de parti pour l'opposition et dans ce ridicule fanatisme d'ordre public que les ministres permettent encore à ceux des leurs qui ont encore le bonheur de croire à quelque chose. » Ce langage prouve combien le prince appréciait avec sagacité la situation de la France et les périls qui assaillirent le trône de son père.

Consternée comme reine et comme mère, Marie-Amélie sentait que la dynastie venait de perdre sa principale garantie de durée. On peut dire que la monarchie de Juillet se divisa en deux périodes, l'une de jeunesse qui se termina avec la vie du duc d'Orléans, l'autre de vieillesse, qui commença le 13 février 1842, par l'accident du chemin de la Révolte, pour finir, le 24 février 1848, par la proclamation de la République.

FIN.

# TABLE DES MATIÈRES

|       |                                                      | Pages. |
|-------|------------------------------------------------------|-------|
| I.    | Le palais de Fontainebleau.                          | 1     |
| II.   | La princesse Hélène.                                 | 11    |
| III.  | Le mariage du duc d'Orléans.                         | 19    |
| IV.   | L'entrée à Paris.                                    | 32    |
| V.    | Le château de Versailles.                            | 40    |
| VI.   | L'inauguration du musée.                             | 51    |
| VII.  | La salle du spectacle.                               | 63    |
| VIII. | La catastrophe du Champ-de-Mars.                     | 70    |
| IX.   | Deux grands bals.                                    | 77    |
| X.    | Les premiers mois du mariage du duc d'Orléans.       | 87    |
| XI.   | Le mariage de la princesse Marie.                    | 99    |
| XII.  | La réaction religieuse.                              | 110   |
| XIII. | La mort du prince de Talleyrand.                     | 120   |
| XIV.  | La naissance du comte de Paris.                      | 133   |
| XV.   | La mort de la princesse Marie.                       | 142   |
| XVI.  | La coalition.                                        | 158   |
| XVII. | Le voyage dans le Midi.                              | 169   |
| XVIII.| Les Portes-de-Fer.                                   | 181   |
| XIX.  | Les fêtes d'Alger.                                   | 191   |
| XX.   | Le retour du duc d'Orléans.                          | 201   |
| XXI.  | Le mariage du duc de Nemours.                        | 208   |
| XXII. | La dernière campagne du duc d'Orléans.               | 217   |
| XXIII.| Les menaces de guerre européenne.                    | 225   |
| XXIV. | L'affaire de Boulogne.                               | 230   |

|  |  | Pages. |
|---|---|---|
| XXV. | L'attentat de Darmès．．．．．．．．．．．．． | 246 |
| XXVI. | Le prince de Joinville à Sainte-Hélène．．．．． | 257 |
| XXVII. | Le retour des cendres de Napoléon．．．．．． | 267 |
| XXVIII. | Le baptême du comte de Paris．．．．．．．．． | 279 |
| XXIX. | Le duc d'Aumale．．．．．．．．．．．．．．．． | 291 |
| XXX. | Un bal costumé．．．．．．．．．．．．．．．． | 303 |
| XXXI. | La duchesse d'Orléans．．．．．．．．．．．． | 313 |
| XXXII. | Le duc d'Orléans．．．．．．．．．．．．．．． | 323 |
| XXXIII. | Plombières．．．．．．．．．．．．．．．．．． | 339 |
| XXXIV. | La mort du duc d'Orléans．．．．．．．．．． | 348 |
| XXXV. | Le retour de Plombières．．．．．．．．．．． | 364 |
| XXXVI. | Les premiers jours de deuil．．．．．．．．． | 375 |
| XXXVII. | Notre-Dame et Dreux．．．．．．．．．．．．． | 385 |

Paris. Imp. — PAUL DUPONT, 4, rue du Boulo (Cl.) 57.12.92.

www.ingramcontent.com/pod-product-compliance
Lightning Source LLC
Chambersburg PA
CBHW052032230426

43671CB00011B/1625